付绯凤 著

人的现代化品格
培育研究

Research on the Cultivation
of Modern Human Character

天津出版传媒集团

天津人民出版社

图书在版编目（CIP）数据

人的现代化品格培育研究 / 付绯凤著. -- 天津 ：
天津人民出版社，2024.1

ISBN 978-7-201-19820-0

Ⅰ．①人… Ⅱ．①付… Ⅲ．①品德教育－研究－中国
Ⅳ．①D64

中国国家版本馆 CIP 数据核字(2023)第 184487 号

人的现代化品格培育研究
REN DE XIANDAIHUA PINGE PEIYU YANJIU

出　　版	天津人民出版社	
出 版 人	刘锦泉	
地　　址	天津市和平区西康路 35 号康岳大厦	
邮政编码	300051	
邮购电话	（022）23332469	
电子信箱	reader@tjrmcbs.com	

责任编辑	武建臣
装帧设计	汤　磊

印　　刷	天津新华印务有限公司
经　　销	新华书店
开　　本	710 毫米×1000 毫米　1/16
印　　张	15.5
插　　页	2
字　　数	215 千字
版次印次	2024 年 1 月第 1 版　2024 年 1 月第 1 次印刷
定　　价	89.00 元

目录
CONTENTS

导　论 ／ 1

第一章　人的现代化品格的内涵与要义 ／ 19

　　一、人的现代化品格释义 ／ 19

　　二、人的现代化品格的核心价值 ／ 24

　　三、人的现代化品格的特性 ／ 30

第二章　当代中国人的现代化品格培育的历史预制 ／ 48

　　一、中国传统臣民品格 ／ 48

　　二、近代中国现代化品格思想的萌芽 ／ 65

第三章　当代中国人的现代化品格培育的现实前提 ／ 84

　　一、新中国成立之后主流意识形态下对主体性人民观念的认识和
　　　发展 ／ 85

　　二、人的现代化品格形成的条件 ／ 98

第四章　当代中国人的现代化品格培育的理论辩证 ／ 133

　　一、个人与集体 ／ 134

　　二、普遍与特殊 ／ 146

三、目标与过程 / 158

第五章　当代中国人的现代化品格培育的实践路径 / 170

一、当代中国人的现代化品格确立的原则 / 170

二、当代中国人的现代化品格培育的"三位一体"实施模式 / 181

三、当代中国人的现代化品格培育的重要向度 / 193

结语：人的发展与社会现代化 / 213

主要参考文献 / 222

后　记 / 238

导　论

一、选题缘由

改革开放四十多年来,中国经济飞速发展,经济的现代化为社会各方面的现代化提供了充裕的物质基础。但经济的现代化并没有带来人的同步现代化,当今少数社会成员的生活方式、行为方式、思维方式、价值观念方面失范频现,人的现代化素质发展水平同社会主义现代化发展需求不相适应。2019年中共中央、国务院印发了《新时代公民道德建设实施纲要》,指出新时代道德领域依然存在不少问题,一些地方、一些领域不同程度存在道德失范现象,拜金主义、享乐主义、极端个人主义仍然比较突出;一些社会成员道德观念模糊甚至缺失,是非、善恶、美丑不分,见利忘义、唯利是图、损人利己、损公肥私;造假欺诈、不讲信用的现象久治不绝,突破公序良俗底线、妨害人民幸福生活、伤害国家尊严和民族感情的事件时有发生。折射出一个理论和实践问题:没有经济的现代化,人的现代化就欠缺物质基础,但反之亦然,没有人的现代化,社会的现代化也无法良性发展,只有人的现代化同步进行,社会的现代化才算完成。正如美国著名社会学家英格尔斯所说:"无论哪个国家,只有它的人民从心理、态度和行为上,都能与各种现代形式的经济发展同步前进,相互配合,这个国家的现代化才真正能够得以实现。"[①]同时,社会主义市场经济的发展为培育人的现代化素质提供了可能,但对人的现代化素质的教育滞后于社会的发展,因此,要大力开展对人的现代化素质的培育,全面建设社会主义现代化国家,实现中国式的现代化。

党的二十大报告中要求要推进全社会的文明程度,要"实施公民道德建设工程,弘扬中华传统美德,加强家庭家教家风建设,加强和改进未成年人思想道德建设,推动明大德、守公德、严私德,提高人民道德水准和文明素养"[②]。因此,我们要全面建设社会主义现代化国家,实现中国式现代化,就要大力开展公民道德建设,培育现代化社会中的人应该具有的稳定素质。品格是一个人稳定的心理特征和行为倾向性。人的现代化品格是现代化社会下的个体所具有的稳定心理特征和行为倾向性。培育人的现代化素质,就是要培养人的现代化品格,培育人的现代化品格是中国式现代化发展和提高社会文明程度应有之课题。

二、研究意义

随着当代中国现代化进程的深入推进,中国人的心理、思想、态度和行为等都要经历现代社会的主体人民观念洗礼和转变的过程,中国人的生活方式、行为方式、思维方式也要经历从传统向现代的转变,培育人的现代化品格成为当代中国社会的呼唤,亦是思想道德教育的目标。学术界对于人

---

① [美]阿历克斯·英格尔斯等.人的现代化——心理·思想·态度·行为[M].殷陆君译.成都:四川人民出版社,1985:5-6.
② 高举中国特色社会主义伟大旗帜 为全面建设社会主义现代化国家而团结奋斗——在中国共产党第二十次代表大会上的报告[M].北京:人民出版社,2022:44.

的现代化品格培育的研究较少从政治品格、道德品格和心理品格三者的综合角度来分析。对人的现代化品格的研究还不够系统,因此本书能够在一定意义上丰富品格教育的相关研究,具有一定的理论意义。

人的现代化品格问题是当代思想道德教育的核心问题。本书对人的现代化品格的内涵、历史预制、现实前提、理论辩证和实践路径的系统分析,有助于丰富现代化下人的现代化品格问题的研究,也有助于思想道德教育的研究,也能为思想道德教育提供一定的借鉴意义,具备一定的理论意义和实践价值。

三、学术史

(一)国内关于人的现代化品格相关研究

改革开放开启了中国真正意义上的现代化运动,现代化的启动呼唤现代化人的品格和教育。2001 年,中共中央发布的《公民道德建设实施纲要》,对于现代人的道德品格提出新的要求。我国学者李萍、钟明华较早地提出了传统德育转型,要开展符合社会主义市场经济发展需要的教育,培育公民道德。现代化社会需要人具备哪些品格?如何培养这些现代化的品格?国内学术界主要是从法学、伦理学和教育学的视角展开讨论。

1. 从法学视角来看

学者们主要从法治的建设、现代社会的特征角度论证了人的现代化品格的价值和培育的必要性。如叶方兴、高国希等学者认为当代社会以制度为基本特质,人们习惯于将法制理解为法律制度建设,忽略了社会中主体的因素。当代法制的建设离不开个体的积极参与,培育人的现代化品格能为法治建设提供主体支撑。叶方兴进一步认为现代社会还存在风险化、个体化、制度化以及公共化四个最为显著的倾向,人的现代化品格是成就现代个体的内在品质与道德人格,具有稳定性和向善性的精神,能够应对现代社会的四大显著特征所带来的挑战。人的现代化品格与完善的制度一起成为维护社会良好秩序的保证。马长山认为当代法治社会不仅要致力于法律体系、独立司法、正当程序、政府公信等的建设,而且也要十分重视个体精神与品格的塑造和培养,建立起个体精神与品格发挥重要作用的功能机制。朱继萍认为宪政体制与人的现代化品格之间具有互动性,两者相互影响、相辅相成,探索了宪政体制下人的现代化品格的培育问题。曲丹丹等在硕士论文中研究了以法治精神为主导的个体性品格问题。

2. 从教育学视角来看

人的现代化品格研究成果可分为两个方面。一是介绍性的理论成果,主要介绍西方的品格教育。如郑富兴从现代性视角切入美国的新品格教育,卜玉华分析了西方道德教育、品格教育与公民教育三者间的关系,认为三者都与人的德性成长有关,但重心各异:道德教育在西方有着特殊内涵,受认知主义心理学的影响颇深,偏重学生道德认知能力的培养;品格教育以培育"好人"的品格、能力和习惯为旨归;而公民教育是道德教育的一种形式,重心在于传递有关政府、制度方面的知识,以形成"好公民"参政议政的能力为主旨。程晴晴、腾志妍介绍了新加坡的新品格教育的研究现状,新品格教育课程通过身份、人际关系和抉择三大概念,将引导学生从自身出发延伸至家庭、学校、社区、国家和世界层面进行反思,并通过政府、学校、社区等各种途径来实施,为新加坡良好公民的培养奠定基础。

二是如何培育人的现代化品格,研究成果多从学校教育的角度谈论人的现代化品格的培育问题,或许因为人的现代化品格的培育与教育息息相关,加之我国非常重视学校教育的传统,学校教育在教育中占据主导性地位等因素的影响。如林春逸、杨智勇从思想政治教育角度论证了大学生的现代化品格的培育和发展,认为高校要注重培育大学生对世界文化包容、对中华民族文化自信的现代化品格,培育大学生勇于担当、敢于负责的现代化品格,培育大学生敢于竞争、善于合作的现代化品格。通过开展国际理解教育、社会主义核心价值观教育,通过合作学习、参与学校生活、参与社会实践,从而使当代大学生的包容、自信、责任、正义、合作、互助、协商等品格不断生成和发展。于健慧认为个体道德品格的培育有利于和谐社会的构建,现代社会所需的个体道德品格即:爱国守法、明礼诚信、开放包容、妥协节制,是和谐社会构建之根基。要通过建立道德品格培育长效机制,强化学校主阵地和新闻媒体造势作用,经常开展有助于强化现代化品格的各种实践活动,营造氛围等途径培育个体的道德品格,以促进和谐社会的构建。叶飞认为当代中国学校中的"竞争性个人主义"促使学生在知识、考试和学业成就等方面展开了越来越激烈的竞争,造就出学生对学校生活共同体中的"他者"持冷漠与不信任的态度,也难以真正体验到合作、团结、互助的价值与意义。教育要重新培育和建构学生的共同体精神,鼓励学生参与学校公共生活,开展合作学习,从而培育出更为健全的人的现代化品格。以及吴福友从体育的角度论述中华民国时期著名的体育家吴蕴瑞关于体育与人的现代化品格的养成等其他相关研究。

　　3. 从伦理学视角来看

　　德性或美德是与人的现代化品格直接相关的概念,德性是人的现代化品格的伦理化,人的现代化品格是个体的德性在道德教育中的应用,也即是说在观念层面,个体德性在一定意义上与人的现代化品格可互通使用。我国对德性理论的研究自 2000 年以后开始逐渐地增多,国内有关德性的理论研究取得了一定的成效。大致可分为两大类:一为介绍西方公民的德性理论;二为在介绍西方公民的德性理论的基础上,对我国公民德性理论的思考。

（1）西方公民德性理论的演变历史

张鲁宁认为西方公民德性教育思想经历了四个发展阶段:古典公民德性教育思想阶段、古典公民德性教育思想的转型阶段、现代公民德性教育思想阶段和当代公民德性教育思想阶段。古典公民德性教育思想阶段以亚里士多德和西塞罗为代表。古典公民德性教育思想的转型阶段主要是从文艺复兴到启蒙运动,以马基雅维利和卢梭为代表。现代公民德性教育思想阶段以托克维尔为代表,张鲁宁认为托克维尔的公民德性教育思想是一种整合了古典与现代、利益政治与道德政治的温和的公民德性教育思想,但到了19世纪中期,由于受自由主义的冲击,公民德性教育问题彻底退出人们的视线。在经过一个世纪的消寂之后,到20世纪五六十年代,公民德性教育的问题重新进入人们的视野,伴随着社群主义思潮对自由主义的批判开始发展,出现了多元的公民德性教育思想,主要有自由主义的公民德性教育思想、新共和主义的公民德性教育思想和社群主义的公民德性教育思想。孟军分析了西方近代以来公民德性观的演变,认为在西方近代以来公民德性学说发展史上,马基雅维利、孟德斯鸠和托克维尔是三个重要的环节。马基雅维利的德性观主要体现在对基督教德性的批判和对于古代德性的恢复。孟德斯鸠提出了商业时代的德性观,他赞美英国的商业生活,认为商业精神能够润饰野蛮的道德,并且能够实现自我利益与德性的结合。托克维尔认为,大众社会的平庸化会造成对德性的侵蚀,因此要采取诸如正确理解的利益原则、民主教育等手段来重塑德性。顾成敏提出20世纪90年代公民德性问题在西方引起广泛关注,代表性的理论有自由主义公民德性理论、社群主义公民德性理论、左派公民德性理论、共和主义公民德性理论。我国学校教育应立足中国的传统与现实,借鉴西方公民德性教育理论,提出具有中国特色的公民德性要求,并通过家庭教育、学校教育、社会参与等多种社会化途径培养公民的现代化素质和品格。

（2）解读西方各学者的个体德性理论

金生鈜解读了柏拉图的德性教化理念,柏拉图认为伦理生活具有实体性的共同体的关系,他把伦理价值的共契看作是公共的道德生活的根基,把伦理实体的共相精神作为个人道德的基石。为了形成道德的理想国,教化的目的就是在个人的灵魂中,培养正义、智慧、节制、勇敢的品格。德性教化提高个人对灵魂的自我理解（智慧）、自我治理、自我更新的能力,是一种灵魂的治理与自我治理的统一,是从灵魂深处引出理性,引导着精神品格向善提升。肖会舜分析了亚里士多德的德性概念,认为亚里士多德的德性是从自然状态向自由状态的提升,从而塑造道德人格。庞楠从共同体与个体的关系角度解读麦金太尔共同主义视阈下的德性伦理观,麦金太尔认为自近代以来西方道德伦理与实践处于危机之中,传统德性伦理赖以生长的共同体的瓦解以及自由主义对以亚里士多德主义为核心的德性伦理传统的拒斥是当今道德危机的最深刻根源。为走出伦理困境,麦金太尔一反启蒙运动以来的现代性与自由主义主流,主张放弃个人主义的自由主义,回归亚里士多德的共同体传统。作为共同主义代表的麦金太尔试图通过对传统共同体主义的追寻,以实践、人生的叙事统一性以及历史传统作为亚里士多德解说最高的善的替代物来重建一种追求共同善的现代伦理共同体,以消解因自由主义伦理过度扩张导致的消极后果。

（3）个体的德性教育与培养

金生鈜、董前程、江畅等从个人自主性、德性修养等角度对公民个体德性展开了讨论。如金生鈜在《个人自主性与公民的德性教育》一文中,从个体自主性与自由的角度,认为主体的自由和自主是教育的前提,而教育的价值在于引导个体自主地追求德性。董前程从个体德性培育角度,认为在我国要培育和建构有中国特色的德性,首先就需要从个体自主性、权责意识、民主法治意识、理性政治参与意识等几个方面着手。江畅讨论了德性修养与德性教育的关系,认为德性教育与德性修养之间必须实现和谐对接和良性互动,只有这样,两种活动的功能才能得以有效发挥,真正取得德性养成和完善的效果。

周兴国、寇东亮、任荣等从生活共同体角度,对和谐社会下个体德性的养成展开讨论。周兴国认为共同体的美好是以相关的个体德性之存在为条件。建设和谐社会,需要个体具有正义的德性。和谐社会个体的德性包括恪尽职守、平等、守法、诚信、友爱等道德品质。对德性的教育,应当是以社会正义而非社会成就为旨归;应当着力关注人的德性的发展;应当使学校成为学生的精神家园。寇东亮认为生活共同体是个体德性养成和提升的必不可少的社会基础。任荣认为公正德性是和谐社会公平正义实现的必然要求,是促进社会和谐的重要推动力,是和谐社会建设中市场经济完善的道德支撑。我国公正德性培养面临和谐社会下制度建设不完善,德性教育不系统,现行制度执行欠严格等困境,因此要从完善我国公正制度建设,加强公正德性培养的文化建设,推进社会主义民主法治,为公正德性培养提供良好的社会环境等方面推进个体公正德性的培养。

王银娥、赵爱玲等从教育目标角度,提出大学的教育目的在于养成个体德性。王银娥认为现代大学教育本质上是一种社会化了的个体教育,即“公众教育”,全社会都要参与到新的理性与人文精神的学习、传播、创新和实践中,其核心是对大学生教育,使其具有合乎现代化要求的人格意识、责任意识、权利意识、义务意识、纳税人意识、规则意识等。养成现代化的人所需要的品格意识、提升个体的责任意识及能力等德性应成为 21 世纪德育的基本目标取向与价值基点。

(4)公共领域中的个体德性角度

俞燕鸣、邓莉雅、龙静云、李爱田、袁安琳等学者讨论了公共领域中的个体德性。俞燕鸣对太湖“蓝藻”爆发的危机进行理性反思,认为公共危机出现时,人民在焦虑状态中习惯于依靠政府解救危机,应该承认政府作为施行"执政为民"的公共行政职能也会全力以赴为百姓解危脱困。但作为个体,我们在遭遇危机之后,有必要认真反思何以会在我们的身边发生危机,应该清醒意识到,个体德性的健全和完善才是防范公共危机的根本之路。邓莉雅认为公共精神是中西方各自解决"个人与社会关系"问题时的共同指向,其内涵包括独立自由个体的主体意识和超越私人性的公共意识两方面,而在导向公共精神时中西方采取了不同向度。西方主要从权利向度导向公共精神,中国则从德性修养向度培育公共精神。在当今中国培养公共精神的教育中,应该注意权利和德性两个向度的统一,使个体具备公共生活的权利主体性和道德主体性,培育出健全和牢固的公共精神。龙静云详细分析了公共德性,认为在社会的公共生活中,个体的行为不可避免地要受到公共道德的约束,公共德性包括三个层次:敬畏之德、捍卫之德和革新之德。李爱田、袁爱林分析了村民自治是在国家行政主导下的一种新的乡村整合方式,肩负加强基层建设和把"原子化"的农村整合起来的双重责任。然而单一政治话语中的村民自治难以在"行政权"和"自治权"之间形成合理的张力,甚至有以"行政权"淹没"自治权"之趋势。"自发地"建构农村"公共领域"和培育农民"个体德性"是乡村自治的唯一出路。

(5)借鉴传统文化的德性教育资源

张宜海认为中国传统文化中蕴含着丰富的德性资源,这些德性资源对今天的个体道德建设和德性培养具有重大的理论和实践价值。王中江展开了对《老子》中的德性论的讨论,认为老子以"德"的观念表现出一定的人性思想,并成为后来《庄子》"德性"、黄老学"内德"(与此相对的是"刑德"之德)思想的来源。

另外,李善英、薛晓阳等学者针对过于张扬个体权利的理论倾向,在反思的基础上提出个体德性的复归。李善英讨论了20世纪90年代以来的"个体回归"运动,认为自由主义视角下维护个体权利的制度既具有独特价值,同时又有局限性;而共和主义关于德性复兴的设想,则是对制度正义理论的必要补充和尝试。薛晓阳认为个体德育具有自身独特的教育内容,包括对责任、民主意识、参与热情及个人尊严的追求。关于制度正义和个体德性的理论设计,对于我国当下正在进行的人的现代化品格培育具有重要的启示与借鉴价值。

从上述分析我们看到无论是法学、伦理学还是教育学的学者们均立足现代社会的发展特征,如法治、和谐、共同体的角度,去论述现代化社会下应培养什么样的现代化品格,但问题也在于过于片面地强调了现代化社会发展的某一面,而未能对中国式现代化社会的总体特征进行分析,未能看到人的现代化品格是心理品格、政治品格和道德品格的综合体,应从社会主义市场经济、社会主义民主政治、开放社会等角度去论述中国式现代化下人的现代化品格培育问题。

(二)国外关于人的现代化品格培育相关研究

对人的现代化品格问题的研究是国外近年来学术研究的焦点问题。现代化社会需要人具备哪些基本品格? 这些现代化的品格又该如何去培养呢? 学术界主要是从伦理学和教育学的视角展开讨论。伦理学领域研究德性问题,教育学领域研究品格教育等相关的话题。在实践中,西方各国政府也致力于推进品格教育。如英国、美国等西方发达国家政府大力推动品格教育。

1. 美德培育研究

个体美德的培育,需要通过教育和社会实践活动。本杰明·鲍勃(Benjamin Barber)等认为教育是培养个体美德的关键因素。世界各国也开展了各种形式内容的教育,如英国大力推动公民教育,以培养公民个体的美德。

伊安·戴维斯（Ian Davis）详细介绍了英国公民教育的开展情况。英国教育和技术部成立教育团队，来编撰课堂教学素材，并成立公民资格教育联合会等。2002 年 8 月公民课成为英国国家课程体系中的一门基础课，所针对的对象是处于第三阶段即 11～16 岁的孩子。对第一和第二阶段的孩子（5～10 岁）的教育主要是以个人、社会及健康教育（PSHE）的形式开展。这样做的基本理念就是这个阶段的孩子更容易与个人而不是与社会事件相联系。公民教育的内容是：学习和理解成为一名合格公民所需的知识、培育公民调查和交流的技能、发展参与的技能和有责任的行动。伯纳德·克里克（Bernald Crick）主持了第二公民顾问委员会，他认为，成为合格的公民是一种生活必备的能力，所有的年轻人都应该有权利接受建立在参与基础上的公民教育。他们也应该有机会让他们的成就能得到学术上的承认。英国积极公民教育的理论和实践为 16～19 岁的人接受公民教育和培训提供了良好的基础。

以约翰·安妮特（John Annette）为代表的学者认为除了学校教育外，个体美德的培养还应该与服务学习或社区服务志愿活动（service learning or community service volunteering）联系起来，通过服务学习来培养学生义务、社会责任感等美德。他认为，公民个体美德的培养离不开社区参与，对于各类学校的学生来说，他们通过社区服务来培育个体美德。伯纳德·克里克的《公民的教育和学校民主的教育》报告认为公民教育由三部分组成：社会和道德的责任、政治自由和社区参与。英国内政部（Home Office）的公民重建部正在试点积极推进公民的学习计划，这个计划将要与志愿服务、社区参与和成为一名英国公民的活动联系起来。

约翰·安妮特认为，大学应该担当起研究社区参与的重任。2004 年，美国明尼苏达大学的哈特·博伊特（Harry Boyte）发起一份关于重建美国研究型大学的公民任务的声明，有 528 位大学校长签署了这份声明，要大学担当起研究社区参与的任务。英国也有许多位教育家认为大学应该承担起社区参与的重任。如托马斯·希尔·格林(T. H. Green)认为教育不仅是一种自我实现的手段,也是民主参与社会的一个有机部分。他还鼓励理想主义的年轻的大学毕业生们到城市内部中为穷人服务来提高个人的伦理和社会责任感。伯纳德·克里克也认为,大学是社会的一部分,从更广的目标来说,大学应该在培育公民个体社会责任感上承担主要的作用。英国有各种各样的计划支持学生志愿活动,它们不仅仅把促进学习视为一种生活技能,也是一种成为积极个体必要性的知识和技能。本杰明·鲍勃倡议培育积极的公民实践路径是在对公共政策和社会思考的基础上,开展社区服务学习。美国从1960年起就有社区实习和体验教育的传统,自1990年开始,他们注重个体的服务学习。约翰·安妮特等人认为服务学习不仅有助于搭建起连接社会资本(social capital)的桥梁,也有助于发展个体民主的能力。亚瑟·安德森(Arthur Anderson)认为学习道德责任的方法各异,包括学生领导能力教育、积极的以问题为导向的学习、以热点话题为基础的民主审议论坛和服务学习等。布鲁斯·波斯顿(Bruce Boston)在《他们最好的自我:把品格教育和社会服务联系在一起》一文中指出,服务学习提供一种理解抽象的道德思考的经验方式。服务学习也有助于学生发展他们的道德想象力和提供品格教育的经验和学习机会。

综上所述,西方普遍重视个体美德的培育,形成一整套完整的教育理念、教育方式、教育对象理论。近年来,西方关于个体的美德教育要与服务学习相联系的倾向,尤其是鼓励大学生参与社区志愿服务这一点与我国当前各式各样志愿者活动的蓬勃发展有相通之处,值得我们思考和借鉴。

2.品格教育研究

20世纪80年代,美国经历了社会危机、道德崩溃之后,教育中出现一种新的转向,即新品格教育运动的复兴。以托马斯·利考纳(Thomas Lickona）、威廉·布内特（William Bennet）、威廉·基尔伯特里克（William Kilpatrick）等学者为代表。托马斯·利考纳认为品格教育是以一种比较深思熟虑的方式来培养美德。美德客观上来说是人类好的品质，如诚实、智慧、同情、勇气、勤奋、坚毅和节制等。个体美德是社会的基础。他认为要以全面的方式方法来培育美德，这些方法包括教师的榜样作用、课程和学科、严格的学术标准、运动和其他课外的活动，对规则和纪律的处理和学校的道德氛围等。这种全面的方式意味着学校道德生活的所有事情都可以或好或坏地影响品格。美国的品格教育运动也得到了总统的支持。1997 年 2 月克林顿总统在他的演讲中，谈到要把教育放在第一的优先位置，也介绍了一系列的改革包括在每一所学校推行品格教育。布什总统在 2003 年和 2004 年的"国家品格执行周"（National Character Counts Week）时强调，品格的发展一直是美国的主要目标。

经过多年的探索，品格教育已经在美国许多州从幼儿园到大学不同层面的学校中推开。从已经开展的情况来看，各个学校品格教育的开展主要有以下做法：①通过公民课、社会课等课程的学习进行的，主要强调基本的宪法原则和作为一个个体应尽的责任；②通过教师、学生家长和社区代表的广泛磋商而形成一套基本的品格教育方法；③把品格教育渗透到学生的课程和课外活动的各个方面；④特别安排伦理课和价值观念课程，让学生在这些课程中接受品格教育的训练；⑤开发自己学校的品格教育资源，或者利用其他学校和团体已经开发出来的资源；⑥把社区服务作为帮助学生培养责任感、同情心和走向成熟的一个重要途径。

美国成立了许多品格教育的研究中心，如品格教育的第 4 和第 5"R"中心、品格教育伙伴组织、关心的社群、杰斐逊品格教育中心等研究中心来推进品格教育。如品格教育的第 4 和第 5"R"中心提出了促进品格教育的 12 条策略。包括：重视教师的作用；关心者、示范者和指导者；在教室里创建一个道德社区;实施道德纪律;创建民主教室环境;通过课程来教授价值;运用合作学习策略;培养学生责任感和对学习价值的关心;在学校创建积极的道德文化;要求家庭和社区作为价值教育的协助者,等等。波士顿大学"伦理与品格促进中心"提出了促进品格教育100法,包括:选择名言警句与学生分享;帮助学生发现他们当中的学业成功之外的好人好事;通过写信、打电话、家访向家长表扬其孩子;指导学生评判性地分析大众传媒;鼓励学生关心照顾年老体弱的邻居;邀请从业人员向学生讲良好品格在工作岗位上的重要作用,等等。

儿童发展计划(CDP)先在加利福尼亚州开展,很快传遍全国,成为一个影响较大的项目。该计划在做法上包含了互相关联的5个方面:①阅读与语言艺术课,使用反映良好品格的儿童文学作品开展教育;②合作学习,给学生学习与人共事的日常训练;③训练学生积极参与创造一个互相尊重、支持的班级;④开展学校服务,开展让年长学生帮助年幼学生的"跨年龄小先生""弟兄班"活动;⑤家庭活动,提供家长培养孩子品格的方法。品格教育在中学取得成功的例子是华盛顿杰弗逊初级中学。该中学90%的学生来自单亲家庭,学生问题很多,该校决定以几年时间来改变此种状况。他们第一年着重于制定目标和策略,培养儿童对自己行为的责任感;第二年以培养对待任何事情的良好态度为主题;第三年重点在冲突解决方法训练;第四年是社区服务。通过学校与家长、社区的密切联系和共同努力,该校学生的不良行为大大减少。

在小学教育方面,美国佐治亚州西点小学因其富有成效的做法而闻名。该小学每周侧重一个核心价值开展品格教育。学校先列出30种核心价值,如"礼貌""守时""尊重他人""耐心""公正""负责""整洁""文明""同情""宽容""诚实""忍耐""勤奋"等,以问卷方式让家长选出他们认为最重要者,然后在各班开展核心价值的品格教育。周一,通过专栏和讨论,对本周的品格素质予以明确和界定。周二,让每个班思考这样的问题:你的同学和学校教师昨天在该素质上表现如何? 你的家庭成员昨天在该素质上表现如何? 你今天在学校和家里可以怎样表现该素质? 这就使每个学生担负起设定个人品格发展目标的责任。周三,让学生阅读和讨论关于在现实生活中很好地表现该种品格素质的榜样人物的故事。学校广泛收集本校和社区的好人好事,和家长一起编成故事。每一周学校都通过给家长的信,对他们如何开展一些强化本周主题品格素质的家庭活动提出建议。西点小学通过这种日常品格教育活动,大大提高了学生的学业成绩和纪律性。美国的品格教育运动是一项实实在在的理论和实践运动,把培养学生的美德、培养各种核心价值作为品格教育的核心,这种道德教育理念的转向非常值得我们借鉴。

综上所述,中西方都非常重视人的现代化品格的培育,主张通过学校教育、社区服务或者志愿者活动等方式来培育人的现代化品格。学者们对于现代化条件下需要培养人的哪些方面的品格,有哪些路径去培养人的现代化品格等方面各抒己见。由于中国式现代化进程与西方现代化进程不同,中国的文化传统与西方的文化传统也不同,中国式现代化对人的品格要求必然也会与西方现代化的品格要求不同,却较少有学者从中国式现代化下对人的现代化的要求角度,去分析中国式现代化下人的现代化品格的特征,从而相应地进行培育。因此探索中国式现代化下人的现代化品格内涵与培育路径就显得非常必要。

四、研究思路与内容

本书致力于回答这样一个问题:中国式现代化下人的现代化问题应该如何解决? 在现代化的过程中,人的现代化问题是现代化完成与否的决定性因素,是中国式现代化的核心问题。从思想政治教育的角度来看,人的现代化问题就是要培育人的稳定的现代化素质,也即人的现代化品格问题。本书对人的现代化品格的内涵和培育作一定的探索性研究,主要从思想政治教育的范式出发来理解人的现代化品格内涵、历史预制、现实条件、存在问题、理论辩证和实践路径等,力求详细、系统地阐述人的现代化品格理论,试图回答人的现代化问题。

第一章何谓人的现代化品格? 人的现代化品格具有哪些共性和特性呢? 本书认为人的现代化品格是人的稳定的心理特征和行为倾向,又是建立在个人与国家关系基础之上的政治身份认同和权利义务,是政治品格、道德品格和心理品格三者的统一体。人的现代化品格具有共性之处,但中国人的现代化品格既具有人的现代化品格共性的一面,又有其自身的特点。这种特点与中国传统文化关系本位的特点紧密相连,即在人的现代化品格中,中国特别看重道德品格,强调个体品格的道德性。

第二章中国人的现代化品格从何而来? 即当代中国人的现代化品格培育的历史预制问题。对这一问题的回答离不开对传统社会人的品格的审视和近代中国对人的国民性改造思想的分析。中国传统社会人的品格,具有等级性、依附性、权利意识匮乏、家族本位主义的特征。近代中国人的现代化品格思想开始萌芽,这种萌芽是在中西方文明冲突之下开展的,人的现代化品格思想观念的传播伴随着对中国传统人的品格的批判和对人的国民性的改造运动。这种国民性改造运动在辛亥革命前后是"救国"的国民性改造,在五四运动前后则是"救人"的国民性改造。但由于中国传统社会缺乏产生人的现代化品格的政治、经济、文化土壤等原因,导致近代人的现代化品格的发展未能成功。

第三章中国人的现代化品格如何形成的,是当代中国人的现代化品格培育的现实前提问题。中国共产党作为新中国成立之后的执政党,其主流意识形态对现代社会人的现代化品格的认识代表了个体与国家互动关系中国家层面的回应与价值取向,构成了当代中国人的现代化品格培育的现实前提。对新中国成立以来的党的八大到二十大政治报告的梳理分析,反映了中国共产党的主流意识形态对现代社会人的现代化品格的认识发展过程,从依法保障人民权利到人民权利的暂时消退到再次强调依法保障个体权利,最后到坚持人民当家作主,既强调依法保障人民权利,又强调要强化人民的责任、义务意识,要推动明大德、守公德、严私德,提高人民道德水准和文明素养。这种对人的现代化品格的认识的曲折发展和不断深入的发展过程又与当时的政治、经济、社会条件等密切相关,中国自改革开放以来,逐渐确立了社会主义市场经济、推进了民主政治制度的建设和改革、促成了社会的更加开放发展等,都大大地促进了当代中国人的现代化品格的成长,为当代中国人的现代化品格的培育提供了良好的现实基础。社会主义市场经济、民主政治制度、开放社会也呼唤人的现代化品格的完善发展。

第四章当代中国人的现代化品格要向何处去? 即当代中国人的现代化品格培育的理论辩证问题。在人的现代化品格的核心价值中如何把握个体权利与个体对共同体义务的关系,是坚持个体权利优先抑或是个体对共同体的义务优先? 在人的现代化品格的共性与特殊性的关系中,是强调人的现代化品格的共通性呢? 还是特殊性? 是否需要培育具有民族文化特性的人的现代化品格? 达成人的现代化品格的培育目标,是否可以照搬他国经验? 人的现代化品格的培育是否要把握自身发展的阶段性问题? 对这些问题的回答是当代中国人的现代化品格培育必须面临的理论问题。毋庸置疑,马克思主义辩证统一观是我们应坚持分析问题的立场和观点,因此当代中国人的现代化品格培育应有中国文化特色和时代特色,人的现代化品格的构建既要借鉴西方的人的现代化品格发展经验和教育,又要注重中国的国情和文化传统,培育适合自己文化传统的人的现代化品格。

第五章当代中国人的现代化品格要如何培育？即当代中国人的现代化品格培育的实践路径问题,是当代中国人的现代化品格培育研究的落脚点。人的现代化品格主要是建立在个体与国家关系基础上的政治身份认同和权利义务等,当代中国人的现代化品格的培育内容要依据个体在国家政治生活中所扮演的政治角色,国家所确定的核心价值观必然是个体所应掌握的核心价值,社会主义核心价值观是当代中国人的现代化品格中的核心价值。当代中国人的现代化品格的培育要依据"知识、观念、行动"的模式开展,又要把握路径、方法等重要维度。

五、研究方法

第一,历史与逻辑相结合的方法。对理论的分析要遵循历史与逻辑相结合的原则。本书在研究中运用历史与逻辑的方法对人的现代化品格的理论问题进行分析,揭示人的现代化品格理论发展的历史和逻辑脉络,达到历史与逻辑的统一。

第二,理论联系实际的方法。马克思主义理论是思想政治教育学科的指导思想和理论基础,本书在研究中充分运用马克思主义的基本原理,对当代中国人的现代化品格培育问题展开剖析。

第三,比较法。本书运用比较法,对中西方人的现代化品格传统的异同进行了比较和分析,以使当代中国人的现代化品格的培育既借鉴西方人的现代化品格理论,又构建适合中国国情的人的现代化品格。

第一章　人的现代化品格的内涵与要义

什么是人的现代化品格？人的现代化品格具有哪些共性和特性呢？这些问题在"当代中国人的现代化品格培育研究"中是个基础性的问题。只有清楚地界定好人的现代化品格的概念内涵，才知道研究的对象和边界所在，也只有对人的现代化品格内涵作一个清楚的梳理和界定，才能更好开展研究。

一、人的现代化品格释义

何谓人的现代化品格？顾名思义，人的现代化品格是现代化社会人所应具有的品格。从词义来看，品、格在中国古汉语中单独成词，《汉语大词典》对品格的释义作了详细的阐述，认为最早把品格一词联系起来使用在南北朝时期，见于《宋书·颜竣传》中，①主要是指物品的质量规格。"及世祖即位，又铸孝建四铢……而盗铸弥甚，百物踊贵，民人患苦之。乃立品格，薄小无轮郭者，悉加禁断。"唐代齐己在《谢人寄南榴卓子》诗中："品格宜仙果，精光称玉壶。"清代梁绍壬在《两般秋雨庵随笔·品酒》中："论其（奔牛酒）

品格,亦止如苏州之福贞、惠泉之三白,宜兴之红友。"②艺术作品的质量、格调。唐代著名诗人韩愈在《画记》中,把品格一词用来形容文学作品的质量。"至河阳,与二三客论画品格,因出而观之。"《明史·文苑传四·李维桢》:"[维桢]负重名垂四十年,然文多率意应酬,品格不能高也。"清代王士禛等在《师友诗传录》(八)中:"[七言律诗]至盛唐声始远,品格始高。"③用来指品性、性格。唐代诗人李中在诗《庭荠》中:"品格清於竹,诗家景最幽。"宋代罗大经在《鹤林玉露》卷一中用来概指人的品性、性格。"洛阳,人谓牡丹为花……尊贵之也。亦如称欧阳公、司马公之类,不复指其名字称号,然必其品格超绝,始可当此。"清代俞蛟在《潮嘉风月记·丽品》中也指人的品性、性格。"酉姐品格端好,能诵《毛诗》及《四子书》。"沙丁《老烟的故事》:"为了尊重他那精细的品格,我特别邀请他到天井里去。"④品格还可指官品、爵秩。在《元典章·圣政一·饬官吏》中:"第三考封赠,祖父母、父母品格不及封赠者,量迁官品。"①由此可见,品格起源于对物品质量规格的描述,后被延伸用来指人时,主要指人的品性、性格;另一类是指官品、爵秩。现在我们所说的品格更多是指人的品性、性格。可以说,用来指品性时,是在道德意义上论述和使用的,指人的道德品格;而指性格时,则是从心理学意义上来使用,指人的心理品格。

品格对应的英语词汇是 character,是从希腊语"盖印"(impression)"雕刻"(gravure)二词而来。②《牛津高阶英汉双解词典》中对 character 的解释有6种含义:①既可指(个人、集体、民族等特有的)品质、特性,也可指(事物、地方、事件等的)特点、特征、特性、特色;②显著的个性或道德的力量,品格、品德;③人(尤指古怪或令人讨厌的人),与众不同的人,有个性的人;④

① 汉语大词典编辑委员会.汉语大词典缩印本上卷[Z].上海:汉语大词典出版社,1997:1579.
② [法]伏尔泰.哲学辞典[Z].王燕生译.北京:商务印书馆,1991:262.

（小说、戏剧等中的）人物；⑤名声（尤指好名声），声望；⑥（用于书写或印刷系统的）字母、符号或记号。① 由此概念可看出，英文中的品格用来指人的品质特性时，既有泛指的一个人所具有的品质特性，也有专指的道德意义上的品格、品德。

由此可见，从词义上来说，中西方对品格的界定在用于指人的个性特征之时，含义是相同的，可指人的性格、品质特性，又进一步延伸至人的道德力量、品德等。

因此，作为人的个性特征、品质特性的品格来说，主要有两个层面的品格，一是心理学层面，指人物的性格特征、个体的心理特征、属性等，即心理品格，此时品格与人格、性格相通。如曹日昌在《普通心理学》中将品格（character）译成性格，在内涵、来源与性格、品格完全相同。"性格这一术语来自希腊文，表示'印记''制图'之意……按希腊时代的用法，性格（xapak-tep，character）的意思是指'特征''标志''属性'或'特性'。……它不但被用来标示事物的特性，而且也被应用于标示人物的特征。"②二是伦理学层面，与社会的风俗习惯相联系，个体所特有的行为倾向，即道德品格。品格是道德习惯的内化，是社会风俗习惯等道德在个人身上的体现。主要是基于伦理学对品格的界定，品格是使一个人成为他所是的人的道德品质。如尼古拉斯·布宁、余纪元编译的《西方哲学英汉对照辞典》中，认为"品格③是来自早期习惯化的感情和欲望的状态。这个概念与习惯和风俗密切相关，从ethos，我们得到了哲学学科'ethics'（伦理学）的名称，其字面的意思是'与品格相关的'。个人的品格使他成为他所是的那种人。品格的培育需要

---

① ［英］霍恩比 A. S. Hornby. 牛津高阶英汉双解词典［Z］. 李北达编译. 北京：商务印书馆，1997：225.

② 曹日昌. 普通心理学［M］. 北京：人民教育出版社，1987：463.

③ 希腊词 ethos，指性情或气质.

对于灵魂的非理性部分的教育。亚里士多德把德性（卓越）分为两种：一些德性是理智的德性，另一些则是品格的德性。他的伦理学的大部分是关于品格德性的构成的"①。因此我们可以得出，哲学学科上所指的品格更多是从伦理学角度上使用，伦理学甚至就是与品格相关的学科，品格是使一个人成为他所是的人的特质。而品格的培育需要对于灵魂的非理性部分的教育。这个解释与亚里士多德对于德性分为理智德性和道德德性相关，他认为道德德性就是灵魂中的非理性部分接受理智的控制而形成，道德德性的培育需要通过行为习惯的培养来养成。或许正是在这个意义上，《牛津哲学词典》把品格与德性伦理学相联系，把品格解释为："品格是指人的行动（包括思维和言语）倾向的总和。……在德性伦理学中，品格是评价的主要对象。至于一个有道德的人的行动而言，衍生出行动要么是善的或恶的，对的或是错的。"②

因此，美国著名的品格教育学者西奇尔（B. A. Sichel）认为品格与个体的美德和道德习惯密切相连。品格是美德在日常道德交往的体现，是一整套的美德。"与道德的理性判断相比，品格体现了道德主体处理日常简单道德交往的一致的、持久的方式。它包括一整套道德主体用以表述道德行为原则和手段的美德。"③也就是说，品格是个体习惯化、稳定的品质性格，包含了社会道德习惯等的内在化和个体内在美德的外在化的过程而体现出来的稳定性，在内涵上是与品德、品性、德性、道德品质等基本相同。"道德品质通常也称作品德或德性。"④正如英国学者彼特斯所总结的，品格实则包含了三层含义：通用品格、心理品格、道德品格。第一，一个人品格特征之总括；第

① ［美］尼古拉斯·布宁，余纪元. 西方哲学英汉对照辞典［Z］. 北京：人民出版社，2001：156.
② ［英］布莱克波恩（Blackburn）. 牛津哲学词典［Z］. 上海：上海外语教育出版社，2000：62.
③ B. A. Sichel. *Moral Education: Character, Community, and Ideals*, Temple University Press, 1988, p.35.
④ 罗国杰等. 伦理学教程［M］. 北京：中国人民大学出版社，1985：354.

二,指不同人的特征,一般为心理学研究者所使用;第三,一个人展示特征方式的约束性和一致性。① 但无论为何种意义上的品格,都表示一个人稳定的行为倾向性。

基于此,人的现代化品格的内涵应包括哪些呢? 人的现代化品格是指作为个体所具有的稳定的心理特征和行为倾向性。但更为重要的是,现代化社会下的个体主要是建立在个人与国家、个体与社会关系基础上的身份认同、权利义务等,因此人的现代化品格还应包括政治品格、道德品格。

首先,人的现代化品格包括现代化所需要的政治品格。个体是作为个人与国家关系基础上的政治身份的存在,这种关系首先是个体在国家关系中获得一种政治地位和法律地位。正如德里克·希特(Derek Heater)所认为的"在公民与国家之间建立的一种关系,这种关系涉及公民在国家中正式的政治权利,以及公民对国家的永恒忠诚……公民身份是对公民融入政治体系的一种官方认同"②。人的现代化品格内含着个体的政治品格,是建立在个体与国家之间政治关系基础上的身份认同和权利义务等品格。

其次,人的现代化品格必然蕴含着道德品格。道德品格主要是建立在个人与群体、社会关系基础上的身份认同、权利义务等,是从个体内在的角度来认识个体与群体、社会的关系,自觉约束自我行为的品格。道德品格在人的现代化品格中占有重要的地位,只有个体具有主体地位和意识,并自律性地践履美德,才能有效地实现个体与国家之间的良性互动与发展。英国著名政治学家德里克·希特认为公民身份不仅仅包括法律政治地位,还应包括在对公共利益认同感的基础之上的个体美德。"公民不只是一种标签,不管一个人的法律地位到底怎样,如果没有对他与其同胞的公共纽带(civic

---

① [英]彼特斯.道德发展与道德教育[M].邬冬星译.杭州:浙江教育出版社,2000:21-23.
② [英]德里克·希特.公民身份——世界史、政治学与教育学中的个体理想[M].郭台辉,余慧元译.长春:吉林出版集团,2010:349.

bond)，或者没有对于公共利益的认识，那他就并不是一个真正的公民。认同感与美德使得公民的概念有了分量。"①作为道德主体的个体，还表现为个体的道德自律性。"公民不同于封建君主的臣民、领主的农奴(serf)或君权神授的帝王的臣民(subject)，区别首先在于公民具有道德的自律性，能履行较高级的道德行为，因而就能以理想的公民形式塑造'好的公民'。"②

因此，人的现代化品格是心理品格、政治品格、道德品格三者的有机统一体。

二、人的现代化品格的核心价值

人的现代化品格是作为社会中的个体所应具有的品格，人的现代化品格具有哪些共通性的特征呢？人的现代化品格的核心价值应是主体性，即个体相对于他者的独立、平等性和权利与义务的统一。从历史发展来看，人的现代化品格是对传统社会人的品格的超越。在传统社会中，传统的人与人之间完全不存在平等、人格的独立和人与人之间权利与义务的对等关系，即只存在着个体对于他者的人身依附、被奴役和只知义务不知权利的关系。"故奴隶无权利，而国民有权利；奴隶无责任，而国民有责任；奴隶甘压制，而国民喜自由；奴隶尚尊卑，而国民言平等；奴隶好依傍，而国民尚独立。"③这段话非常深刻地描绘出中华民国时期的先进知识分子对于奴隶与国民的认识，此时的国民是奴隶的对立面。作为奴隶是无权利，也无责任，甘于被压

---

① ［英］德里克·希特.公民身份——世界史、政治学与教育学中的个体理想［M］.郭台辉，余慧元译.长春:吉林出版集团,2010:257.
② ［英］德里克·希特.公民身份——世界史、政治学与教育学中的个体理想［M］.郭台辉，余慧元译.长春:吉林出版集团,2010:259.
③ 张枬、王忍之.辛亥革命前十年间时论选集(第1卷上册)［M］.北京:生活·读书·新知三联书店,1960:72.

制,崇尚尊卑,依赖主人,而作为具有主体性的国民则是有权利也有责任,爱好自由、平等、独立。因此,人的现代化品格的核心价值则是主体性,具体来说就是平等、独立、权利与义务(责任)的统一。

(一)平等

臣民从属、依附于君主,人与人之间存在着不平等关系,存在着森严的上下等级秩序。《左传·昭公七年》指出"天有十日,人有十等。下所以事上,上所以共神也。故王臣公,公臣大夫,大夫臣士,士臣皂,皂臣舆,舆臣隶,隶臣僚,僚臣仆,仆臣台"①。也就是说传统封建社会,十等人之间是上级与下级的关系,这种不平等的关系是上天赋予的。而现代化社会首先就在于强调人与人生来就是平等的,不存在谁高谁低。我国宪法第三十三条规定:"凡具有中华人民共和国国籍的人都是中华人民共和国公民。中华人民共和国公民在法律面前一律平等。国家尊重和保障人权。任何公民享有宪法和法律规定的权利,同时必须履行宪法和法律规定的义务。"倡导人与人之间的平等也是许多思想家的理想,亚里士多德认为人人都有饮食、被保护的基本需要,因而正义就是对基本需求如食物和住宿的平等分配,出于服务于共同体共同的善的目的,个体可以轮流成为统治者和被统治者。卢梭的契约论观点认为,个体之间是平等的,他们要遵守同样的条件和享受同样的权利。以洛克为代表的自由主义者更是认为个体之间是平等的,人生而平等。《独立宣言》《人权宣言》都宣布人的平等是先天赋予的。T. H. 马歇尔认为公民身份所代表的"是一种地位,一种共同体的所有成员都拥有的地位,所有拥有这种地位的人,在这一地位上所赋予的权利和义务都是平等

---

① 左传·昭公七年。

的"①。马歇尔之后不同研究公民身份传统的学者基本达成了一个共识，即现代民族国家中的成员，依据其成员资格享有平等的权利及其要承担相应的义务。如希特认为"至少在理论上或者观念上来说，所有拥有公民身份的人都可以同等地取得和享有公民权利"②。罗尔斯认为"平等的公民身份是由平等的自由原则和机会公平均等原则所要求的权利和平等所规定的。当这两个原则满足时，所有的人都是平等的个体，每一个人都拥有这种地位"③。当然平等在一定范围和条件内是有限度的，亚里士多德认为平等不等于平均主义，他认为由于教育、努力或德性的不同，所以在超出人类基本需要同等分配之外还要进行再奖励，这也是一种正义。在古典时代，平等地位的取得也仅存在于获得公民身份的公民之间。在这一范围之外，公民与非公民之间就是不平等的，甚至是非公民如奴隶臣属于公民。"公民就是拥有权利的人，但是，在一个法律分为等级或者分裂的社会里，这种权利不被承认而成为非公民，或者只是在所有社会里寄居的侨民与外国人。"④在现代社会，虽然平等的范围大大扩大，取得一国国籍的公民具有平等的权利和地位，但仍存性别之间、民族之间、种族之间等的不平等。如何去克服这些不平等，是社会需要继续思考和深化的问题。但从法律地位、从形式上而言，公民之间仍秉持着平等原则，享受着法律赋予的同等的权利和地位。

（二）独立

传统的封建专制制度束缚着人们的思维，在漫长的封建专制制度统治

---

① 胡杰容.公民身份与社会平等——T. H. 马歇尔论公民权[J].比较法研究,2015.3.

② [英]德里克·希特.公民身份——世界史、政治学与教育学中的个体理想[M].郭台辉、余慧元译.长春:吉林出版集团,2010:350.

③ [美]罗尔斯.正义论[M].何怀宏译.北京:中国社会科学出版社,1988:97.

④ [英]德里克·希特.公民身份——世界史、政治学与教育学中的个体理想[M].郭台辉、余慧元译.长春:吉林出版集团,2010:350.

之下,人们从心理上习惯性地认同专制制度的桎梏统治,习惯于对权威的崇尚和唯唯诺诺,养成了依附的心理,欠缺了独立的人格。而在摆脱了臣民身份之后的个体之间的关系是平等的,平等也就意味着不再存在人身的依附关系,每个人又都是独立的。卢梭在《爱弥儿》中认为社会上存在两种依赖,一种是依赖事物,这是出于天性;另一种是依赖人,这是出于社会。依赖于事物是出于天性,无关道德性。依赖于人,因为是无秩序,所以会产生罪恶。如主人与奴隶,会相互受侵蚀。而要解决这种依赖人的社会病态,就要诉诸法律,用法律来代替人,并强力保证共同的意志要优先于个体特殊的意志。独立性表明个体不再依赖明主圣君、不崇拜权威富贵、不随波逐流,而是独立思考、独立行动。现代市场经济是契约关系,商业之间的主体签订契约,按照契约来履行权利和义务,契约中的商业主体都是独立的主体。同时契约关系由经济领域渗透到政治领域、文化领域等社会生活的各个领域。现代社会的法制化又使得契约关系得到了法律的保护,更使得现代个体的独立主体意识得到了法律的保护。

正如梁启超所看到的,独立性是个体的基本品格,是新民区别于奴隶的根本特性。"独立者何? 不藉他力之扶助,而屹然自立于世界者也。人而不能独立,时曰奴隶。于民法上不认为公民。国而不能独立,时曰附庸。于公法上不认为公国。"①他进而把是否拥有独立性看成人与禽兽、文明人与野蛮人之间的分野,国与国之间的分野,中国之所以不能成为完全独立的国家,就是因为国民缺乏独立性。当时全国上下政治、经济、文化、生活处处都可见依赖:"言学问则倚赖古人,言政术则倚赖外国;官吏倚赖君主,君主倚赖官吏;百姓倚赖政府,政府倚赖百姓;乃至一国之人,各各放弃其责任,而惟

---

① 梁启超.饮冰室合集2[M].北京:中华书局,2015:266.

倚赖之是务。"①因此,梁启超认为,要拯救国家,就必须扫除数千年所形成的奴性、国民依赖性之阻碍,就要提倡独立。"人人各断绝倚赖,如孤军陷重围,以人自为战之心,作背城借一之举,庶可以扫拔已往数千年奴性之壁垒,可以脱离此后四百兆奴种之沉沦……故今日欲独立,当先言个人之独立,乃能言全体之独立;先言道德上之独立,乃能言形势上之独立。"②在他看来,与其空喊要拒斥列强干涉而国家独立,还不如讲个体人格独立。具有独立人格的国民应该有不为他人的褒贬而喜忧,不为环境驱使,不为世俗所左右的气魄,也唯有独立,才能摆脱国家的困境。

(三)权利和义务的统一

公民在共同体中具有完全成员资格,是法律赋予的权利与义务的统一体。臣民只有义务而无权利,君主只有权利而无义务。所以,只强调义务是臣民的恢复,只强调权利是君主的再现,公民就是权利和义务的统一体。而公民个体的权利与义务关系一直都是共和主义理论传统和自由主义理论传统争论的焦点。共和主义侧重强调个体对共同体的责任,把这种责任义务摆在共同体的中心位置,共同体的共同善优先于个体自身的权利。共和主义强调要培养智慧、勇敢、节制、正义等个体美德,履行好热爱国家、忠诚于国家、担任公职等责任。而自由主义把个体的权利摆在共同体的核心,强调共同体的存在目的是保障个体的权利得以更好地执行。T. H. 马歇尔对公民个体的权利进行了细致的区分,包括民事权利、政治权利、社会权利。也有学者补充了这三种权利,如乌尔里希·贝克认为随着现代风险社会的来临,人们生存的自然环境遭到了恶意的破坏和无法想象风险的存在,因此还要

---

① 梁启超. 饮冰室合集 2[M]. 北京:中华书局,2015:428.
② 梁启超. 饮冰室合集 2[M]. 北京:中华书局,2015:428.

强调人们的生态权利。但是这种只强调个体权利而忽略个体的义务和责任的主张遭到了新共和主义和社群主义者等的批判,认为只强调个体的权利有三个弱点:一是当每个人都强调和捍卫他们的权利时,人们之间也就无法调和、妥协,这样也很难与其他人达成共识。特别是当其他人也坚持同等的权利,捍卫同等的权利时,会造成一种困境,我们越是捍卫和强调个体的权利,社会和政治的问题越难以找到解决的办法。其二,权利的概念太单一化和个体化了,往往一强调权利就把我们与其他人完全隔离开来,从而忽略了其实每个个体都要依赖于他人和共同体。其三,无休止地对各种权利的声张,事实上会减弱对权利的需求。因此,理查德·达格(Richard Dagger)主张并论证了一种共和主义的自由主义的可能性,把强调个体的责任、义务的共和主义与强调个体的权利的自由主义糅合起来。

实际上,任何理论传统都有其优劣之处,并未如自由主义攻击共和主义那样只有个体责任而无个体权利,和共和主义攻击自由主义只有权利而无义务般,各自在个体的权利与义务方面虽然存在很大的分歧,但仍会强调个体是权利与义务的统一,只不过出发点和侧重点不同。因此,我们在理解自由主义和共和主义传统时,不能片面,认为它或者只重视权利或者只重视义务。自由主义在重视个体权利时,也把纳税、遵守法律、忠诚国家等看作是个体的责任和义务。共和主义强调个体责任与义务的同时,也注重共同体对个体权利的保护和个体的权利。因此,一个理想的现代化社会的人所应具有的品格是权利与义务的统一,在强调个体正当权利的同时,履行作为个体的义务,自觉地参与公共事务的管理。

中国几千年来所积淀的文化传统中具有浓厚的义务意识、权利意识淡漠,强调责任优先于权利,这似乎与共和主义的主张相类似,但实则有本质的区别。西方个人主义的传统,一直都是在保障个体权利的前提下才强调个体责任的。而中国文化传统是只强调义务而无权利,因而有本质的区别。

随着当今中国社会主义市场经济蓬勃发展的同时,如何解决个体权利意识的增强、对个体责任的忽视和行使个体权利的能力弱化间的矛盾是新的问题所在。而当今西方社会陷入了强调个体权利而对政治义务淡漠,政治参与热情弱化的冲突,如何解决这个问题又是新的讨论热点。无论如何,作为共同体中的每个个体本身就意味着权利与义务的统一,人的现代化品格也要以权利和义务的统一作为基本品格之一。

综上所述,人的现代化品格的本质特征是主体性,自己作为自己的主人,必然要求具备独立、平等、权利和义务统一等,这些是人的现代化品格的核心价值。人的现代化品格体现在作为主体的人民对国家共同体的热爱、忠诚、奉献,也体现在个体在公共的社区生活待人诚信、友善、互助等,以及个体自身的素养,如智慧、节制、审慎等。人的现代化品格是权利与义务的统一,只知义务而不知权利是传统臣民的体现,只知权利而不知义务是传统君主的回归,因而个体强调自我权利的同时也要热爱国家、理性参与公共政治事务等公共责任和义务。同时,人的现代化品格是知、情、意、行的统一体,只有在实践中才能把个体的品格内化为自身的素养,也才能形成心理期望、思维模式和行为习惯。

三、人的现代化品格的特性

中国人的现代化品格既具有人的现代化品格的共通性的一面,又有其自身的特点。这种特点与中国传统文化关系本位相联系,重道德品格,强调个体的道德性。中国传统文化把道德性视为人的本质属性,对个体品格的塑造主要是对个体道德品格的塑造。"传统道德教育将人的道德性作为人

区别于动物的根本之点,并据此来提升其价值意义。"①传统中国人从探究
天、天道开始,而逐渐转入对人、人道的追问,把人的本质特性与仁义礼智等
道德性紧密结合,形成中国传统品格的特性:道德性。古代中国人对天充满
着崇高的敬意,认为人类社会要依循天道而行事。西周推翻商纣王的统治,
所依据的原因就是商纣王违背了天道。以天道为依据演化到各个层面,天
道在每种特殊事物中的表现,就成万物之道,天道在个体生活中的具体化,
就是人道。因此,对人道的探究除了要遵循天道之外,还要探究人的根本特
性究竟是什么。孟子对此作出的解释可谓是代表了儒家正统学说和中国传
统伦理思想的主要观点。作为儒家学说创始人的孔子,未明确说明人性与
道德性的关系,只是把性与习联系在了一起。"性相近也,习相远也。"②也就
是说,我们人类先天具有的本性是相似的,而后天的习得才产生很大的差
距,未能明确指出人性的本质特征。"子贡曰:夫子之文章,可得而闻也;夫
子之言性与天道,不可得而闻也。"③孔子的后继者子思在《中庸》的开篇就引
入"性"的观念,并把它与道、教联系一起。"天命之谓性,率性之谓道,修
道之谓教。"也就是说天的命令就是性,依循性而行事就是符合道,而按道来
修养的过程,就是教育。由此,子思把"天命"与"性","性"与"道","道"与
"教"联系在了一起,最终演变为修"道"的问题是一个养"性"、教育的问题,
但还是未直接对人性究竟是什么作出解读。

　　告子是第一个对"性"进行界说的思想家,他认为天生具有的就叫作性,
那么性的内容是什么呢? 就是饮食与色欲。"生之谓性""食色性也"。④ 可
见,告子所论述的性主要是一种生理意义上的本能,并没有从人与其他物种

---

① 李萍.现代道德教育论[M].广州:广东人民出版社,1999:27.

② 论语·阳货。

③ 论语·公冶长。

④ 孟子·告子上。

相区分的角度来界定人的本质特征。因而,孟子在批判告子对"性"的解释基础上,提出了自己关于人性与人伦的关系,从而奠定了中国对道德品格培育的传统。孟子不同意告子的"生之谓性"的说法,他从人与牛、狗之性相比的角度,提出人之性。"孟子曰:生之谓性也,犹白之为白与? 曰:然。白羽之白也,犹白雪之白,白雪之白犹白玉之白与? 曰:然。然则犬之性犹牛之性,牛之性犹人之性与?"①人之性与犬之性、牛之性是不同的。人之性就是懂得理、义。"故凡同类者举相似也,何独至于人而疑之? 圣人与我同类者。故龙子曰:不知足而为屦,我知其不为蒉也。屦之相似,天下之足同也。口之于味有同耆焉。易牙先得我口之所耆者也。如使口之于味也,其性与人殊,若犬马之与我不同类也,则天下何耆皆从易牙之于味也? ……口之于味也,有同耆焉;耳之于声也,有同听焉;目之于色也,有同美焉。至于心,独无所同然乎? 心之所同然者何也? 谓理也、义也。圣人先得我心之所同然耳。故理义之悦我心,犹刍豢之悦我口。"②理义又是什么呢? 那就是父子之仁、君臣之义、宾主之礼和贤者之智。"口之于味也,目之于色也,耳之于声也,鼻之于臭也,四肢之于安佚也,性也,有命焉,君子不谓性也。仁之于父子也,义之于君臣也,礼之于宾从主也,智之于贤者也,圣人之于天道也,命也,有性焉,君子不谓命也。"③在此,孟子认为感官欲望的满足,道德修养的提高,既需要主观的努力,又要受客观条件的限制。但是感性的满足主要依赖客观的条件,道德的提高主要依靠主观的努力,这才是性的内涵。从这个意义上说,孟子以人伦道德的自觉能动性为人性。于是,孟子进一步指出性是人与禽兽所不同之处。人之所以异于禽兽,是因为人能察人伦,具有"仁义"之心。性即人之道,人有其道,仅仅有衣食住行等生理需求而没有教养,

---

① 孟子·告子上。
② 孟子·告子上。
③ 孟子·尽心下。

就近乎于禽兽。"人之所以异于禽兽者几希,庶民去之,君子存之。舜明于庶物,察于人伦,由仁义行,非行仁义也。"①"人之有道也,饱食暖衣逸居而无教,则近于禽兽。"②同时,孟子把"心之官"能"思"理解为人类的一个重要特征,"耳目之官不思,而蔽于物。物交物,则引之而已矣。心之官则思,思则得之,不思则不得也。此天之所与我者。"③

那么仁义礼智从何而来?孟子进一步论证了仁义礼智只存在于人的天赋本性中。人人皆有恻隐之心、羞恶之心、恭敬之心、是非之心。每个人天赋的本性里,存在一个被称为"心"的器官,它天生带有恻隐之心、羞恶之心、恭敬之心、是非之心,它们构成了四种善"端"。这四种善端发展完全就成为仁义礼智四种德性。"恻隐之心,人皆有之;羞恶之心,人皆有之;恭敬之心,人皆有之;是非之心,人皆有之。恻隐之心,仁也;羞恶之心,义也;恭敬之心,礼也;是非之心,智也。"④。这四心或四端并不是来自我们的外部,而是我们生下来就具有的,我们不用为了得到它们而加以学习。"仁义礼智,非由外铄我也,我固有之也。"⑤但孟子并没有从孩童时期开始论证人的四种善端理论,而是以生活中所见到的孺子入井所起的不忍之心、恻隐之心的例子来论证的,如果没有这四心,则就不是人。"人皆有不忍之心……所以谓人皆有不忍人之心者,今人乍见孺子将入于井,皆有怵惕恻隐之心。非所以内交于孺子之父母也,非所以要誉于乡党朋友也,非恶其声而然也。由是观之,无恻隐之心,非人也;无羞恶之心,非人也;无辞让之心,非人也;无是非之心,非人也。"⑥由此可见,孟子讲人性,是从道德性的角度上去区分人与禽

---

① 孟子·离娄下。
② 孟子·滕文公上。
③ 孟子·告子上。
④ 孟子·告子上。
⑤ 孟子·告子上。
⑥ 孟子·公孙丑上。

兽的区别,人本性中的欲求和欲望与其他动物相同,是这四善端把人与其他动物区分开来了。

至此,人性具有道德上的意义,人与其他动物的本质区别就在于人能明人伦。何谓明人伦? 我国著名道德教育学者李萍在《现代道德教育论》中认为明人伦应该包含两个基本方面,一是懂得人伦与禽兽的本质区别,二是掌握以"仁"为核心的伦理规范。"在孟子看来'明人伦',即要把握两个基本的方面:一是人伦,即人道,是把握人之区别于禽兽的本质特征。孟子认为人兽的区别有三条:动物以食色为性,而人的本质在于懂得仁义道德;动物没有同情心,互相吞食,人则有同情心,互相爱护;动物的生活没有秩序,而人类生活是有秩序的。二是要掌握以'仁'为核心的伦理规范。"①既然人性在于仁义礼智,因而个体就要涵养仁义礼智,要把以"仁"为核心的伦理规范内化为个体自身的品格。故而,由于中国传统文化的历史预制性,中国传统品格天然地具有道德性,涵养品格实则就是涵养道德品格。因此,道德品格在当代中国人的现代化品格中占据着重要的地位,一个具有良好道德品质的人,在政治上也必然是一个好公民。

与中国传统伦理本位特点不同的是,西方有着理性主义的传统,正如学者李萍所认为的西方形成智德统一,以智为本的传统。② 因此,对品格的理解也会强调理智的重要作用。苏格拉底认为"知识即美德",德谟克利特认为在古希腊传统的四主德智慧、公正、勇敢和节制中,智慧(即知识、理性)是最高的德目,人依赖智慧才成为善和幸福。柏拉图认为"善的理念"是一切事物的共同本质,也是人的所有行为必须追求的最终目的,是一切道德的基础和根源。亚里士多德作为古希腊哲学的集大成者,认为理智对欲望和感

---

① 李萍.现代道德教育论[M].广州:广东人民出版社,1999:26-27.

② 李萍.现代道德教育论[M].广州:广东人民出版社,1999:35.

情的控制,从而形成道德德性,都在表明西方传统重视理智的作用,对品格的理解也是强调理智的统摄作用。与中国传统从天道的进路不同的是,西方古典伦理学是从幸福观开始进入,从人追求终极目的幸福到对人的理性的绝对推崇,从而形成理智对道德品格统摄的传统。古希腊的文化传统中深深植根着这样一种理念,生活有着各种各样的目的,任何行为和任何事物都会追求各种各样的目的,那么一个人生活的终极目的是什么呢? 他们认为幸福是一个人生活的最高目的和人类追求的终极目的,幸福也成为决定任何行为合理性的依据。"无论是一般大众,还是那些出众的人,都会说这是幸福,并且会把它理解为生活得好或做得好。"①在柏拉图笔下,苏格拉底通过诘问法不断地审察雅典同胞们的道德信仰,以寻求真正的快乐,造福于人类。苏格拉底声称他的考察就是为了寻求过正确的生活,过正确的生活就是达到幸福。

亚里士多德在《尼各马可伦理学》的开篇中就指出,对人类整体生活而言,存在一个最高的目的。医术有医术的善,造船术有造船术的善,战术有战术的善,商业有商业的善,从表面看来,各个善都不同。但亚里士多德认为,在各种善的背后,存在一种最完善的善。这种善对生活有着重大的影响。那这种善到底是什么呢? "我们就至少概略地弄清这个最高善是什么,以及哪一种科学与能力是以它为对象的。"②那就是幸福,但幸福又是指什么呢? 有人认为快乐是幸福,得到财富和名誉是幸福,即便同一个人,由于所处的时间不同而导致心境不同,对幸福的理解也不同。如患疾病时,人就会视拥有健康为幸福,生活困窘时会说拥有财富是幸福,在感到无知时又会认为拥有渊博的知识是幸福。那么到底什么才是幸福呢? 亚里士多德同样也

---

① [古希腊]亚里士多德.尼各马可伦理学[M].廖申白译.北京:商务印书馆,2010:9.
② [古希腊]亚里士多德.尼各马可伦理学[M].廖申白译.北京:商务印书馆,2010:5.

归结到人的特有功能和属性。他认为当时社会上流行的一些幸福观错误之处在于忽视了理性的作用。他批判了只为快乐的幸福观，认为这种快乐缺少了理性的控制和指导，所以是低级的，快乐必须要由理性加以控制和指导。他也批判了财富幸福观，认为幸福并不等同于财富，现实生活表明，许多巨富的贵族仍会终日摆脱不了忧惧和痛苦。他还尖锐地批判当时社会上存在尚富的现象，大奴隶主们只顾着无止境地增加财富，甚至不管手段，致富、赚钱成为他们的人生目的。他认为他们之所以会这样，是由于他们不知道何为优良的生活，未对生活的欲望加以控制。"他们只知重视生活而不知何者才是优良生活的缘故；生活的欲望既无穷尽，他们就想象一切满足生活欲望的事物也无穷尽。"①那么到底什么才是真正的幸福呢？幸福的本质内涵是什么呢？亚里士多德认为要弄清幸福的性质，必须研究人的本性，研究人与其他生物相比起来自身所特有的功能。"不过，说最高善就是幸福似乎是老生常谈。我们还需要更清楚地说出它是什么。如果我们先弄清人的功能，这一点就会明了。"②而他也用大量的动物生活行为的事实材料，分析论证了动物的功能。

　　亚里士多德在《动物志》一书中，把人的功能和动物的功能作了非常详细的解释和比较，指出动物的两大行为是生殖和饮食。"动物的生活行为可以分为两出——其一为生殖，另一为饮食；一切动物生平的全部兴趣就集中在这两出活动。食料为动物所资以生长的物质，随身体构造的差别，它们寻取各不相同的主要食料。凡符合于天赋本性的事物，动物便引以为快，这就是各种动物在宇宙间乐生的共同归趋。"③而人的特殊功能是什么呢？如一个笛子演奏者，或一个雕刻家，或其他技艺家，他与动物的区别在哪里呢？

---

① ［古希腊］亚里士多德.政治学［M］.吴寿彭译.北京：商务印书馆,2007:29.
② ［古希腊］亚里士多德.尼各马可伦理学［M］.廖申白译.北京：商务印书馆,2010:19.
③ ［古希腊］亚里士多德.动物志［M］.吴寿彭译.北京：商务印书馆,1979:340.

亚里士多德认为是他们的特殊功能成为人与动物相区别的本性。而人的这种特殊功能不仅仅是生命,他的特殊功能是人能根据理性原则而过理性的生活。"人的功能,决不仅是生命。因为甚至植物也有生命。我们所求解的,乃是人特有的功能。因此,生长养育的生命,不能算做人的特殊功能。其次,有所谓感觉生命,也不能算做人的特殊功能,因为甚至马、牛及一切动物也都具有。余下,即人的特殊功能是根据理性原则而具有理性的生活。"[①]此处亚里士多德所说的根据理性原则包含有两种形式:被动地接受理性原则和主动地接受理性原则,从而实现理性生活。

被动地接受理性原则主要是指在强制性管制或统治下的生活,如法律约束下的生活。主动地接受理性原则是指在道德意识和意志支配下实现的主动选择的生活。前者是被动地按照理性原则,如按照法律要求过的理性生活,但这种理性原则是强制的,是外在力量约束而实现的,不是人主观意志选择的;而后者则是人自我主动选择过的生活。因此,亚里士多德所说的人的"特殊功能"主要倾向于后者,就是指能够过这种主动选择的理性生活的能力,即能够过道德生活的能力。"人类所不同于其他动物的特性就在于他对善恶和是否合乎正义以及其他类似观念的辨认。"[②]也因为此,我国著名伦理学家罗国杰、宋希仁总结了亚里士多德的观点,那就是人与动物的生活的本质区别就在于是否过有道德的生活,而过有道德的生活根本在于人的激情和欲望要服从理性的权威和指导。"人的激情和欲望自然地服从理性的权威,即服从行为正确调解者的权威。在理性的实践活动中,在通过理性对激情和欲望进行调解的过程中,人就发挥出他的真正的功能,并且达到了他为之而存在的目的。这就是善行,就是幸福。"[③]由此可见,从苏格拉底的

---

① 周辅成.西方伦理学名著选辑(上卷)[M].北京:商务印书馆,1964:287.
② [古希腊]亚里士多德.政治学[M].吴寿彭译.北京:商务印书馆,2007:8.
③ 罗国杰、宋希仁.西方伦理思想史[M].北京:中国人民大学出版社,1985:190.

美德即知识,到柏拉图的绝对理念论,再到亚里士多德理性的根本原则,所形成的理性主义传统,会特别强调理智对个体品格塑造的重要作用。

虽然中国传统对品格的理解主要是从道德品格角度进行分析,但在如何塑造个体品格上,中国传统又会强调知、行的重要作用。具体来说,有以下几种观点:知、行并重,知、行何者为先,知、行统一观。

第一,知、行并重。先秦时期特别强调先天之知的前摄作用,同时又强调后天的习得决定着品格的特点。孔子是这一观点的代表,他提出"性相近,习相远"①的观点,强调后天的学习和道德实践在品格塑造中的作用。"性相近"是指每个人的本性是相近的,而"习相远",则是指因后天的学习、道德实践不同而使得个体品格具有差异性,理想品格的塑造要取决于每个人后天不同的习得和习性。也即是人所具有的先天本质、道德意识是"知"的最高境界,要通过后天的习性来将这种先天的"知"实现为现实性的理想品格——君子品格。君子品格的形成,需要勤于实践。君子不仅仅是一个具有高尚道德意识的人,还是一个慎言敏行的人。"君子欲讷于言而敏于行。"②"君子耻其言而过其行。"③与此同时,考察一个人,不是只听他怎么说,还要"听其言而观其行"④。可以说,孔子开启了儒家学说对品格塑造过程中强调行和实践的重要性的开端。

在此基础上,孟子进一步发展了孔子的"人之生也直"学说,强调先天之知在人的品格形成过程中具有重要作用的同时,后天努力也具有同样的重要性。他认为人性本善,每个人一出生就拥有良知、良能,拥有恻隐之心、羞恶之心、辞让之心、是非之心四种善端,塑造道德品格的方法就是通过后天

---

① 论语·阳货。
② 论语·里仁。
③ 论语·宪问。
④ 论语·公冶长。

的努力来涵养、培育善端。只有重视后天的涵养,四种善端才会发展完善,成为仁义礼智四德。由于人在涵养四种善端的努力程度不同,所以会存在不同的品格层次。同时孟子认为人的品格塑造和形成过程并不是一蹴而就的,而是需要一个艰苦的磨炼、意志锻炼的过程,需要经过"苦其心志,劳其筋骨,饿其体肤,空乏其身,行拂乱其所为"①才能达到。

荀子同样强调道德行为在品格塑造中的重要作用。他认为人具有认识客观事物的本性。"凡以知,人之性也;可以知,物之理也。"②而在品格的形成过程中,道德行为特别重要。"道虽迩,不行不至;事虽小,不为不成。"③在知与行的关系上,荀子认为行更为重要,"不闻不若闻之,闻之不若见之,见之不若知之,知之不若行之,学至于行之而止矣"。"知之而不行,虽敦必困"。④ 品格的培养其实是知与行相互统一的过程。"君子之学也,入乎耳,著于心,布乎四体,形乎动表。"⑤

第二,知、行何者为先。出于维护君主统治和君权合法性的需要,汉代董仲舒极力推崇先天之知,建立了"天人感应"的神学目的论体系,他宣扬自然界和人类社会的一切都是"天"有意识的安排,人类只需要"奉天而法古"就行。更为强调人对认知的过程就是对自己内心的体认和探求,"聪明圣神,内视反听"⑥。董仲舒把圣人神秘化,认为圣人是天意的代言人,圣人能见人所不能见。"见人所不见者,故圣人意,亦可畏也。"⑦王充反对这种神秘主义趋向,认为不存在生而知之者,即使是圣贤,也是需要学习的。"天地之间,含血之类,无性(生)知者","圣贤不能性(生)知,须任耳目以定情实",

---

① 孟子·告子下。
② 荀子·解蔽。
③ 荀子·修身。
④ 荀子·儒效。
⑤ 荀子·劝学。
⑥ 春秋繁露·同类相动。
⑦ 春秋繁露·郊祭。

"不学不成,不问不知"①。他强调事物的实际效用,主张学以致用,反对脱离实际的恶劣习气。"事莫明于有效,论莫定于有证。"②"凡贵通者,贵其能用也,即徒诵读,读书讽术,虽千篇以上,鹦鹉能言之类也。"③宋明清时期,仍在争论知与行谁先谁后的问题。如程颐认为知在行先,只有先知,才知道如何行动。"须是识在所行之先,譬如行路,须得光照。"④而如何达致知呢?二程认为要格物致知,探究事物的原理,同时穷其理有多种方法,读书、讲理、论古今等,慢慢积累,把事物的原理研究通透。"……凡一物上有一理,须是穷致其理。穷理亦多端,或读书,讲明义理;或论古今人物,别其是非;或应事接物,而处其当,皆穷理也。……须是今日格一件,明日又格一件,积习既多,然后脱然自有贯通处。"⑤朱熹继承了二程学说,在道德品格的修养问题上,他认为知行在道德修养中是相辅相成的关系,在时间先后上,是知在先;而若论及重要性上,则是行更为重要。

第三,知、行统一。持此观点的突出代表人物是明代哲学家王守仁,他在批判了朱熹关于知先行后的观点,认为把知与行分为两截,让人们以为只有知了才能去行,结果就是若终身不行,终身也不知。强调道德品格的修炼应是知行合一的过程,知与行不可分离是同一过程,知行并进。"知是行的主意,行是知的功夫;知者行之始,行者知之成。若会得时,只说一个知,已自有行在;只说一个行,已自有知在。"⑥

清代王夫之跳出了知、行何者为先的争论框架,对宋明时期的知行说作了深刻的批判,认为个体理想品格的培育,应是"志""情""意"的统一,培养

---

① 论衡·实知篇。
② 论衡·薄葬篇。
③ 论衡·超奇篇。
④ 二程全书·遗书(卷三)。
⑤ 二程全书·遗书(卷十八)。
⑥ 传习录上。

个体对道义的坚定信念和志向是最根本的,道德信念在品格培育中发挥着根本性的作用。以正其心、定其志为主,从而使其意诚、情善,达致三者全面而协调的发展。"正其志于道,则事理皆得,故教者尤以正志为本。"①"意之所发,或善或恶,因一时之感动而成乎私;志则未有事而豫定者也。意发必见诸事,则非政刑所能正之;豫养于先,使其志驯习乎正,悦而安焉,则志定而意喝不纯,亦自觉而思改矣。"②这里的"意"并不是指意志,而是一时之感动而发生的欲念动机。也就是说,一时之感动而发生的欲念或动机,或善或恶,属于"私"的性质。一旦付诸行动就不是靠用刑法所能匡正的。但只要志向端正,且乐而坚持,那么就能自觉地考虑改正不纯的欲念和动机。

笔者认为,品格应是知、情、信、意、行的综合。把某一构成要素夸大为唯一构成要素,都会陷入品格构成要素单一论的沟壑中。19世纪末20世纪初,以杜威为代表的进步主义教育运动在美国的教育领域独领风骚,其教育理念对现今的世界各国的教育理论起着重要影响。杜威在《学校与社会·明日之学校》的"教育中的道德原理"篇中批判了当时美国教育的智力训练和道德训练分割,知识获得和品格成长之间的分离。教育把重点放在了矫正错误行为上,而不是放在养成积极有用的习惯和品格上,道德教育的目标就是要培养积极有用的习惯和品格。在对品格的培育上,当时教育界只把它视为一个结果,而没有视为一种过程。因此,杜威认为要把品格的培育视为一个过程,在这个过程中,有三种构成要素发挥作用。

首先,品格的第一构成要素是"性格力量"。通过教育培养出来的品格,不仅要有善意,更要有坚决实现善意的践行力量。"力量、实行的效率或明

---

① 张子正蒙注·卷四。
② 张子正蒙注·卷四。

显的行动是性格必要的组成成分之一。"①也即是要把善意变为实际的道德行为和克服困难的意志。"在生活的实际冲突中,个人必须有能力站得住脚,有所作为。他必须有主动性、坚持性、坚定性、勇气和勤勉。简言之,他必须具有'性格的力量'。"②而若停留在善意的阶段上,这种品格是软弱无力的,是伪善的。

其次,若单纯的"性格力量"没有得到理性的指导,可能变成毫无理性,那么这种行动的后果是可能会践踏别人的利益,甚至可能以侵犯别人权利的方式达到自己的目的。所以,这就意味着要结合理智上的教育。在理智方面,良好的判断力也是品格的构成要素,即对各种价值的判断能力。"一个有判断力的人就是能有估计形势的能力的人。他能把握他所面临的情景和形势,不理会不相干的事情或在当时不重要的事情;他能抓住值得注意的因素,根据它们各自的要求把它们分成档次。"③但是仅仅有理智上的认知也不足够。一个具有最出色判断的人,却不根据他的判断去行动。是什么原因呢?杜威认为有两方面,一是前面所说的缺乏克服障碍的品格力量。二是缺乏灵敏的情绪反应,这与英国道德哲学家休谟所认为同情情感是道德的基础的观点相类似。因此,杜威认为品格最后需要的是情感上的教育。若"没有这种敏感性,是不可能有良好判断力的。除非对情况、对别人的目的和利益有一种迅捷的、几乎是出自本能的敏感,判断力中的理智就没有适当材料可以发挥作用。正如知识的材料是通过感觉提供的,伦理知识的材

---

① [美]约翰·杜威.学校与社会·明日之学校[M].赵祥麟等译.北京:人民教育出版社,2004:154.

② [美]约翰·杜威.学校与社会·明日之学校[M].赵祥麟等译.北京:人民教育出版社,2004:154.

③ [美]约翰·杜威.学校与社会·明日之学校[M].赵祥麟等译.北京:人民教育出版社,2004:155.

料则是情绪上的敏感性所提供的"①。因此,按照杜威的意思,品格力量、敏感性、判断力是个人品格的三位一体,缺一不可。学校德育既要培养学生坚决执行自己善意的品格力量,包括果断的行动和坚持的意志,又要提高学生对各种价值的判断力,增强学生对他人及社会利益和目的的敏感性。

也有道德教育家采用观察和分析实践实际生活道德活动的方法,分析和揭示出品格的构成要素。以哈什、密勒、菲尔丁为代表,他们以一起典型的道德事件"斯洛汀的故事"为例,揭示了品格是由知、情、行三要素组成。"路易斯·斯洛汀(Louis Slotin)是一名原子物理学家,在美国洛斯阿拉莫斯(Los Alamos)工作,帮助研制原子弹。1946年,他在实验室做一项核试验。他像专家常做的那样,用螺丝刀轻轻地把一块块钚片聚集成一团,使它大到足以产生链式反应。不幸的是,螺丝刀突然滑落,钚片一下子靠得太紧。瞬间,每个人观察的仪器都显示出中子正在剧增,表明链式反应已经开始。整个房间充满着放射线。在这千钧一发之际,斯洛汀立即用自己赤裸的双手把钚片分开。这实际上是一个自杀行动,因为这样做使他暴露在最大剂量的放射线下。然后,他平静地要求七位合作者精确地标出他们在事故发生时所处的位置,以便确定每个人受到放射的程度。做完这些事,斯洛汀向医疗救护站报警,然后向同事们道歉,并且说:他将死去,而大家肯定会康复。"②哈什等认为,从斯洛汀的反应中,可以分析出与英雄相应的品格通常是由什么构成的。首先,是一种毫不妥协地意识到别人更为重要的感觉,即一种对保护他人生命的无条件的关心。其次,是一种能够公正而精确地把握形势的能力,即一种在经受考验时能够进行系统思维的能力。最后,是行动的勇气。斯洛汀不仅仅具有同情心,进行了有效思维,而且以实际行动把

___

① [美]约翰·杜威.学校与社会·明日之学校[M].赵祥麟等译.北京:人民教育出版社,2004:155.
② [美]理查德·哈什等.道德教育模式[M].傅维利等译.北京:学术期刊出版社,1989:1.

钵片分开了。

品格,如同斯洛汀的事例显示的那样,由对他人生命无条件的关心、系统的思维和果断的行动的和谐结合。如果斯洛汀只体现出品格三个组成部分的一个或两个,那么在实验室里会发生什么情况? 如果他具备了科学家所具有冷静的知识和敏捷的智力,但是觉得他的合作者无关紧要,他的反应怎么会是"道德的"呢? 假使他不能合乎理性地估计问题的严重性,那他对他人生命的关心怎么会是有效的呢? 无论他的动机多么高尚,无论他的推理多合乎逻辑,如果他不采取行动,这样的动机和推理又有什么用呢? 因此,品格既不只是善良的动机,也不只是正确的推理,亦不单是果断的行动,而是所有这三者的和谐结合。在斯洛汀的反应中,品格的三个要素是作为一个整体发挥作用的。其实,他的情感、思想和行动之间并没有明晰可辨的分界线。它们在这起不幸的事件中融为一体,作为一个统一战线的各部分,去对付一种共同的危险。然而虽然个体的品格的各个组成部分在实际生活中交织在一起,但这些组成部分之间依然有别。品格是由道德认知、道德情感、道德行为等构成的综合体。

20 世纪 80 年代以来,美国的道德教育开始转向品格教育。品格教育运动在美国蓬勃发展,渐渐取代了价值澄清理论和科尔伯格的道德认知发展阶段论。"学校的道德教育拥有的巨大的吸引力,特别是道德教育把目标瞄准为品格的形成和塑造上。"①托马斯·利考纳是品格教育运动的代表人物。他把品格定义为做正确的事而不管外在相反的压力。利考纳认为"品格"的词根来自希腊词 grave,意指在某事物上雕刻,应用到人类,它指生命所给予个体的持久标记,是把一个人与另外一个人区分开来的标记,宗教信仰、父

---

① Ivor Pritchard. Character Education:Research Prospects and Problem,*American Journal of Education*, No. 8,1988,p. 469.

母亲的影响和儿童早期的相互交流等这些因素影响着品格的形成。品格具有重要的作用,在国家历史中的重大分水岭时或者面临道德两难困境时,品格就发挥着决定性的作用,品格贯穿生命的始终。品格也决定着人们是否能最有效地发挥他们的知识和技能。

利考纳的品格模型包括三个组成部分:道德认知、道德情感和道德行动。利考纳认为,道德认知由 6 个特质组成,其中第一个也是最重要的特质是道德意识,即能够理解道德判断的处境。第二个特质是知道道德价值观。为了作出一个正确的道德决定,我们必须知道关于诚实、公平、宽容、礼貌、自律、正直、仁慈和同情的道德价值观。道德认知的第三个特质是换位思考,能够站在他人的角度想象他们可能的思考、感受和反应。第四个特质是道德推理,即理解什么是道德的和知道为什么它是如此的重要。第五个特质是作出决定,包括通过一个道德问题能够形成思考方式。第六个特质是自我认知,这可能是最难获得的技巧,但是对品格形成也是最为必要的。

道德情感也由 6 个特质组成,第一个特质是良心,它是知道和感觉到必须做对的事情。第二个特质是自尊,包括珍视自己。当一个人能珍重自己时,他才能尊敬别人也因此不会伤害他们。第三个特质就是有同情心,包括能够把自己与他们区分开来。第四个特质是爱善,是一种能被生命中的善的事物所吸引的能力。第五个特质是自我控制,不会让情感压倒理智。第六个特质是谦逊,是一种对真理的真正的开放,并愿意去纠正过失。

道德行动是品格模型的第三部分,包含 3 个特质。第一个特质是能力,它是有技能来把道德判断和感情转化为有效的道德行动。第二个特质是意愿,也即是做正确的事的道德能量的动机。第三个特质是习惯,有能力做正确的事,因为你已经这样做了很多次以致成为一件例行性的事情。

由此看出,利考纳把品格描述为由道德认知、道德情感和道德行动三个构成部分。品格发展的第一步是道德认知。这个步骤包括当环境需要道德判断的时候的理解,然后能够后退一步,仔细充分地想想行动的正确过程。第二步是有道德情感或者深切地关注做正确的事。仅仅知道什么是对的并不能保障人能够按正确的方式行动,还必须有要去行动的深切感情,最后是道德行动。在道德认知、道德情感都具备的情况下,人们才会道德地行动。

按照马克思主义的观点来看,品格是体现一定社会或阶级的道德原则和规范,是道德行为整体的稳定倾向。我国著名伦理学家罗国杰先生认为伦理学在传统上认为道德品质,即品格由知识、意志和行为三个方面构成,在现代伦理学中,也有把道德品质构成概括为道德意识和道德行为。他按照与道德有关的个性心理因素及共同道德行为的关系,把道德品质划分为道德认识、道德情感、道德意志、道德信念、道德行为五个部分。① 本书认为,品格应是知、情、信、意、行的综合体。尽管杜威、哈什、利考纳等认为品格是由知、情、行构成,但这其中仍能看到道德信念、道德意志因素的作用。只不过他们把道德信念纳入了道德认知和道德情感范畴,道德意志归为道德情感或道德行为因素。因此,从更为严谨、完整的意义上来说,品格是由知、情、信、意、行组成。道德认知是品格构成的思想基础,从某种意义上来说,如果没有一定的道德认识,就根本不可能形成某种类型的品格。没有认知,也就不可能有道德情感。同理,缺乏道德情感、意志支配的行为,无论它实际产生何种行为,都不能称之为道德行为。反之,一个人的道德知识不论有多么渊博,若无切身体验或情感的介入,就不会有任何行动;或者一个人光有善意,却无坚决执行善意的道德情感和道德意志,也只不过是伪善;即使有道德知识和道德情感,但缺乏道德意志,碰到困难就放弃而不付诸行动,依然构不成美德,也无法形成品格。因此,缺少任何一个因素都不可能构成品格。

---

① 罗国杰等.伦理学教程[M].北京:中国人民大学出版社,1985:356.

综上所述,人的现代化品格是个体所具有的稳定的心理特征和行为倾向性,人的现代化品格又是建立在个人与国家关系基础上的政治身份认同、权利义务等,这种人的现代化品格应是个体的心理品格、政治品格和道德品格三者的统一体。人的现代化品格是与臣民品格相区别的概念,主体性是其本质特性,包括平等、独立和权利义务统一等核心价值。中国人的现代化品格之特点与中国传统文化关系本位相联系,重道德品格,强调个体品格的道德性。

第二章　当代中国人的现代化品格培育的历史预制

中国人的现代化品格从何而来？对这一问题的回答离不开对传统臣民品格的审视和对近代中国国民性的改造的分析。传统起着文化预制的作用，但传统并不等于过去，它不只是一种历史的过滤与积淀，又包含着现在与未来，是一个历史与时代的共同体。探索传统中国人的品格特质，对于当代中国现代化下人的品格的培育与完善具有重要的意义。

一、中国传统臣民品格

（一）臣民品格

臣民品格，顾名思义是臣民所具有的品格。臣民是人类社会发展过程中人的一种发展状态，强调人与人之间的依附关系。马克思主义从生产力发展与人的发展形态之间的互动关系角度，深刻地揭示了人的发展的三阶段，从依赖性到独立性再到自由个性的三个阶段，也代表着人类社会形态的三个发展阶段。"人的依赖关系（起初完全是自然发生的），是最初的社会形式,在这种形式下,人的生产能力只是在狭小的范围内和孤立的地点上发展着。以物的依赖性为基础的人的独立性,是第二大形式,在这种形式下,才形成普遍的社会物质变换、全面的关系、多方面的需要以及全面的能力的体系。建立在个人全面发展和他们共同的、社会的生产能力成为从属于他们的社会财富这一基础上的自由个性,是第三个阶段。第二个阶段为第三个阶段创造条件。因此,家长制的,古代的(以及封建的)状态随着商业、奢侈、货币、交换价值的发展而没落下去,现代社会则随着这些东西同步发展起来。"①

生产力的发展推动人的发展,生产力越发展,人的主体性也不断增长。臣民是人的发展初级形态,"人的依赖关系"阶段。从社会历史发展来看,臣民是个体在政治、经济、人身和人格上依附于一定的群体或特权者,个体的独立性、主体性欠缺。在原始氏族制社会中,当时社会生产力极端低下,单靠个人的力量根本抵御不了恶劣的自然环境,人们只能依靠群体的共同劳动来维持自己的生存,自然而然地形成一个个以血缘为纽带的氏族部落。氏族部落是个体赖以生存的支柱,个体依赖于氏族部落,个体必须做一切事务,以维系氏族的生存和发展,不存在个体的权利,自然无法产生"自我意识"。例如石器时代晚期的石器作坊的匠人们,为全体人工作。"在许多地方,都发现石器时代的石器作坊的无可置疑的遗迹;在这种作坊中发展了自己技能的匠人们,大概是为全体工作,正如印度的氏族公社的终身手艺人至今仍然如此一样。"②"不知'我的'和'你的'这种字眼。"③也正如恩格斯所说:"部落始终是人们的界限,无论对其他部落的人来说或者对他们自己来说都是如此。部落、氏族及其制度,都是神圣而不可侵犯的,都是自然所赋

①　马克思恩格斯文集(第八卷)[M].北京:人民出版社,2009:52.
②　马克思恩格斯文集(第四卷)[M].北京:人民出版社,2009:179.
③　[法]拉法格.财产及其起源[M].王子野译.北京:生活·读书·新知三联书店,1962:56.

予的最高权力,个人在感情、思想和行动上始终是无条件服从的。这个时代的人们,虽然另我们感到值得赞叹,但他们彼此完全没有差别,他们都还依存于——用马克思的话说——自然形成的共同体的脐带。"①原始社会个体在品格上是一种原始群体主义的依赖型品格。奴隶社会里奴隶主占有全部生产资料,奴隶本身也归奴隶主所有,奴隶只是"会说话的工具",因而奴隶在身份上完全依附、屈从于奴隶主,同样是依赖型品格。封建社会结构仍是一种上下等级的依赖关系,尤其是无地和少地的农奴或农民,备受封建地主的经济剥削,同样没有人身的自由,除了君主外,人身上所具有的品格特质仍是依赖型。由此可见,个体在社会关系形态中的发展状态离不开生产资料所有制的发展状况。原始社会、奴隶社会、封建社会三个阶段中个体的发展形态都处于人对人的依附关系状态,也即"人的依赖关系"这种最初的社会形态。马克思的这一理论,实际上内含了人的品格历史发展的三种形态,即古代封建社会及以前的以"人的依赖关系"为特征的"群体主义品格",近代资本主义商业社会的以"物的依赖性为基础的人的独立性"为特征的"个人主义品格"和未来共产主义社会的以"每个人的全面而自由发展"为实质的"集体主义品格"。

马克思批判了孟德斯鸠对君主政体的赞美和拥护,他在给阿尔诺德·卢格的书信中指出:"专制制度的唯一原则就是轻视人类,使人不成其为人⋯⋯君主政体的原则总的说来就是轻视人,蔑视人,使人不成其为人;而孟德斯鸠认为君主政体的原则是荣誉,他完全错了⋯⋯哪里君主制的原则是天经地义的,哪里就根本没有人了。"②作为君主专制统治下的臣民及其品格,就是对专制君主的臣服和对臣民义务的认同,臣民丧失了自我的价值和权利,

---

① 马克思恩格斯文集(第四卷)[M].北京:人民出版社,2009:112.
② 马克思恩格斯全集(第1卷)[M].北京:人民出版社,1956:411.

轻视自我,缺乏独立价值和个体权利,成为臣民品格的本质特征。中国经历了几千年的君主专制社会,臣民意识浓厚,臣民普遍形成了臣民品格,具有一定的奴性。在政治认知上,臣民坚持君主至上,君主是天命的代表,是天之子,维护君主的权力和利益是最高的政治价值。臣民自我无任何独立的政治价值,只有忠于君主、献身皇权,才可能产生自己的政治价值。忠君构成了臣民的政治价值取向,成为臣民从事政治行为的内在动力和外在目的。在政治情感上,臣民们终日诚惶诚恐地恪守自己的政治义务,并出于内心真诚地、自发地捍卫皇权、顺从皇权、愿为皇权牺牲自己的一切。在政治信念上,臣民被动地接受、顺从君主的命令和要求,尽自己的义务,而忽视自己的独立权利和要求。臣民只能崇拜君主,只需领悟君主的旨意、接受君主的命令。臣民们长期生活在君主专制制度之下,形成了崇拜强权、忠于君主、奉迎君主、盼望明君、拒斥违背君意等信念。在政治行为上,臣民们没有任何自我权利的追求和满足,忠于君主是他们的一切言行的标准,要忠贞不贰地服从、献身于君主。①

马克思主义经典作家论述人类由原始社会进入文明社会的历史进程时,东、西方走了两条不同的路径,以古代希腊为代表的"古典的古代"和以古代东方国家为代表的"亚细亚的古代"。"古典的古代"是古希腊、古罗马所走的道路。古希腊、古罗马在社会分工扩大、商品交换发达和私有财产逐渐形成的前提基础上,氏族公社渐渐遭到解体,从而形成了奴隶制国家,建立了以地域即城邦为基础的国家组织,代替了以血缘为纽带的氏族组织,如梭伦改革后建立的雅典城邦国家就是如此。它是在旧的氏族血缘传统被废除的基础上建立起一个完全不同于家族组织的、私有的奴隶制国家。也即

---

① 朱汉民.忠孝道德与臣民精神——中国传统臣民文化论析[M].郑州:河南人民出版社,1994:29.

是说"古典的古代"是从氏族到私产再到国家,个体私有制冲破了氏族组织,国家代替了氏族。古代中国走的是"亚细亚的古代"的道路。古代中国在没有摧毁原始氏族组织的情况下由氏族直接变为奴隶制国家,形成了血缘氏族制与国家相结合的组织形式。中国古代是一个农业社会,聚族而居的农业社会生产、生活方式使得原始氏族的传统、遗风得以完整地保留下来。因此,在悠久而又十分成熟的原始氏族社会的传统,私有制不发达、氏族组织没有被打破的前提基础上,中国进入文明社会就自然走上了一条新陈纠葛的国家组织形式,旧的氏族家族和政治国家合为一体,氏族首领、部落酋长直接转化为国家君主,家族组织扩大而变为国家组织,生产生活资料等统统属于这种"家""国"统一的社会组织。新兴的奴隶制国家维系了传统氏族社会的宗法关系,以血缘为纽带的宗法关系又维护着刚刚形成的国家。

德国哲学家黑格尔认为人类文明生存的外部地理条件会影响人类思想本质上的差别。他把人类文明生存的外部地理条件划分为三种类型,从而孕育出三种不同的人类文明。第一种类型是干燥的高地、草原和平原形成的以游牧民族为代表的文明。游牧民族因放牧的需要而到处漂泊,来去自由,居无定所。生活的不确定性令他们的内心缺乏法律、理性的约束精神。"在这些高地上的居民中,没有法律关系存在。"①第二种类型是巨川大河冲灌的农耕文明,这种农耕文明是一种比较安定的生活方式。"农业在事实上本来就是指一种流浪生活的终止,农业要求对于将来有先见和远虑……中国、印度、巴比伦都已经进展到了这种耕地的地位。"②农业要依赖于天气和土地,依照四季的变化开展农事活动,日出而作、日落而息、安定有规律的生活为这些地域建立大国政权奠定了良好的基础。第三种类型是与海洋相连

---

① [德]黑格尔. 历史哲学[M]. 王造时译. 北京:生活·读书·新知三联书店,1956:133.
② [德]黑格尔. 历史哲学[M]. 王造时译. 北京:生活·读书·新知三联书店,1956:146.

形成的海洋文明,他们超越了土地的局限,向大海的无限迈进,从事着征服、掠夺和追逐无限利润的商业。① 海洋民族"从大海的无限里感到自己的无限的时候",他们便以智慧和勇敢,超越"把人类束缚在土壤上""卷入无穷的依赖性里边"的平凡的土地,走向大海,从事征服、掠夺和追逐无限利润的商业,自然容易孕育出个体的自由、竞争、勇敢、冒险的精神特质。古希腊、古罗马人生活于地中海沿岸,这种海洋型的地理环境形成了商品交换、贸易等工商业的经济活动,诞生了海洋型文明。由于人们经常跨海迁移,商品贸易、私有制的发展和殖民城邦的建立等经济政治的原因,导致以血缘关系为基础的氏族制度被打破,代之而起的是一种包含着契约精神的政治组织——城邦国家的建立。

古代中国先民生活于三面环山、一面临洋的东亚大陆上,土地肥沃、水利资源丰富,适宜于农业生产,形成了大陆文明。因此,侯外庐先生指出:"灌溉和热带等自然环境是亚细亚古代'早熟'的自然条件。氏族公社的保留以及转化成为土地所有者氏族王侯(古称'公族'),是它的'维新'的路径,土地国有而没有私有地域化的所有形态,是它的因袭的传统,征服了周围部落的俘获,是它的家族奴隶劳动力的源泉。"②不像游牧文明那样不断地处于动荡的迁徙之中,也不像海洋文明那样需要跨海迁移和商品贸易,古代中国先民相对稳定地聚族而居,从事自给自足的农业经济活动。加之交通条件落后,相互间的频繁交流往来也不便捷及时,因而中华民族在进入文明的过程中具有很强的延续性,在很大程度上保留甚至强化了原始的氏族组织。原始氏族社会所遗留下来的宗法关系、制度、文化等均得以延续下来,并和新建国家的政治关系、政治制度、政治文化熔铸在一起,形成一种独特

---

① [德]黑格尔.历史哲学[M].王造时译.北京:生活·读书·新知三联书店,1956:134.
② 侯外庐.中国思想通史(第1卷)[M].北京:人民出版社,1957:9.

的宗法政治。因而这种文明必然形成一种"家""国"统一的宗法制度下的臣民品格。黑格尔曾这样评价中国的这种家国同构的政治模式,"中国纯粹建筑在这一种道德的结合上,国家的特性便是客观的'家庭孝敬'。中国人把自己看作是属于他们家庭的,而同时又是国家的儿女。在家庭之内他们缺少独立人格,因为他们在里面生活的那个团结的单位,乃是血统关系和天然义务。在国家之内,他们一样缺少独立的人格,因为国家内大家长关系最为显著,皇帝犹如严父,为政府的基础,治理国家的一切部门……家庭的义务具有绝对的约束力,而且是被法律订入和规定了的。"①

(二)中国传统臣民品格的特征

臣民是人处于"人的依赖关系"社会形态之下的存在样态,臣民品格是一种奴性品格。这种奴性品格表现为等级、依附性、权利意识匮乏等核心特征。然而中国古代的臣民品格又有着自己的独特性,中国古代封建社会建立起了世界历史上独一无二的以"家国一体""家国同构"为基础的血缘宗法政治结构,决定着中国传统臣民品格还具有家族本位主义特征。

1. 等级性

君主专制统治秩序的核心是泾渭分明、尊卑有序的等级制政治制度。"礼者,贵贱有等,长幼有差,贫富轻重皆有称者也"②,封建君主处于最高权力官僚机构的金字塔的顶端,下设三公九卿,依次而降,层层管辖,等级分明,最终所有臣子听命和臣服于专制君主。礼制是维护社会政治秩序的重要手段。"人无礼不生,事无礼不成,国家无礼不宁。君臣不得不尊,父子不得不亲,兄弟不得不顺,夫妇不得不欢。"③等级制的统治秩序和等级观念,压

---

① [德]黑格尔.历史哲学[M].王造时译.北京:生活·读书·新知三联书店,1956:165.
② 荀子·富国。
③ 荀子·大略。

抑了臣民们的个性,剥夺了臣民们的政治自主精神,使得臣民们成为精神上的奴仆,养成奴性的臣民品格。每个人自降生伊始,就能在社会等级秩序中找寻到自己相应的等级位置,在不同的生活和场合中,扮演不同的角色,隶属于各式各样的主人。"妻者夫之合,子者父之合,臣者君之合"①,"子受命于父,臣受命于君,妻受命于夫"②。整个社会关系就是无数个具有等级尊卑秩序的关系网络。君主处于整个社会等级关系的顶端,是全国最大的父家长,天下臣民皆是君主的子民。"天子父母事天,而子孙畜万民。"③所有臣民们从衣着服饰、言谈举止到思想意志都要遵守严格的等级规范,"非礼勿视,非礼勿听,非礼勿言,非礼勿动"④。严苛的等级制度和等级观念压抑了臣民们的独立自主精神,养成了个体的奴性臣民品格。

2. 依附性

"君权至上""君尊臣卑"是社会的基本政治价值准则。"君权至上""君尊"指君主是政治权力的主宰,君主以"天之子"身份统治天下臣民,拥有绝对的权力。"德侔天地者称皇帝,天佑而子之,号称天子。"⑤"天子受命于天,天下受命于天子。"⑥君主无所不知、无所不晓,又是品格高尚道德完美的圣人,"圣也者,尽伦者也"⑦。在如神和圣人般的君主面前,臣民们充满敬畏、崇拜和敬佩,在君主面前甘于体认自身的卑贱,虔诚地服从君主的专制统治。"臣卑"是指所有臣民都是君主的奴仆,对于君主来说,臣民们只是其奴仆,是卑贱的奴仆;对于臣民们来说,君主就是他们的主宰,是高高在上的主

① 春秋繁露·基义。
② 春秋繁露·顺命。
③ 春秋繁露·郊祭。
④ 论语·颜渊。
⑤ 春秋繁露·三代改制质文。
⑥ 春秋繁露·为人者天。
⑦ 荀子·解蔽。

人。"无名姓号氏于天地之间,至贱乎贱者也。"①臣民要忠于君主。"臣事君以忠"②,"事两君者不容"③"古之人物而书文,心止于一中者,谓之忠;执二中者,谓之患;患人之忠不一者也。"④臣民们无需任何政治主体精神,只需忠于、顺从君主的统治,"君者,仪也;民者,景也,仪正而景正"⑤。"君者,民之心也;民者,君之体也。心之所好,体必安之;君之所好,民必从之。"⑥当然,封建君主在治国理政的统治理念中常常会提及"民"的重要性,这体现了封建君主在某种程度上认识到了政治统治的规律性,但他们重视"民"的作用也仅仅是为了更好地维护封建君主的专制统治,而不是真正把"民"当作独立的政治主体来看待,"民"的兴衰荣辱仍操纵在君主手中。

3. 权利意识匮乏

何谓权利,是指法律所赋予权利主体作为或不作为的许可、认定及保障。近代进步人士陈天华认为,"人民在此一国之内,那一国的权柄,必能参与,一国家的利益,必能享受,人家不能侵夺,也不可任人家侵夺,但各有界限"⑦。但在君主专制集权统治的社会,君主拥有绝对的权力,可恩赐臣民财富、名誉、地位,也可剥夺臣民一切。封建君主专制统治是中国封建社会臣民品格形成、臣民权利意识匮乏的政治根源,在专制统治之下,臣民们的权利意识被束缚和压抑,权利意识匮乏。

中国传统政治文化在塑造臣民品格、义务意识培养方面起着重要作用。中国传统政治文化的突出特点是伦理与政治高度一体化,臣民通过道德修养,完善自身,做个好臣民,从而治理好国家,个体修身是政治生活秩序化的

① 春秋繁露·顺命。
② 论语·八佾。
③ 荀子·劝学。
④ 春秋繁露·天道不二。
⑤ 荀子·君道。
⑥ 春秋繁露·为人者天。
⑦ 陈天华.陈天华集[M].长沙:湖南人民出版社,2008:184.

起点。圣人在道德修养上，先天至善，后天完美。而凡人虽然未能达至至善，但可以通过后天的道德修养，达至圣人的境界，即人皆可以为尧舜。臣民们以圣人为道德修养的榜样，道德的修养成为臣民们无时无刻、一辈子都需要做的事情和应尽的义务，也是臣民们参与政治生活的必经之途。在不断的道德修养过程中，个体的主体性和独立人格逐渐被消融在对圣道的追求中，个体主体意识消殆，渐渐丧失对自身权利的追求意识。中国封建专制君主的道德修养起点实际上与臣民无异，但经由神化与圣化，君主被奉为道德完满的圣人。在圣主面前，臣民们油然而生出惶恐、尊崇之感，从而由道德生活扩散至政治生活中，臣民们在君主面前只能表忠心，效忠于君主，丝毫不敢谈及个人政治权利。

忠、孝一体，孝道被奉为天经地义和人的行为根本准则，对塑造传统臣民品格也起着重要作用。"孝弟也者，其为仁之本与。"①"夫孝，天之经也，地之义也，人之行也。"②"夫孝，德之本也。"③毋庸置疑，传统文化强调"孝"在整个道德体系中的重要位置，必然会压抑人的主体精神和对权利的向往与追求，否定了个人的种种权利。个体没有意志自由权，必须尊重父母的意志，以父母的意志为转移。"父母之所爱亦爱之，父母之所敬亦敬之。"④个体也没有行为自主权，言谈举止、进退问答必须按照父家长的意见。"见父之执，不谓之进，不敢进；不谓之退，不敢退；不问，不敢对，此孝子之行也"，"夫为人子者，出必告，反必面，所游必有常。"⑤个体没有财产私有权，"父母在，不敢私其财"⑥。个人也没有婚姻自由权，男婚女嫁都要遵循父母之命、媒妁

---

① 论语·学而。
② 孝经·三才章。
③ 孝经·开宗明义章。
④ 礼记·内则。
⑤ 礼记·曲礼上。
⑥ 礼记·坊记。

之言。甚至个人对自己的身体也没有支配权。"父母全而生之,子全而归之,可谓孝矣。"①可见,个体的基本权利、主体性和独立人格都被湮没在孝道的旗帜之下。由于中国传统文化的伦理与政治统合的特点,孝道必然从家庭领域的孝道推及政治领域,所有的臣民都必须移孝作忠,听从封建专制君主这个全国最大的父家长的旨意。"孝,始于事亲,中于事君,终于立身。"②

4.家族本位主义

古代中国在保留原始氏族组织的情况下由氏族社会直接变为奴隶制国家,形成了血缘氏族制与国家相结合的组织形式。这种家与国一体、宗族与国家一体、家国同构的社会结构,使得以血缘为基础的家族、宗族观念和人伦关系,与作为政治成员身份的政治认知、政治情感、政治行为等相互渗透、相互影响,深深地塑造了中国古代社会所特有的家族本位主义的臣民品格。

古代中国社会,以家庭作为社会的基本细胞。在血缘家族中,父家长具有双重身份,他既是子女的父亲,又是一家之主,掌握着家中绝对的权力,子女一生下来就从属于、受支配于父权。子女对父母具有两种天然的情感倾向:无我的依赖感和敬畏、臣服的顺从感。子女对父母有着一种天然的依赖感、亲密感,在这种亲切的依赖感之下,子女愿意主动放弃自我存在的价值和权利意识,愿意为了家庭、家族的利益而牺牲自我的价值和权利。而当中国传统社会的臣民们把这种在家庭中对父家长的依赖感推及政治生活领域,对专制集权君主也产生了对父家长式的依赖感,就演变为臣民对专制君主的依赖、报恩的政治态度和政治心理,塑造成依赖型的臣民品格。父家长在家庭和家族中享有父的权威和权力,在这种父权的绝对支配下,子女对父家长产生了敬畏之感。由于中国传统的宗法制政治结构,统治阶级对家国

---

① 礼记·祭义。
② 孝经·开宗明义章。

一体的构建,这种父家长的权威逐渐与君主的权威融合,君权与父权走向统合。臣民们在家中敬畏父家长,在政治上敬畏君主。臣民们在家中服从父家长的权威和命令,顺服地接受父家长权威的支配,在政治上服从君主的权威和命令,顺服地接受君主权力的支配。在这种家国同构的宗法等级制基础上,父子之间的关系与君主对臣民的关系得到了统合:君权是国家中的父权,父权是家族中的君权;家族中的父家长对子孙的支配是国家中的君主对臣民的统治在家族中的缩影,国家中的君主对臣民的绝对统治是家族中父家长对子孙的支配在国家领域的扩大。"天下作民父母,以为天下王。"①因此,臣民应该像在家族中服从父家长一样臣服于君主的权威,恭顺地接受封建君主的专制统治,于是形成了"家、国"一体下的宗法制社会关系和政治关系,中国古代社会的臣民品格具有了家族本位主义的色彩。

因此,当中国古代的君主和臣民间的政治关系与父子间的家族关系融合在一起,当臣民们以一种子孙对父祖的观念和心态去认同君主的政治统治,那么臣民的政治价值、观念和心理都带有家族本位主义的色彩,这样冷冰冰的、严酷的政治统治和压迫关系就蒙上了温情脉脉的家族伦常关系的面纱。全体臣民认同君主父家长的身份,地方民众也把地方上的县令称之为父母官,从而掩盖了君主与臣民间的统治与被统治、压迫与被压迫的冷酷关系,对封建君主的专制统治起到了缓和强化作用。

(三) 中国传统臣民品格根深蒂固的成因

在历史的长河中,臣民身份成为世界各国人民政治身份的一种常态,臣民品格相伴随而生。但中国的臣民品格特别根深蒂固,臣民的意识深深扎根于国人的灵魂深处,左右着国人的思想和行为,在现代社会主义社会仍会

———————————

① 尚书·洪范。

时不时见其踪迹。究其原因,是由中国传统社会小农经济生产方式所决定的,而维系了两千多年之久的封建君主专制体制、血缘宗法的伦理社会、思想文化上的伦理纲常教育,又无一不在巩固和强化着这种臣民品格。

1. 小农经济生产方式

封建小农经济的生产方式,是中国臣民文化、个体臣民品格得以产生、塑造、长期存续的最深厚的经济基础。小农经济生产方式是一种自给自足的自然经济,其特点是分散性、封闭性、自足性。分散性是指以家庭为生产生活单位,采用男耕女织的生产方式;封闭性是指农业和家庭手工业相结合,从事小块土地经营的个体经济;自足性是指生产的主要目的是满足自家生活需要和纳税,而不是满足商品交换的需要,是一种自给自足的自然经济。在封建社会中,封建地主阶级掌握着国家政权,占据土地等基本生产资料,主导着封建经济。农民在生产资料上对封建地主阶级存在着依附关系,正是在此种经济制度下,地主和佃农之间有着严格的尊卑界限,而这种尊卑关系构成了君与臣、平民之间等级森严的尊卑关系的基础。以一家一户为单位的自然经济又是一种闭塞、流动性很低的小农生产方式,这也造成中国封建社会的人口流动性非常低,阶层与阶层之间的转化非常缓慢而困难,祖祖辈辈安于一隅的现象比比皆是,社会的思想观念变化缓慢。因此,这种小农经济生产方式是中国封建社会经济的主体结构,也是封建社会的政治、思想、文化等上层建筑赖以建立和长期存在的经济基础。小农经济生产方式的长期存在,必然伴随并强化着社会臣民文化、个体臣民品格的长期存续。

2. 高度集权的君主专制政治制度

在高度集权的君主专制制度之下,君主拥有至高无上的政治权力,君主也为了一直维系专制皇权的独裁统治,制定了各项政治制度、法律制度来体现专制主义的政治要求,规定君主的专制权力,并用相应的暴力手段维护它,使得全国的臣民必须服从并忠于这一专制皇权统治。在君主专制制度下,臣民们忠于君主,恪守臣道,忠心耿耿地臣服于君主的专制统治。君主千方百计掌控国家一切政治大权,建立起自己的绝对政治权威。"主之所以尊者,权也。故明君操权而上重。"①要求臣民要绝对服从君主专制统治,不得僭越君主去掌握君主才能掌握的权力。"臣擅行令则主失制,臣得行义则主失明,臣得树人则主失党。此人主之所以独擅也,非人臣之所得以操也。"②正是在君主专制制度下,臣民品格被塑造出来了。在专制君主的专制、强大的权势威压之下,臣民们不得不接受君尊臣卑、忠诚于君主的臣民观念,形成臣民品格。君主专制是臣民品格形成的深厚根源,臣民品格又是君主专制制度之下对臣民的客观要求。臣民们在君主面前,没有自己的人身自由和权利,有才能不可显露,有成就不可得意,相反,而应为君主奉献一切,包括杀身以安主,臣民就是要自觉成为专制君主的工具。"夙兴夜寐,卑身贱体,竦心白意,明刑辟,治官职以事其君,进善言,通道法而不敢矜其善,有成功立事而不敢伐其劳,不难破家以便国,杀身以安主,以其主为高天泰山之尊,而以其身为壑谷鬴洧之卑,主有明名广誉于国,而身不难受壑谷鬴洧之卑。"③。

3. 血缘宗法的政治社会结构

中国传统臣民品格的产生和长期存在,都与这种绵延数千年之久的传统的血缘宗法结构分不开。从词源上来看,"国家"这一词语内在地含有了"国"与"家",是"家"与"国"的统合。这种政治结构意味着,宗法家族内父权和国家机构中的君权统一起来,父权与君权相互依存,"家无二主,尊无二上"④。家是小国,父家长就是家族这个小国中的君主,拥有君主式的权威和

---

① 韩非子·心度。
② 韩非子·主道。
③ 韩非子·说疑。
④ 礼记·坊记。

力量。国就是大家,专制君主是全国臣民的家长,"君者,民众父母也"①。正如从君父、父母官等称呼中可看出家、国同构和相互间的转换,修身、齐家、治国、平天下正是这种逻辑关系的反映。君主与臣民之间转换为父与子的关系,家国同构的宗法制为君与臣这种统治与被统治、压迫与被压迫的关系蒙上了一层温情脉脉的面纱,从父慈子孝的家庭道德,推演出了君仁臣忠的政治道德与臣民品格。三纲五常成为社会基本的道德规范正是体现了这种家国同构的家庭伦理道德规范,君叫臣死,臣不得不死,父叫子亡,子不得不亡,臣子和子女们都不得反抗。臣民在君主面前不能有自己独立的人格和意志,一切听从君主的命令和要求。这种奴性道德品格被盖上血缘宗法的动人面纱,把事君与事父相等同,并上升为大义。"资于事父以事君,而敬同。贵贵、尊尊,义之大者也。"②

因而在这种血缘宗法制下的社会伦理结构,是以家庭血缘关系为原形来设计,根据血缘关系的亲疏远近的等差原则来排序,实行爱有差等、推己及人的原则。"君君、臣臣、父父、子子"的伦常关系是符合家庭伦理关系的天然存在,"孝亲忠君"是这种伦常关系的必然要求。在这种家庭伦常关系中,个人的主体性、权利被家庭、家族、国家的整体性给湮没了,个体的独立品格阙如。自给自足的小农经济所形成的狭隘、封闭、自给的传统农业社会,血缘伦理与集权专制统治紧密结合在一起,经过几千年的积淀,这种畸形的权利义务观念和臣民品格形成了一种超稳定的结构,甚至积累成为一种民族的习性。

4.中国传统的礼教文化

专制皇权得以长期地统治下去,除了外在的制度约束之外,还有赖于臣

---

① 新书·礼三本。
② 礼记·丧服四制。

民内心对它的认同,而礼教文化的教化则对臣民的内心认同起到独一无二的潜移默化的同化作用。孟子说:"以力服人者,非心服也,力不赡也;以德服人者,中心悦而诚服也。"①也即是说,统治者若仅仅凭借暴力,并不能使臣民心悦诚服,但统治者凭借德性,那就会使臣民心悦诚服。"礼"最初是原始社会人类祭祀祖先、天地的宗教礼仪,这套礼仪逐渐演化为中国古代所特有的维护封建等级秩序的政治文化。它体现了一种长幼尊卑有序的等级政治秩序,有力地维护了政治系统的内部秩序。礼和忠孝仁义等臣民道德紧密地联系在一起。在传统中国,臣民们都在遵守一整套体现长幼尊卑有序的礼仪道德规范,接受礼的规范约束,履行礼的道德义务。因此,礼成了维护政治秩序、约束政治行为的重要手段。"道德仁义,非礼不成;教训正俗,非礼不备;分争辩讼,非礼不决;君臣上下,父子兄弟,非礼不定;宦学事师,非礼不亲;班朝治军,莅官引法,非礼威严不行。"②君主要通过礼教来强化臣民的臣民道德,臣民通过礼教心悦诚服地接受臣民的政治角色的各种规定,从而使得君主专制统治秩序得以稳定而长期地延续下去。礼既是统治者治国的手段,又是臣民控制自我、调节自我的手段。通过礼的教化,臣民自觉自愿地形成臣民品格,恪守臣民所应遵守的道德行为规范。

5. 中国传统的教育和法律

《礼记·学记》说:"君子如欲化民成俗,其必由学乎!"要教化百姓们,使他们能够政治社会化,必然要通过"学",即教育。法律也是政治社会化的重要手段,"律所以明法禁非,亦有助于教化"③。教育和法律在使臣民政治社会化、塑造臣民品格时各具特点,前者体现为统治者对臣民品格的主动塑造,后者体现为政治法律制度对臣民品格的客观形塑。

---

①　孟子·公孙丑上。

②　礼记·曲礼上。

③　朱子大全·答邓卫志。

与西方政治和宗教合一的传统不同的是,中国古代具有"政教合一"的传统。教育是政治的根本,"教,政之本也"①,教育充当着向臣民们灌输忠君孝父等臣民道德观念,塑造臣民品格的角色。学校成为读书人接受忠孝道德观念,形成臣民品格的重要途径。统治者们为了维护封建君主的专制统治,极力在学校中推崇以伦理纲常为基本内容的等级秩序的伦理政治文化。教育是以一种主动的姿态,有目的有计划地向臣民们灌输封建伦理纲常,使臣民们自觉地接受人格的建设和改造,塑造起臣民品格,成为一个自觉的臣民。

法律是以暴力、刑罚等强制手段,通过刑罚的强制和威慑,迫使臣民们遵循、服从这些政治制度和法律规范,从而达到推行、传播臣民伦理道德的目的,和教育是互为补充的两种手段。"教化所以为治也,刑法所以助治也。"②"故圣人之治国也……务致民令有所好,有所好然后可得而劝也,故设赏以劝之。有所好必有所恶,有所恶然后可得而畏也,故设罚以畏之。既有所劝,又有所畏,然后可得而制。"③在中国古代君主专制的政治制度下,中国古代的各项法律都是由专制君主制定,君主是国家最高的立法者,法律实则是君主实现封建专制统治、塑造臣民品格的工具,"夫生法者君也,守法者臣也,法于法者民也"④。

值得注意的是,中国传统社会所形成的臣民品格是与其小农经济生产方式直接相关的,臣民身上所形塑的臣民品格对于维系封建社会的稳定发展起着重要作用。可以说,如果不是近代中国遭受西方工业文明的入侵,这种在农业文明中形成的臣民品格将可能长期存在。同时,我们应该辩证地

---

① 礼记·学记。
② 汉书·礼乐志。
③ 春秋繁露·保位权。
④ 管子·任法。

看待这种品格强调个体对家庭、社会、国家的价值,强调社会、国家的价值高于个体价值,在一定意义上具有积极意义,它对于凝聚社会共同价值、维护社会发展具有一定的积极作用,也为当代西方面临过度强调"个人主义"顽疾而致使社会公共利益受损的困境开出了一剂良方。

二、近代中国现代化品格思想的萌芽

对于中国人来说,19 世纪下半叶以来是一个频频遭遇西方工业文明入侵的时代,也是对传统农业文明、对传统社会的政治、经济、文化全面反省的时代,反省和重构的目的是能为传统中国寻找到国家富强之出路。中国先进知识分子对救亡图存出路的认识经历了由表及里、由客体到主体的阶段,最终认识到人的因素才是最重要最关键的因素。"经济、政治制度层面改革的失败,迫使中国的有识之士转换认识国情的视角,从国民本身的弱点来思考中国失败的原因所在,他们终于认识到,单纯的科技和制度的引进是无济于事的,必须首先造成适合的'土壤'——具备文明健康的心态和近代资本主义素质的国民群体,才有可能顺利推进整个社会的现代化稳健发展。"[1]正如我国学者马和民所说的,"遭遇天崩地裂的近代中国,同时迎接着西方现代性的全面入侵,救亡图存的时代要求迅速转化为更为具体的两种措施:改造中国和改造国民性"[2]。近代中国国民性的改造与现代化思想和品格的萌芽是中华民族文化史上一笔宝贵的财富,对于当今现代化下中国人的现代化品格构建和培育具有重要的借鉴意义。

---

① 郭汉民、袁洪亮.近代中国国民性改造思潮简论[J].广东社会科学,2000.6.
② 马和民.如何改造中国人的国民性?——兼论近代中国教育现代性遗存的问题[J].南京社会科学,2014.10.

（一）"救国"的国民性改造

现代化思想的传播和国民性改造具有非常复杂的社会背景和时代特性,辛亥革命前后和五四运动前后对国民性改造的认识具有质的不同。郭汉民、袁洪亮对近代国民性改造思潮进行了深刻分析,认为严格意义上的国民性改造应是从戊戌变法以后开始,主张以改良的手段进行;辛亥革命时期主张以革命的方式来完成国民性的改造,但带有一定急躁冒进;五四时期是近代国民性改造的高潮,知识分子彻底醒悟到国民性改造是中国走向富强的前提,开始扎实做国民性改造工作。[①] 因此,本书以辛亥革命前后和五四运动前后为两个切入点,来分析此时期国民性改造的特点,以期对当代中国人的现代化品格培育产生借鉴作用。

辛亥革命前后,许多知识分子对国民性进行了批判,对新国民进行了构建,如严复的"三民"思想、梁启超"新民"思想等。具体说来,这次对现代化思想的传播和国民性的批判具有以下特点。

1. 倡导构建国家中的国民

社会中的个人品格的发展形态与其社会发展息息相关,西方现代意义上的公民的产生就是其社会发展的产物。近代西方启蒙倡导个性解放、自由平等,反对人性的压抑和禁欲。15 世纪文艺复兴时期,通过讴歌人体的优美和杰出的才能,来提高被压抑的人的尊严和价值,倡导追求尘世幸福的正当性和合理性,宣扬自由、平等、博爱精神。16 世纪马丁·路德倡导个人信仰自由,17 世纪洛克宣扬"人生而自由"的口号,18 世纪孟德斯鸠提出旨在更好地维护个体权利而要求建立三权分立的主张,卢梭系统提出了人民主权思想。囿于国难当头、救亡图存的政治社会背景,中国近代启蒙一直关注

[①] 郭汉民、袁洪亮. 近代中国国民性改造思潮简论[J]. 广东社会科学,2000.6.

的是民族自救问题。先进的知识分子从向西方学习先进的器物到学习西方先进的政治制度,再到培养国民、新民,最终目的还是为了民族独立富强。即使是提倡近代意义上的"国民",也与西方近代启蒙时期的"公民"不同,中国近代倡导国民思想,主要目的还是培养能适应近代政治制度的国民,这个国民虽然也提倡各种个体权利,但更侧重的是政治品格和道德品格,其目的就是通过国民的觉悟而实现国家救亡图存的目的。因而西方近代启蒙运动是发现了作为主体的个人,而中国近代启蒙运动是发现了作为国家之中的"国民"。救亡图存的目的决定了要倡导构建国家中的国民。首次给"国民"注入国家之中的"国民"意义的是梁启超,他认为国民是一国家之民,作为一国之民,拥有治国事、定国法、谋国利、捍国患的权利与责任。

　　此后,不做奴隶式的臣民而要做自主的国民成为一种社会共识和思潮,人们纷纷批判臣民的奴性品格,宣扬国民的主体性品格。这种奴性主要表现为人身的依赖性、人格的卑贱性、对国家的无责任性、麻木性和惰性,归根究底就是缺乏主人公意识。"则自后世暴君民贼,私天下为一己之产业,因奴隶其民,民畏其威,不敢不自屈于奴隶……后世之治国者,其君及其君之一二私人,密勿而议之,专断而行之,民不得与闻也。……然则虽欲爱之,而有所不敢,有所不能焉。既不敢爱不能爱,则惟有漠然视之,袖手而观之。家之昌也,则欢娱焉,醉饱焉;家之败也,则褰裳以去,别投新主而已。此奴隶之恒情也。故西人以国为君与民共有之国,如父兄子弟,通力合作以治家事,有一民即有一爱国之人焉。中国则不然,有国者只一家之人,其余则皆奴隶也。是故国中虽有四万万人,而实不过此数人也。夫以数人之国与亿万之国相遇,安所往而不败也。"①批判奴性品格的同时,先进的知识分子赋予了国民丰富的内涵和主体性品格:爱国、捍卫权利义务、讲社会公德、自

---

① 梁启超.太阳的朗照:梁启超国民性研究文选[M].上海:复旦大学出版社,2011:38.

由、独立、平等、合群、自治等特征。可见,近代知识分子对国民丰富的内涵和特征的细致描述体现了近代中国人对国民主体性的探寻和对奴性的批判。但由于中国近代面临驱逐西方列强的侵略和推翻专制统治的双重任务,同时又要向西方列强学习先进的政治制度和观念等矛盾心理,所以"国民"的意涵带有时代和传统文化的特色,具有中国现代化启蒙的特色。

2. 批判私民不关注公共善的品格

"私"民与"国"民相对,私民品格既指丧失独立性、具有依赖性的臣民品格,又指欠缺对公共善关心的私有性品格。近代知识分子除了批判私民品格的从属性、依赖性之外,还猛烈批判私民品格不关注公共善的特性。日本学者福泽谕吉第一个把道德分为私德与公德两大类,"凡属于内心活动的,如笃实、纯洁、谦逊、严肃等叫做私德","与外界接触而表现于社交行为的,如廉耻、公平、正直、勇敢等叫做公德"。① 用私德去教化人是前现代社会维持社会秩序的一种手段。但随着社会交往越来越频繁,靠私德已经难以维持了,渐渐转向公德。梁启超受福泽谕吉的启发,结合中国传统社会道德状况,认为私德是人人独善其身的道德,是一私人与他私交涉的道义,公德是每个人在群体中和谐相处的道德。中国传统伦理偏重于个人自身的道德修养,尤其是家族成员间的道德关系,忽视了个人在社会和国家中的道德关系,从而出现私德发达、公德欠缺的现象。

美国来华传教士亚瑟·亨·史密斯在《中国人的性格》一书中指出,中国处处可见欠缺公德的现象。他认为中国人分不清哪些是属于自己的,哪些是属于公共的。严复认为西方人虽然捍卫利己,但他们能够处理好利己、利群与利国的关系,而中国人在力、智、德三方面皆不如西方人,故要"鼓民力、开民智、新民德"。梁漱溟认为中国人欠缺公德并不是人性的先天弱点,

---

① [日]福泽谕吉.文明论概略[M].北京:商务印书馆,1982:73.

实际上是自然而然的因素。西方人的公德正是基于自私的基础而产生的，如在国际竞争中，仍然会主张用国货，在政党选举中，一党员仍会为其所在政党奔走。因此，要如何培养国民公德呢？梁漱溟主张改造政治体制，加强教育，使国民能够正确理解个人与社会、国家的关系，反对利己主义和家族主义。此外还有一些知识分子从培育路径角度提出要加强公共卫生与国民健康的教育，在学校和军队的团体生活中培养公共精神等。

近代知识分子认识到中国人不应只是朝廷的臣民、宗法制度中的家人，还应是国家中的国民。中国人不应只谈个人的私德、个人的修身养性，而应关注社会交往中的社会公德，国人的公德素养决定了国家的强盛。这实际上已经跳出了专制制度的羁绊，站在工业化时代下的法制社会中探讨中国国家竞争力问题，这是观念上的巨大转变。但这些观点未看到马克思主义所说的经济基础与上层建筑、社会意识与社会存在的关系，也即公德意识与生产方式、生活方式间的关系。以家庭为主的自给自足的小农经济生产方式是造成中国人几千年欠缺公德的根本原因。自给自足的小农经济社会和以血缘为基础宗法等级社会，使得个体存在价值和存在方式被束缚在父子、兄弟、夫妻、君臣的关系中。这种家族本位主义决定了传统中国人着重关注的是家庭利益，社会成员间的松散关系决定了中国人忽视社会公共利益。西方从古希腊时期开始就强调公民要关注城邦的利益，个体参与公共生活以维护城邦的利益，现代化的工业社会又大大拓展了个体的生存活动空间，社会的流动性加快、公共生活的扩大与常态化，都必然要求个体公德，个体公共道德水平的提高也是必然。

3. 强调个体的权利

权利义务观是国民与臣民的重要区别，臣民只有义务而无权利。1896年，汪康年在《时务报》第 9 册上公开发表《中国参用民权之利益》一文，用"民权"话语代替"君权"话语，具有划时代的意义。近代对国民权利的来源、国民权利的核心内容、国民权利与国家权力的关系、如何看待传统的民本思想与国民权利的关系等的回答,构成对国民权利思想的重要阐述和主要内容。

早在19世纪70年代,西方天赋人权说和社会契约论由西方传教士介绍到中国。1882年,美国传教士谢卫楼在《万国通鉴》中较为全面地介绍了卢梭、伏尔泰的思想。1898年,卢梭的《民约论》汉译本在中国出版,标志着国民开始正式和系统地接受社会契约论和天赋人权说的影响。先进知识分子对《美国独立宣言》的介绍,把人人平等、人人都拥有不可剥夺之权利、政府的建立需经人民同意等人权观念加以系统地阐述。"凡为国人一律平等,无贵贱上下之分;各人不可夺之权利,皆由天授;生命自由及一切利益之事,皆属大赋之权利;各人权利必需保护,须经人民公许建立政府,而各假以权,专掌保护人民权利之事……亦为人民应有之权利。"①人人都有不可剥夺之权利,权利之间自然也不可相互侵犯。"夫权利思想,即爱重人我权别之谓。我不侵害人之权利,人亦不侵害我之权利,设有来侵害我者,防御之,恢复之,不容少须假借,不准推诿揖让,是权利思想之大旨也。"②梁启超认为,权利的实质就是维护个人利益,维护国民的权利才能拯救国家。"国家譬犹树也,权利思想譬犹根也。其根即拔,虽复干植崔嵬,华叶蓊郁,而必归于槁亡,遇疾风横雨,则摧落更速焉……国民无权利思想者以之当外患,则槁木遇风雨之类也"③,"国民不能得权利于政府也,则争之。政府见国民之争权利也,则让之。"④

由此可见,近代先进知识分子确立了国民权力至上的原则,瓦解了中国

---

① 美国独立檄文[J].国民报,1901.1.

② 张枬、王忍之.辛亥革命前十年间时论选集(第1卷上册)[M].北京:生活·读书·新知三联书店,1960:479-480.

③ 梁启超.太阳的朗照:梁启超国民性研究文选[M].上海:复旦大学出版社,2011:211.

④ 梁启超.太阳的朗照:梁启超国民性研究文选[M].上海:复旦大学出版社,2011:211.

传统社会中的等级秩序。人人都是国民,人人拥有平等之权利,不能以人的职业来分人的贵贱、尊卑等级,不能以性别男女来定尊卑,政治家不能摧压权利思想,教育家要以养成权利思想为教育第一要义,社会中的每一个人都要坚持权利思想。而臣民社会正相反,臣民无权监督君主权力的使用,而只能仰息于君主权力,期望明君施行仁政。中国传统文化一直忽视个人利益,压抑、禁止个人私欲,近代先进知识分子对个体权利的呼唤和追求,具有现代启蒙的意义。可以说,对于长期生活于专制统治之下,生活于有义务无权利的思想观念之下,近代知识分子们对国民权利的伸张和呼唤打开了一个崭新的世界。

(二)"救人"的国民性改造

戊戌变法和辛亥革命以及中华民国时期对共和制、君主立宪制等民主政治制度进行了轰轰烈烈的理论探讨和政治实践,然洪宪帝制复辟的打击让先进的知识分子深深陷入迷茫困惑之中,是什么原因导致民主政治制度的失败呢?"今之所谓共和,所谓屯宪者,乃少数政党之主张,多数国民不见有若何切身利害之感而有所取舍也。"①陈独秀认识到民主政治的成功与否与国民的主体意识息息相关,"纯然以多数国民能否对于政治,自觉其居于主人的主动地位为唯一根本之条件"②。最后将国民性的改造矛头指向了涵养国民的主体性特质的根源——文化价值观上,陈独秀认为伦理的觉悟才是最彻底的觉悟,是最后觉悟之觉悟。"国民性改造归根结底是革除旧的价值观和道德观,建立与现代社会相适应的价值观和道德观,这就必须依靠新

---

① 陈独秀.吾人最后之觉悟[J].青年杂志,1915.1.6.
② 陈独秀.吾人最后之觉悟[J].青年杂志,1915.1.6.

教育、新社会教化手段来达成。"①于是在中国近代文化史上开展了空前激烈的东西文化问题的论战。从 1915 年《新青年》与《东方杂志》就东西文化问题展开讨论开始，争辩延续十余年，先后参与者数百人，发表文章近千篇，专著数十种。这场论战，对以后中国近代和现代的文化运动，发生了重大影响。正如高力克所认为，"一部五四新文化运动史，正是启蒙运动在现代思想的激荡和冲突中兴衰隆替的历史"②。这场论战既是清朝末年中学西学之争的延续，又是新的时代条件下社会政治矛盾激化的反映。"作为外源型的中国现代化运动的思想革命，五四启蒙运动浓缩了欧洲 18 世纪启蒙时代以来近两百年的现代思想运动，因而西方矛盾冲突的'历时态'的现代性思想演进，在五四形成了'共时态'的现代性典范的冲突。"③这场论战对人的主体性激发起到了巨大的作用，具体来说表现在以下四个方面。

1. 文明优劣之论战

论战之初主要是在以陈独秀为代表的《青年杂志》派和以杜亚泉（伧父）为代表的《东方杂志》派之间展开。1915 年，陈独秀把《青年杂志》创办的宗旨定位于对青年国民性的改造。陈独秀在《青年杂志》创刊号"敬告青年"中声明要倡导新青年，摒弃旧青年。新青年是能自觉奋斗的，新鲜活泼的青年，新青年具备六种人格：自主的而非奴隶的；进步的而非保守的；进取的而非隐退的；世界的而非锁国的；实利的而非虚文的；科学的而非想象的。④ 而要如何培养这种新青年呢？政治制度是一方面，但更要从涵养青年奴性品格的旧文化价值观进行批判，国民性的改造之根源还在于文化本身的特性。于是陈独秀在《吾人最后之觉悟》篇中提出学习西方政治制度的同时，指出

---

① 马和民.如何改造中国人的国民性？——兼论近代中国教育现代性遗存的问题[J].南京社会科学,2014.10.

② 高力克.五四的思想世界[M].上海:学林出版社,2003:14.

③ 高力克.五四的思想世界[M].上海:学林出版社,2003:15.

④ 陈独秀.陈独秀文章选编(上)[M].北京:生活·读书·新知三联书店,1984:734.

伦理的觉悟才是最彻底的觉悟,是最后觉悟之觉悟。① 在《法兰西人与近世文明》篇中提出了中国的文明仍是古代之文明的遗留,而西洋文明才是近世之文明,这种文明的特点是人权说、生物进化论和社会主义。② 继而他在《东西民族根本思想之差异》篇中大力宣扬了东西民族根本思想之差异,西洋民族以战争为本位,以个人为本位,以法制为本位,以实力为本位;东洋民族以安息为本位,以家族为本位,以感情为本位,以虚文为本位。陈独秀希望学习西洋民族的这些优点,使国民具有独立的主体性品格。"社会各人不相依赖,人自为战,以独立之生计,成独立之人格,各守分际,不相侵渔。以小人始,以君子终。"③李大钊、毛子水等都支持陈独秀的观点。在面对陈独秀等对传统文化的一系列批判的情境之下,杜亚泉以伧父为笔名奋力反击,站在中国传统文化的立场上认为东西文化间的差距不是程度的差异,而是性质不同之差异。一个是静的文明,一个是动的文明,动的文明产生的弊端要靠静的文明来拯救。"西洋文明与吾国固有之文明,乃性质之异,而非程度之差;而吾国固有之文明,正足以救西洋文明之弊,济西洋之穷者。"④

2. 重构现代性的人生观

激进知识分子高举起"德"(民主)先生与"赛"(科学)先生的大旗,大力宣扬科学与民主,科学和民主的价值观深入人心,正如我国学者李萍所说:"主张科学的胡适先生在其《科学与人生观序》中也描述了当时国人的心态:30 年来有一个名词在国内几乎到了无尚尊严的地位,无论懂与不懂的人,无论守旧或维新的人都不敢公然地对他表示轻蔑或戏侮的态度,那个名字就

① 陈独秀. 吾人最后之觉悟[J]. 青年杂志,1916.1.
② 陈独秀. 法兰西人与近世文明[J]. 青年杂志,1915.1.
③ 陈独秀. 东西民族根本思想之差异[J]. 青年杂志,1915.1.
④ 伧父. 静的文明与动的文明[J]. 东方杂志,1916.13.

是'科学'。"①而后 1923 年开始的"科玄之争"也称为"科学与人生观的争论",把科学与人生观紧密结合起来。这场影响深远的科学与人生观的大讨论实际上表达着近代传统的价值观念和人生观几近崩溃之下,先进知识分子希望通过科学来重构现代性的人生观。但以张君劢、梁启超、梁漱溟为代表的"玄学派"认为科学并不是万能的,科学与人生观是两回事。

"只懂科学是不够的,人生观的问题(此处讲的人生观不是狭义上的人生观,包括社会观、价值观、道德观,即泛指思想意识、精神层面的东西)比科学更复杂,而且更重要,因为不同的人会有不同的观点,而且'人生观'还会随着社会的变迁而变迁,不同的民族有不同的文化,希望学生们不可忘掉自己对民族和国家的责任。"②梁启超在第一次世界大战后去欧洲看到了战后西方萧条的情景,引发了触动,回来后撰写了《欧游心影录》,主张中国文化并不是一无是处,甚至可以弥补西方文明的危机。但遭到主张科学观的胡适、丁文江等人的驳斥。"中国此时还不会享着科学的赐福,更谈不到科学带来的'灾难'。我们试睁眼看看:这遍地的乱潭道院,这遍地的仙方鬼照相,这样不发达的交通,这样不发达的实业,——我们哪里配排斥科学?至于'人生观',我们只有作官发财的人生观,只有靠天吃饭的人生观,只有求神问卜的人生观,只有安士全书的人生观,只有太上感应篇的人生观,——中国人的人生观还不会和科学行见面礼呢!我们当这个时候,正苦科学的提倡不够,正苦科学的教育不发达,正苦科学的势力还不能扫除那弥漫全国的乌烟瘴气。"③

---

① 李萍."人生观论战"的反思与中国现代化的文化追求[J].中山大学学报(社会科学版),2005.4.

② 李萍."人生观论战"的反思与中国现代化的文化追求[J].中山大学学报(社会科学版),2005.4.

③ 中国现代文化史料丛刊:科学玄学论战集[M].台北:台湾帕米尔书店,1980:8-9.

3.马克思主义理论的传播

十月革命一声炮响,送来了马克思主义。在为东西文明的优劣性争辩而起论战的中国先进知识分子,逐渐有部分人寻找到马克思主义。在五四前后的东西文化论战中,以李大钊、陈独秀等为代表的早期共产主义者试图以马克思主义的理论观点和分析方法来分析中国文化的问题。李大钊先后发表了《物质变动与道德变动》《由经济上解释中国近代思想变动的原因》等一系列带有马克思主义理论印记的文章,从唯物史观出发,从经济基础与上层建筑、物质与精神的互动关系的角度来分析经济基础决定思想变动的必然性。李大钊在《物质变动与道德变动》一文中,针对当时"物质开新,道德复旧"的观念,进行了唯物主义的剖析。指出"思想、主义、哲学、宗教、道德、法制等等不能限制经济变化、物质变化,而物质和经济可以决定思想、主义、哲学、宗教、道德、法制等等"①。并得出结论:"道德的性质和状况必然与经济的性质与发展程度相适应,经济变动是道德变动的根本原因。从而揭露了把西方的科学技术和东方的封建伦理纲常加以调和,只不过是守旧派的主观幻想。"②在《由经济上解释中国近代思想变动的原因》一文中,李大钊更为明确地提出了经济变动决定思想变动的观点,"凡一时代,经济上若发生了变动,思想上也必发生变动。换句话说,就是经济的变动,是思想变动的重要原因。"③进一步指出,中国的经济变动势不可挡,因而中国封建的大家族制、君权、父权、夫权等的崩颓粉碎不可避免。在当时论战双方中各执一词的情况下,这种马克思唯物主义的观点虽然还不是特别成熟,但也给人们一种崭新的视角和观点。"只是在这时,中国人从思想到生活,才出现了一

---

① 李大钊.物质变动与道德变动[J].新潮,1919.2.
② 李大钊.物质变动与道德变动[J].新潮,1919.2.
③ 李大钊.由经济上解释中国近代思想变动的原因[J].新青年,1920.7.

个崭新的时期。"①

4. 对臣民奴性品格的批判

新文化运动时期的知识分子对中国国民品格弱点的批判更加尖锐深刻,深刻地揭示了国民的臣民奴隶劣根性的品格。李大钊认为这种奴性品格可以概括为应考性,即迎合主考官的意旨。"什么运动,什么文学,什么制度,什么事业,都带着些应考的性质,就是迎合当时主考的意旨,说些不是发自本心的话。甚至把时代潮流、文化运动、社会心理,都看作主考一样。所说的话、作的文,都是揣摩主考的一种墨卷,与他的实生活都不生关系。"②鲁迅则把国人的奴隶性概括为奴性品格。鲁迅通过塑造阿 Q 这个人物淋漓尽致地展示了阿 Q 身上所深藏的奴性,被别人欺压惯了的阿 Q 又通过欺压比自己更卑微的人在心理上获得了平衡。在鲁迅的笔下活灵活现地展示出主子和奴才的相互交替,革命成功了,只是把旧主子变为奴隶,奴隶变为新主子,社会重新恢复旧秩序,国民的奴性品格未从根本上得以改变。鲁迅还用羊与凶兽来形象地比喻国民的奴性品格。"他们是羊,同时也是凶兽;但遇见比他更凶的凶兽时便现羊样,遇见比他更弱的羊时便现凶兽样。"③"专制者的反面就是奴才,有权时无所不为,失势时即奴性十足……做主子时以一切别人为奴才,则有了主子,一定以奴才自命:这是天经地义,无可动摇的。"④因而要去除奴隶的劣根性,培养个体的主体性、独立自主之品格。

"等一人也,各有自主之权,绝无奴隶他人之权利,亦绝无以奴自处之义务。奴隶云者,古之昏弱对于强暴之横夺,而失其自由权利者之称也……解放云者,脱离夫奴隶之羁绊,以完其自主自由之人格之谓也。我有手足,自

① 毛泽东. 毛泽东选集(第一卷)[M].北京:人民出版社,1967:1359.
② 李大钊. 李大钊文集[M].北京:人民出版社,1985:105.
③ 鲁迅. 鲁迅全集(第 3 卷)[M].北京:人民文学出版社,1981:60.
④ 鲁迅. 鲁迅全集(第 4 卷)[M].北京:人民文学出版社,1981:542.

谋温饱;我有口舌,自陈好恶;我有心思,自崇所信;绝不认他人之越俎,亦不应主我而奴他人。盖自认为独立自主之格以上,一切操行,一切权利,一切信仰,惟有听命各自固有之智能,断无盲从隶属他人之理。"①教育也就要相应作出改变,应该尊重受教育者的主体性、人格的平等性,实行主动的、启发式教育而非被动的、灌输式教育。启发学生的心灵,养成儿童的主动能力,培养儿童的主动精神,形成创造的习惯。被动的、灌输式教育"只能造成一班奴隶性质的国民,只知道服从,那还能够自动吗? 那还敢期望他来出力为国家和改造社会呢?"②

综上所述,近代对国民性的认识,具有浓厚的爱国主义特征,也激发了人们对独立个体的思考和个体意识的觉醒。"个体意识的觉醒,是人类从蒙昧走向文明的精神表征,也是现代性的根本特性。以独立自由的'个体'为价值诉求的个人主义,是启蒙精神的价值内核,也是现代性社会秩序的价值基石。"③可以说,对国民主体性、独立性的构建是近代知识分子的先见之明,也是对臣民的奴性品格的清算,认识到了现代化对人的主体性品格的要求,具有现代启蒙的意义。"它是以资产阶级的国民精神、国民心理取代封建时代旧国民精神,改造中国人传统行为方式和社会心理结构的思想启蒙运动。"④这场国民性改造的运动是一场在思想界开展的国民性的启蒙运动,但因其欠缺了经济、政治、文化的互动,注定了失败的结局。

(三)近代中国人的现代化品格思想未能发展的原因

由于中国传统社会缺乏产生人的现代化品格的政治、经济、文化土壤,

---

① 陈独秀.陈独秀著作选(第1卷)[M].上海:上海人民出版社,1993:130-131.
② 陈独秀.陈独秀著作选(第2卷)[M].上海:上海人民出版社,1993:95.
③ 高力克.五四的思想世界[M].上海:学林出版社,2003:14.
④ 郭汉民、袁洪亮.近代中国国民性改造思潮简论[J].广东社会科学,2000.6.

传播的狭隘性、臣民品格根深蒂固等原因,使得近代中国人的现代化品格思想的倡导和实践过程举步维艰,困难重重。

1. 人的现代化品格生长土壤的欠缺

马克思历史唯物主义认为社会存在决定社会意识,经济基础决定上层建筑,思想、观念等上层建筑要建立于经济基础之上。人的存在方式与品格样态归根结底要与一定社会的生产方式联系在一起。与当时西方发达国家商品经济的生产方式截然不同的是,近代中国仍是小农经济生产方式。我国著名的研究现代化理论的学者罗荣渠先生指出农业社会与工业社会本质区别在于:"前工业社会,又称传统社会,农业社会,一般都处于前资本主义的发展阶段,包括经济发展悬殊、政治结构各异的各种类型,但共同的特点是:农村社会,手工业生产,使用再生性生物性能源,经济增长异常缓慢,封闭保守,职业分化简单,等等。工业社会也有各种模式,但其共同特点是:都市社会,机械化、自动化与专业化程度高,非生物性能源的广泛使用,经济持续增长,职业分化复杂,科层制度(bureaucratization),等等。"①西方工业社会随着城市的发展、工商业的发展自然而然地产生了独立个体的观念和意识。工商业的发展使得资产阶级为了谋求利益而要向封建统治者争取贸易自由、参政议政等权利,并为自己的个人利益追求寻找合理性依据。这种需求上升为思想体系,产生了社会契约论、个体权利观等思想。当资产阶级取得政权之后,社会契约论、个体权利观成为社会政治制度构建的思想基础,这种社会政治制度又对个体的权利进行了合法的保护。

近代中国在西方列强坚船利炮的轰击之下被迫启动现代化,这种现代化的启动欠缺现代化启动所需要的经济因素——大工业的推动力量,因而无力去从根本上改变传统中国的臣民品格。舶来的个体权利义务观等难以

---

① 罗荣渠.现代化新论——世界与中国的现代化进程(增)[M].北京:商务印书馆,2014:12.

深入中国传统社会的政治文化土壤,中国的传统社会只有基于君主专制统治而形成的特权观念,只有对家族、君主的义务观念,没有西方近代启蒙所产生的自然法观念,没有天赋人权的观念。因此,当先进知识分子向西方寻求真理,引进西方个体权利义务观念时,只看到了这些观念的表象,却无法搬来这些观念背后的经济基础、政治制度、文化价值标准,更无法看到这些文化价值标准与中国传统政治的臣民文化价值标准的格格不入。因此,尽管近代先进知识分子以个体权利义务观来猛烈批判君主专制制度下的"尽人皆奴仆"的状况,但这种转变是一个漫长的过程。个体权利义务观很难一下子取代传统的臣民政治文化。传统的臣民政治文化经历几千年的发展,其中的价值准则经过全面、长期的渗透,已经深深地镶嵌入人们的观念意识之中,积淀形成国人的普遍政治心理。面对有着深厚基础的传统臣民义务观念,舶来的个体权利义务观势必难以凭朝夕之功取而代之。

2. 独立个体思想传播的对象和内容的狭隘性

由于近代中国独立个体的权利义务观念缺乏成长的土壤,近代独立个体观的传播浅尝辄止,并未能形成国人牢固的独立的主体观念,人的现代化品格的形成和塑造也无从谈起。但从另一角度来说,独立个体观的传播本身也存在一定的局限性。在传播的对象、内容上都非常狭隘,这也使得独立个体观念的传播本身存在先天的局限性。

首先,传播对象的范围狭窄。近代先进的知识分子看到了传统中国政治体制的落后性、国民的奴性品格,主张向大众传播西方先进的政治制度和主体观念。但这种受众的范围实在太过狭隘,大多数中国国民并没有受到个体意识的启蒙和陶冶,还是停留在奴性的臣民品格状态。在立宪开展得轰轰烈烈的时代,立宪派关于国民立宪的宣传也主要集中在一些大中城市,对于中国更为广袤的乡村社会完全无法企及。这也就导致独立主体观念和意识启蒙受众对象的范围非常狭隘。后来的一些先进知识分子和仁人志士看到了这种启蒙的不足,开始改进文字,用白话文代替古文,刊印白话文报刊,白话文告、传单、通俗读本,以实现独立个体观念和意识启蒙的大众化。针对民众大多是文盲的现实,他们就采用演讲、讲报乃至戏曲方式来开发民智。虽然作出了种种努力,但从总体效果上来看,这种传播影响的国民非常有限,从臣民观念转变为独立个体观念的国民更是少之又少,国民对独立个体观念和意识的认识水平也是非常浅表性的,导致梁启超甚至反对实行共和立宪,因为中国国民没有自治习惯、团体精神、缺乏国家观念,不具备实行共和的条件。"今日中国国民非有可以为共和国民之资格者也;今日中国政治非可采用共和立宪制者也。"①

其次,传播内容也非常偏狭。近代先进知识分子对西方独立个体观念和启蒙意识的传播从内容上来说也是比较偏狭的,是为了适应当时的时代需要而作的一种筛选和改造。因此,梁启超作为一名最为积极对西方独立个体意识进行启蒙并著述最多的政治家和学者,认为自己在介绍时较为模糊笼统,而未能深入加以研究,晚清思想界的粗率浅薄,自己要负一定责任。"启超平素主张,谓须将世界学说为无制限的尽量输入,斯固然矣……启超务广而荒,每一学稍涉其樊,便加论列;故其所述著,多模糊影响笼统之谈,甚者纯然错误;及其自发现而自谋矫正,则已前后矛盾矣。"②如果说梁启超对自己思想启蒙的得失带有一种自谦式的自我批评外,中国台湾著名学者黄克武则认为近代思想界启蒙思想的偏颇,更为主要的因素是这些启蒙者深深受到传统价值观的限制,无法准确地理解和恰当地翻译西方的思想。如他认为严复作为中国近代翻译第一人,在翻译密尔的《群己权界论》(又译作《论自由》)一书时有很明显的误解。严复对个人价值的肯定则是建立在

---

① 梁启超.饮冰室合集6[M].北京:中华书局,2015:1557.
② 梁启超.清代学术概论[M].北京:人民出版社,2008:61-62.

群己平衡的基础之上。"他既没有将个人置于群体之上,也没有将群体置于个人之上,而是秉持了一种植根于中国传统中'成己成物''明德新民'之观念,而有的第三种选择:个人与群体一样地重要。对他来说,个人自由与社会利益(即传统词汇中的群己、公私、利义)可以携手并进而不相冲突。"①但密尔的自由主义强调个人自由的重要性,他对个人的重视是奠基于"己重群轻"的西方个人主义之上,而严复这种误解在某种程度上造成启蒙思想有失偏颇和为一定意义上国民性启蒙运动的失败埋下伏笔。"我认为从严复开始,中国知识分子在认识论方面对西方自由思想的误解,是我们考虑自由主义无法在现代中国生根时,所不能忽略的原因之一。"②

毋庸置疑,近代启蒙者为了民族的解放、国家的独立,为了救亡图存而向国民们介绍西方的价值观念,其爱国情怀值得后人敬佩。但是确实在引进和介绍一种舶来学说之时,必然会面临文化的差异、翻译者价值观的差异等所带来的对理论学说理解的偏差,也就必然造成多数启蒙者对西方近代的独立的个体观念、人的现代化品格、独立个体的文化等的理解还非常粗浅,对其背后的原理机制理解不透,以及近代中国所面临的民族危亡的燃眉之急等因素,决定了启蒙者必然会根据当时国家之所需而去探讨救国救民的针对性的良方,必然会面临启蒙思想传播内容偏狭的问题。

3. 传统臣民品格根深蒂固

中国传统专制社会延续数千年之久,国民自身的臣民品格根深蒂固,难以一下子从臣民品格转变为独立主体的现代化品格。作为近代中国革命先人的孙中山,试图通过革命实践完成对国民奴隶性的改造。他认为近代中

---

① 黄克武.自由的所以然:严复对约翰弥尔自由思想的认识与批判[M].上海:上海书店出版社,2000:4.

② 黄克武.自由的所以然:严复对约翰弥尔自由思想的认识与批判[M].上海:上海书店出版社,2000:5.

国国民的臣民品格太过深厚,奴性太深,因而要将臣民品格教育转化为主体性的现代化品格非常困难,但仍有责任去教育和培养塑造人的主体性品格。"我中国人民,久处于专制之下,奴性已深,牢不可破。不有一度之训政时期,以洗除其旧染之污,奚能享民国主人之权利?""中国奴隶制已经行了数千年之久,所以民国虽然有了九年,一般人民还不晓得自己去站那主人的地位。我们现在没有别法,只好用些强迫的手段,迫着他来做主人,教他练习练习。这就是我用'训政'的意思。"①

由于中国近代社会转型遭遇内部封建势力和外部帝国主义势力的强大压迫,中国近代不仅没有成功地实现从农业社会向工业社会的转型,反而陷入了半殖民地半封建社会,近代知识分子呼吁的主体性品格还显得非常幼稚,欠缺合适的成长土壤,独立的主体性品格的成长发育极为艰难复杂。尽管如此,中国近代的工业化过程毕竟使古老的中国开始艰难地由农业社会向工业社会过渡,开始了由"人的依赖关系"为主的社会形态向"以物的依赖性为基础的人的独立性"的社会形态的过渡。中国共产党率领全体中国人民进行反帝反封建的革命斗争,最终取得根本性的胜利,使得近代中国摆脱了半殖民地半封建社会的统治,建立起了一个独立自主的社会主义国家,开启了现代工业化的变革运动。近代中国对人的现代化品格探寻的未竟之事业也将在当代中国继续,从而实现臣民品格向人的现代化品格的彻底转变,培育起人的现代化品格。

综上所述,中国人的现代化品格从何而来? 对这一问题的回答离不开对传统臣民品格的审视和近代中国国民思想的分析。中国传统臣民长期处于依附状态下,形成了臣民的奴性品格,无主体性、权利意识极度匮乏。中国传统臣民品格又是建立在家族本位主义关系基础上的品格,人与人之间

---

① 孙中山.孙中山全集(第5卷)[M].北京:中华书局,2006:400-401.

的等级、依附、统治与被统治的政治关系被蒙上了温情脉脉的家庭伦理的面纱,带有家族本位主义的特色。近代中国在西方文明冲击之下开始反省、批判传统文明,中国先进知识分子对救亡图存出路的认识经历了由表及里、由客体到主体的阶段,最终认识到人的因素才是最重要、最关键的因素。独立个体的传播和国民性改造具有非常复杂的社会背景和时代特性,辛亥革命前后和五四运动前后对国民性改造的认识具有质的不同。辛亥革命前后,许多知识分子对国民性进行了批判,对新国民进行了构建,救亡图存的目的决定了倡导构建国家中的"国民"。五四时期是近代国民性改造的高潮,知识分子彻底醒悟到国民改造是中国走向富强的前提,开始扎实做国民改造工作。但由于中国传统社会缺乏产生独立个体及其品格的政治、经济、文化土壤,传播的狭隘性、臣民品格根深蒂固等原因,导致近代中国先进知识分子对西方独立个体观念的传播未能成功,独立主体的现代化品格一定程度在近代中国的实践举步维艰。近代中国对独立个体及其品格探寻的未竟之事业在当代中国继续进行。

第三章 当代中国人的现代化品格培育的现实前提

　　新中国的成立具有里程碑式的政治意义,标志着中国从此摆脱了半殖民地半封建的社会形态,开始走独立发展的民族复兴之路。中国共产党作为新中国成立之后的执政党,其主流意识形态对独立个体的主体性品格的认识代表了个体与国家互动关系中国家层面的回应与价值取向,构成了当代中国人的现代化品格培育的现实前提。主流意识形态对独立个体的主体性品格的认识经历了依法保障人民的个体权利——忽略人民的个体权利——依法保障个体权利、培育"有理想、有道德、有文化、有纪律"的社会主义公民——既强调依法保障个体权利,又强调个体的责任和义务,个体的有序的政治参与和参与志愿者服务,到发展全过程人民民主,保障人民当家作主的认识过程。这种对独立个体的主体性品格的认识的曲折发展和不断深入的发展过程又与政治、经济、社会条件等密切相关,这些构成当代中国人的现代化品格培育的现实条件。

一、新中国成立之后主流意识形态下对主体性人民观念的认识和发展

中国共产党作为新中国成立之后的执政党,其主流意识形态对人民、对独立个体的主体性品格的认识的发展过程,构成当代中国人的现代化品格培育的认识基础。新中国成立以来历届党代会所作的报告,在一定意义上反映出党在不同时期的任务和重心的变化、国家发展方向的趋势和价值观念的引领取向。通过对历届党代会报告的文本分析,把握国家发展方向趋势和价值取向,进而能分析出在这种环境下中国人的现代化品格的成长环境和演进轨迹。

新中国成立以来,中国共产党为了主动回应当时社会的新情况新问题和指明国家的发展方向和价值取向,召开了从中国共产党八大至二十大全国代表大会。透过这些政治报告,可以看到党中央对人民主体观念的认识经历了八大的保障人民的民主权利——党的十一届三中全会至十五大的依法保障个体权利、培育"四有"的社会主义公民——党的十六大至二十大扩大人民参与、发展全过程人民民主的认识过程。

(一)保障人民的民主权利

党的第八次全国代表大会是在新中国成立和完成了对农业、手工业和资本主义工商业的社会主义改造这两件具有标志性意义的政治大事之后召开的。在政治报告中,首次提出了保障人民的民主权利观念。

刘少奇在党的八大政治报告,宣布了中国已经成为伟大的独立自主的国家,着重分析了党在过渡时期的总路线、社会主义改造、社会主义建设、国家的政治生活、国际关系、党的领导等六大问题。党的八大政治报告,主要

是从阶级的立场阐述了人民这个概念的意涵,在报告中首次提出了保障人民权利的观念。包括三个层面的含义。

1. 人民与敌人相对

"同反动派相反,人民不是好战的。"①在党的八大政治报告的开篇,就强调中国已经成为以共产党为领导的人民民主统一战线,敌人被消灭了,非人民被改造成人民。外国帝国主义势力被赶走了,官僚买办、资产阶级被消灭了,封建地主阶级除个别地区以外,也已经被消灭了,富农阶级也正在消灭中。原来剥削农民的地主和富农,正在被改造成为自食其力的新人,民族资产阶级分子正处在由剥削者变为劳动者的转变过程中,广大的农民和其他个体劳动者,已经变为社会主义的集体劳动者,工人阶级已经成为国家的领导阶级,知识界也已经改变了原来的面貌,组成了一支为社会主义服务的队伍。②

2. 人民当家作主

中国已经建立起了人民民主专政的政权,在政治上人民已经从奴隶变为主人,开始当家作主。"中华人民共和国的成立,使几亿被侮辱被损害的饥寒交迫的奴隶升到了主人翁的地位,使他们的生活和自由得到保障,使劳动得到光荣,使妇女得到平等的地位。大批优秀的工人、农民、妇女、青年参加了国家管理工作,把我们的国家机关建设成为勤勉的、廉洁的、为人民服务的国家机关。""我们的人民民主专政就是以工人阶级为首的人民大众对于反动阶级、反动派和反抗社会主义革命的剥削者的专政。"③

① 刘少奇. 中国共产党中央委员会向第八次全国代表大会的政治报告[N]. 人民日报,1956.9.17.

② 刘少奇. 中国共产党中央委员会向第八次全国代表大会的政治报告[N]. 人民日报,1956.9.17.

③ 刘少奇. 中国共产党中央委员会向第八次全国代表大会的政治报告[N]. 人民日报,1956.9.17.

3. 保障人民的民主权利

党的八大政治报告中从法律的角度提出要保障人民的民主权利。刘少奇在政治报告中指出在革命战争时期和全国解放初期,为了肃清残余敌人、镇压反革命分子反抗的需要,制定了一些临时的纲领性的法律。那个时期斗争的主要任务是从反动统治下解放人民,斗争的主要方法是人民群众直接行动。但现在,建立了新的生产关系,斗争的任务转变为保护社会生产力的顺利发展。因此,斗争的方法也要发生转变,完备的法律应时而生,人民的民主权利需要得到保障。"斗争的方法也就必须跟着改变,完备的法制就是完全必要的了。为了正常的社会生活和社会生产的利益,必须使全国每一个人都明了并且确信,只要他没有违反法律,他的公民权利就是有保障的,他就不会受到任何机关和任何人的侵犯;如果有人非法地侵犯他,国家就必然出来加以干涉。我们的一切国家机关都必须严格地遵守法律,而我们的公安机关、检察机关和法院,必须贯彻执行法制方面的分工负责和互相制约的制度。"①

由上可见,党的八大政治报告是中国共产党作为新中国成立之后的执政党的第一个政治报告,也表达了党对于人民当家作主的认识,并提出了依法保障人民的民主权利问题,这为我国独立个体观念的发展打下良好的思想基础。

(二)保障人民权利,培育社会主义公民

党的十一届三中全会至十五大期间推动了独立个体观念的发展,党中央认识到人的素质是社会主义现代化发展的必不可少的条件,因此重点提

---

① 刘少奇.中国共产党中央委员会向第八次全国代表大会的政治报告[N].人民日报,1956.9.17.

出要依法保障个体的权利,培育"有理想、有道德、有文化、有纪律"的社会主义公民。

1978 年 5 月 11 日《光明日报》发表的《实践是检验真理的唯一标准》的特约评论员文章,拉开了真理标准问题大讨论的序幕,这次讨论冲破了长期以来"左"的错误思想的束缚。这场讨论有利于启发人们的独立思考能力。正如我国学者李萍、钟明华所认为的,这次讨论拉开了中国当代社会思想解放的序幕,向社会宣告了一个盲从、迷信的时代的结束,唯书、唯人的车轮转向唯实唯真的世界,引发人们价值观念的裂变,权威效应的丧失与自我的升值,①从而为人的现代化品格的形成奠定良好的思想前提。

党的十一届三中全会是中国发展命运的关键转折点,正式开启了我国社会主义现代化建设进程。从主体性的人的现代化品格观念发展的角度来说,党的十一届三中全会从三个方面强调了依法保障人民的权利。首先,保障人民政治上的民主权利。"全党目前必须集中主要精力把农业尽快搞上去……为此目的,必须首先调动我国几亿农民的社会主义积极性,必须在经济上充分关心他们的物质利益,在政治上切实保障他们的民主权利。从这个指导思想出发,全会提出了当前发展农业生产的一系列政策措施和经济措施。其中最重要的是:人民公社、生产大队和生产队的所有权和自主权必须受到国家法律的切实保护……"②其次,要保障宪法规定的个体权利。"在人民内部的思想政治生活中,只能实行民主方法,不能采取压制、打击手段……宪法规定的公民权利,必须坚决保障,任何人不得侵犯。"③最后,在法律面前人人平等。"检察机关和司法机关要保持应有的独立性;要忠实于法律和制度,忠实于人民利益,忠实于事实真相;要保证人民在自己的法律面前人人

---

① 李萍、钟明华. 走向开放的道德[M]. 广州:中山大学出版社,1994:172 - 175.
② 中国共产党第十一届中央委员会第三次全体会议公报[N]. 人民日报,1978.12.24.
③ 中国共产党第十一届中央委员会第三次全体会议公报[N]. 人民日报,1978.12.24.

平等,不允许任何人有超于法律之上的特权。"①

　　党的十二大政治报告,紧紧围绕"全面开创社会主义现代化建设"这个主题,提出了"团结全国各族人民,自力更生,艰苦奋斗,逐步实现工业、农业、国防和科学技术的现代化,把我国建设成为高度文明、高度民主的社会主义国家"②的总任务,大力推进社会主义物质文明和精神文明的建设,健全社会主义民主和法制建设。在党的十二大加强社会主义精神文明建设战略的基础上,党的十二届六中全会进一步通过了《中共中央关于社会主义精神文明建设指导方针的决议》。在决议中,从三个方面提出了个体观念。首先,第一次正式提出了培育社会主义公民的观念。"社会主义精神文明建设的根本任务,是适应社会主义现代化建设的需要,培育有理想、有道德、有文化、有纪律的社会主义公民,提高整个中华民族的思想道德素质和科学文化素质。"③其次,提出了培育社会主义公民的重要性。当时党中央认识到了人的素质是历史发展的产物,同时人的素质又会给历史带来巨大影响,人的素质是社会主义现代化建设取得成功的必要条件。"在社会主义条件下,努力改善全体公民的素质,必将使社会劳动生产率不断提高,使人和人之间在公有制基础上的新型关系不断发展,使整个社会的面貌发生深刻的变化。这是我国社会主义现代化事业获得成功的必不可少的条件。"④最后,提出加强社会主义民主和法制建设,就要增强社会主义的公民意识。党中央认识到加强社会主义民主和法制建设的重要性和根本问题就是教育人,培育社会主义公民,就是要增强人们的法律意识和主体意识,懂得个体的基本权利和义务。"加强社会主义民主和法制的建设,根本问题是教育人。要从小学开

---

　　①　中国共产党第十一届中央委员会第三次全体会议公报[N].人民日报,1978.12.24.
　　②　全面开创社会主义现代化建设的新局面——在中国共产党第十二次全国代表大会上的报告[N].人民日报,1982.9.8.
　　③　中共中央关于社会主义精神文明建设指导方针的决议[N].人民日报,1986.9.29.
　　④　中共中央关于社会主义精神文明建设指导方针的决议[N].人民日报,1986.9.29.

始,在进行理想、道德、文明礼貌等教育的同时,进行民主、法制和纪律的教育。要在全体人民中坚持不懈地普及法律常识,增强社会主义的公民意识,使人们懂得公民的基本权利和义务,懂得与自己工作和生活直接有关的法律和纪律,养成守法遵纪的良好习惯。公民都要遵守宪法,党员还要遵守党章。在法纪面前人人平等,绝不允许有任何超越法律和纪律的特殊人物,这应当成为我国政治和社会生活中不可动摇的准则。"①

党的十三大通过了《沿着有中国特色的社会主义道路前进》的报告,总结了历史性成就。在党的十三大政治报告中,党中央对于主体性的独立个体观念的认识,从四个方面进行了阐述。首先,社会主义民主政治的本质和核心就是让人民当家作主,管理国家和各项事务,享有各项个体权利。"社会主义民主政治的本质和核心,是人民当家作主,真正享有各项公民权利,享有管理国家和企事业的权力。"②其次,完善基层民主生活的制度化,进一步依法保障个体权利和自由。"目前,侵犯群众权利的现象仍时有发生。因此,必须抓紧制定新闻出版、结社、集会、游行等法律,建立人民申诉制度,使宪法规定的公民权利和自由得到保障,同时依法制止滥用权利和自由的行为。"③最后,加强法制建设,提高个体的法律意识。"我们必须一手抓建设和改革,一手抓法制……应当加强立法工作,改善执法活动,保障司法机关依法独立行使职权,提高公民的法律意识。"④

党的十四大通过了《加快改革开放和现代化建设步伐 夺取有中国特色社会主义事业的更大胜利》的政治报告,明确了我国经济体制改革的目标是

---

① 中共中央关于社会主义精神文明建设指导方针的决议[N]. 人民日报,1986.9.29.
② 沿着有中国特色的社会主义道路前进——在中国共产党第十三次全国代表大会上的报告[N]. 人民日报,1987.11.4.
③ 沿着有中国特色的社会主义道路前进——在中国共产党第十三次全国代表大会上的报告[N]. 人民日报,1987.11.4.
④ 沿着有中国特色的社会主义道路前进——在中国共产党第十三次全国代表大会上的报告[N]. 人民日报,1987.11.4.

建立社会主义市场经济体制,积极推进政治体制改革。在党的十四届五中全会闭幕式上,江泽民发表了"关于正确处理社会主义现代化建设若干关系"的重要讲话,指出改革开放以来精神文明建设出现了一些问题,如思想政治工作薄弱,拜金主义、享乐主义抬头,部分地方社会治安情况不好,腐败、丑恶现象重新滋生,因而要加强社会主义精神文明建设,要培育有理想、有道德、有文化、有纪律的社会主义公民。① 党的十四届六中全会仍然强调社会主义精神文明建设的重要性,要培育有理想、有道德、有文化、有纪律的社会主义公民,并提出了今后十五年的目标,提高以思想道德修养、科学教育水平、民主法制观念为主要内容的公民素质的提高。"今后十五年的主要目标是:……实现以思想道德修养、科学教育水平、民主法制观念为主要内容的公民素质的显著提高……"②党的十四届六中全会通过了《中共中央关于加强社会主义精神文明建设若干重要问题的决议》,仍然围绕这些主题展开,"形成把国家和人民利益放在首位而又充分尊重公民个人合法权益的社会主义义利观,形成健康有序的经济和社会生活规范"③,培育有理想、有道德、有文化、有纪律的社会主义公民。

党的十五大通过了《高举邓小平理论伟大旗帜,把建设有中国特色社会主义事业全面推向二十一世纪》的政治报告,从三个方面提出公民观念。首先,建设有中国特色社会主义的文化,要以培育有理想、有道德、有文化、有纪律的公民为目标。"建设有中国特色社会主义的文化,就是以马克思主义为指导,以培育有理想、有道德、有文化、有纪律的公民为目标,发展面向现

---

① 正确处理社会主义现代化建设若干关系——江泽民在党的十四届五中全会闭幕时的讲话(第二部分)[N]. 人民日报,1995.10.9.

② 中国共产党第十四届中央委员会第六次全体会议公报[N]. 人民日报,1996.10.11.

③ 中共中央关于加强社会主义精神文明建设若干重要问题的决议[N]. 人民日报,1996.10.14.

化、面向世界、面向未来的,民族的科学的大众的社会主义文化。"①其次,要加强法制建设,维护法律面前人人平等,切实保障个体权利,增强全民法律意识。"加强法制建设……维护宪法和法律的尊严,坚持法律面前人人平等,任何人、任何组织都没有超越法律的特权。一切政府机关都必须依法行政,切实保障公民权利,实行执法责任制和评议考核制……深入开展普法教育,增强全民的法律意识,着重提高领导干部的法制观念和依法办事能力。"②最后,发挥知识分子在现代化建设中的重要作用,成为"四有"公民的培育者。"知识分子要加强学习,提高自己,努力成为先进思想的传播者、科学技术的开拓者、'四有'公民的培育者和优秀精神产品的生产者,同广大工人、农民一起,为中华民族的振兴建功立业。"③

综上所述,从党的十一届三中全会至十五大的政治报告中,都体现了中国共产党作为执政党认识到要从法律的角度保障人民的个体权利,要增强人民主体性和独立个体的意识,提高公民素质,从而培育有理想、有道德、有文化、有纪律的社会主义公民。

(三)扩大人民有序参与,发展全过程人民民主

党的十六大以来,党中央大力提高人民道德素质,培育"四有"社会主义公民,并提出了扩大人民有序参与,增强人民责任、义务意识,鼓励人民参与志愿者服务活动等,表明党中央已致力于构建和培育独立、参与式公民,培育人民有序参与的政治品格。

---

① 高举邓小平理论伟大旗帜 把建设有中国特色社会主义事业全面推向二十一世纪——在中国共产党第十五次全国代表大会上的报告[N].人民日报,1997.9.22.
② 高举邓小平理论伟大旗帜 把建设有中国特色社会主义事业全面推向二十一世纪——在中国共产党第十五次全国代表大会上的报告[N].人民日报,1997.9.22.
③ 高举邓小平理论伟大旗帜 把建设有中国特色社会主义事业全面推向二十一世纪——在中国共产党第十五次全国代表大会上的报告[N].人民日报,1997.9.22.

2001年,中共中央发布《公民道德建设实施纲要》,指出我国公民道德建设要"在全社会大力倡导'爱国守法、明礼诚信、团结友善、勤俭自强、敬业奉献'的基本道德规范,努力提高公民道德素质,促进人的全面发展,培养一代又一代有理想、有道德、有文化、有纪律的社会主义公民"①。这是中共中央第一次正式地提出公民道德建设的指导思想,"这也是我党历史上,甚至是世界政党史上第一个正式的道德建设的文件"②。因而具有里程碑式的意义,表明我国从主流意识形态层面上大力推动公民道德建设,标志着我国公民道德建设驶入快车道,当代中国人的现代化品格的发展已进入快速成长期。

党的十六大政治报告第一次从坚持和完善社会主义民主制度角度提出了"扩大人民有序的政治参与"的思想。"健全民主制度,丰富民主形式,扩大公民有序的政治参与,保证人民依法实行民主选举、民主决策、民主管理和民主监督,享有广泛的权利和自由,尊重和保障人权。"③要推进司法体制改革,通过完善诉讼程序,保障个体的合法权益。加强思想道德建设,实现依法治国与以德治国的统一,认真贯彻公民道德建设实施纲要。"要建立与社会主义市场经济相适应、与社会主义法律规范相协调、与中华民族传统美德相承接的社会主义思想道德体系……认真贯彻公民道德建设实施纲要,弘扬爱国主义精神,以为人民服务为核心、以集体主义为原则、以诚实守信为重点,加强社会公德、职业道德和家庭美德教育,特别要加强青少年的思想道德建设,引导人们在遵守基本行为准则的基础上,追求更高的思想道德

---

① 中共中央关于印发《公民道德建设实施纲要》的通知[J].中华人民共和国国务院公报,2001.32.

② 解读《个体道德建设实施纲要》[J].伦理学研究,2002.9.

③ 全面建设小康社会 开创中国特色社会主义事业新局面——在中国共产党第十六次全国代表大会上的报告[N].人民日报,2002.11.18.

目标。"①

　　党的十六届六中全会通过了《中共中央关于构建社会主义和谐社会若干重大问题的决定》,决定中强调,首先,要加强制度建设,保障社会公平正义,保障人民在政治、经济、文化、社会等方面的权利和利益,引导公民依法行使权利、履行义务。②其次,扩大人民有序的政治参与。在保障人民享有广泛的民主权利的基础上,要从制度着手,完善民主权利保障制度。"坚持和完善人民代表大会制度、中国共产党领导的多党合作和政治协商制度、民族区域自治制度,从各个层次扩大公民有序的政治参与,保障人民依法管理国家事务、管理经济和文化事业、管理社会事务。推进决策科学化、民主化,深化政务公开,依法保障公民的知情权、参与权、表达权、监督权。扩大基层民主,完善厂务公开、村务公开等办事公开制度,完善基层民主管理制度,发挥社会自治功能,保证人民依法直接行使民主权利。"③再次,要完善法律制度,保障个体权利和自由。"坚持公民在法律面前一律平等,尊重和保障人权,依法保证公民权利和自由。坚持科学立法、民主立法,完善发展民主政治、保障公民权利、推进社会事业、健全社会保障、规范社会组织、加强社会管理等方面的法律法规……深入开展法制宣传教育,形成全体公民自觉学法守法用法的氛围。"④最后,首次提出要增强人民的责任感,深入开展城乡社会志愿服务活动,促进社会主义和谐社会的构建。"广泛开展和谐创建活动,形成人人促进和谐的局面。着眼于增强公民、企业、各种组织的社会责任,把和谐社区、和谐家庭等和谐创建活动同群众性精神文明创建活动结合起来,突出思想教育内涵,广泛吸引群众参与,推动形成我为人人、人人为我

　　① 全面建设小康社会 开创中国特色社会主义事业新局面——在中国共产党第十六次全国代表大会上的报告[N].人民日报,2002.11.18.
　　② 中共中央关于构建社会主义和谐社会若干重大问题的决定[N].人民日报,2006.10.18.
　　③ 中共中央关于构建社会主义和谐社会若干重大问题的决定[N].人民日报,2006.10.18.
　　④ 中共中央关于构建社会主义和谐社会若干重大问题的决定[N].人民日报,2006.10.18.

的社会氛围。"①

　　党的十七大政治报告继续坚持党的十六大政治报告提出的观点，首先认为要扩大人民有序政治参与，保障人民合法权益。"坚持国家一切权力属于人民，从各个层次、各个领域扩大公民有序政治参与，最广泛地动员和组织人民依法管理国家事务和社会事务、管理经济和文化事业；坚持依法治国基本方略，树立社会主义法治理念，实现国家各项工作法治化，保障公民合法权益。"②其次，要扩大人民民主，树立社会主义民主法治、自由平等、公平正义理念。"人民当家作主是社会主义民主政治的本质和核心。要健全民主制度，丰富民主形式，拓宽民主渠道，依法实行民主选举、民主决策、民主管理、民主监督，保障人民的知情权、参与权、表达权、监督权……加强公民意识教育，树立社会主义民主法治、自由平等、公平正义理念。支持工会、共青团、妇联等人民团体依照法律和各自章程开展工作，参与社会管理和公共服务，维护群众合法权益。"③最后，坚持个体在法律面前一律平等。"加强宪法和法律实施，坚持公民在法律面前一律平等，维护社会公平正义，维护社会主义法制的统一、尊严、权威。……尊重和保障人权，依法保证全体社会成员平等参与、平等发展的权利。"④

　　胡锦涛在党的十八大作了《坚定不移沿着中国特色社会主义道路前进，为全面建成小康社会而奋斗》的政治报告。首先，在报告中提出要维护中国公民在海外的合法利益，这是从个体政治身份认同的角度谈的。"坚定维护

---

　　① 中共中央关于构建社会主义和谐社会若干重大问题的决定[N]. 人民日报,2006.10.18.
　　② 高举中国特色社会主义伟大旗帜 为夺取全面建设小康社会新胜利而奋斗——在中国共产党第十七次全国代表大会上的报告[N]. 人民日报,2007.10.25.
　　③ 高举中国特色社会主义伟大旗帜 为夺取全面建设小康社会新胜利而奋斗——在中国共产党第十七次全国代表大会上的报告[N]. 人民日报,2007.10.25.
　　④ 高举中国特色社会主义伟大旗帜 为夺取全面建设小康社会新胜利而奋斗——在中国共产党第十七次全国代表大会上的报告[N]. 人民日报,2007.10.25.

国家利益和我国公民、法人在海外合法权益……"①其次,把社会主义核心价值体系与公民文明素质联系在一起,认为我国文化素质显著增强,表现在:"社会主义核心价值体系深入人心,公民文明素质和社会文明程度明显提高。文化产品更加丰富,公共文化服务体系基本建成,文化产业成为国民经济支柱性产业,中华文化走出去迈出更大步伐,社会主义文化强国建设基础更加坚实。"②最后,提出要全面提高公民道德素质,是社会主义道德建设的主要任务,特别强调了要引导人们自觉履行法定义务、社会责任、家庭责任,加强各个行业的诚信建设。"要坚持依法治国和以德治国相结合,加强社会公德、职业道德、家庭美德、个人品德教育,弘扬中华传统美德,弘扬时代新风。推进公民道德建设工程,弘扬真善美、贬斥假恶丑,引导人们自觉履行法定义务、社会责任、家庭责任,营造劳动光荣、创造伟大的社会氛围,培育知荣辱、讲正气、作奉献、促和谐的良好风尚。深入开展道德领域突出问题专项教育和治理,加强政务诚信、商务诚信、社会诚信和司法公信建设。"③突出强调了加强思想政治工作和开展志愿服务等培育的具体举措。"加强和改进思想政治工作,注重人文关怀和心理疏导,培育自尊自信、理性平和、积极向上的社会心态。深化群众性精神文明创建活动,广泛开展志愿服务,推动学雷锋活动、学习宣传道德模范常态化。"④

习近平在党的十九大上作了《决胜全面建成小康社会 夺取新时代中国特色社会主义伟大胜利》的报告,指出中国共产党经过 28 年的浴血奋战,完

---

① 坚定不移沿着中国特色社会主义道路前进 为全面建成小康社会而奋斗——在中国共产党第十八次全国代表大会上的报告[N].人民日报,2012.11.18.
② 坚定不移沿着中国特色社会主义道路前进 为全面建成小康社会而奋斗——在中国共产党第十八次全国代表大会上的报告[N].人民日报,2012.11.18.
③ 坚定不移沿着中国特色社会主义道路前进 为全面建成小康社会而奋斗——在中国共产党第十八次全国代表大会上的报告[N].人民日报,2012.11.18.
④ 坚定不移沿着中国特色社会主义道路前进 为全面建成小康社会而奋斗——在中国共产党第十八次全国代表大会上的报告[N].人民日报,2012.11.18.

成了新民主主义革命,1949 年建立了中华人民共和国,实现了中国从几千年封建专制统治向人民民主的伟大飞跃。要坚持以人民为中心,坚持人民的主体地位。那么如何做到坚持人民的主体地位呢? 首先,就是要发展社会主义协商民主,健全民主制度,丰富民主形式,拓宽民主渠道,保证人民当家作主落实到国家政治生活和社会生活之中。① 其次,党的十九大要求扩大人民有序政治参与,保证人民依法实行民主选举、民主协商、民主决策、民主管理、民主监督。再次,要加强人权法治保障,保证人民依法享有广泛权利和自由。巩固基层政权,完善基层民主制度,保障人民知情权、参与权、表达权、监督权。健全依法决策机制,构建决策科学、执行坚决、监督有力的权力运行机制。最后,要大力推进公民道德建设,提高人民的责任意识、规则意识、奉献意识。"深入实施公民道德建设工程,推进社会公德、职业道德、家庭美德、个人品德建设,激励人们向上向善、孝老爱亲,忠于祖国、忠于人民。加强和改进思想政治工作,深化群众性精神文明创建活动。弘扬科学精神,普及科学知识,开展移风易俗、弘扬时代新风行动,抵制腐朽落后文化侵蚀。推进诚信建设和志愿服务制度化,强化社会责任意识、规则意识、奉献意识。"②

习近平在党的二十大上作了《高举中国特色社会主义伟大旗帜　为全面建设社会主义现代化国家而团结奋斗》的报告。在报告中完整提出发展全过程人民民主,要保障人民当家作主。党的二十大报告再次指出我国的国家性质,强调国家一切权力属于人民。全过程人民民主是社会主义民主政治的本质属性,就是要"坚持人民主体地位,充分体现人民意志、保障人民权

①　决胜全面建成小康社会 夺取新时代中国特色社会主义伟大胜利——在中国共产党第十九次全国代表大会上的报告[N]. 人民日报,2017.10.18.

②　决胜全面建成小康社会 夺取新时代中国特色社会主义伟大胜利——在中国共产党第十九次全国代表大会上的报告[N]. 人民日报,2017.10.18.

益、激发人民创造活力"①。全过程人民民主还包括健全人民当家作主的制度体系,扩大人民有序政治参与,保证人民依法实行五个民主,即民主选举、民主协商、民主决策、民主管理、民主监督,发挥人民群众主人翁精神,即要发挥人民群众的积极性、主动性、创造性,以巩固和发展生动活泼、安定团结的政治局面。另外,党的二十大报告中提出要提高社会的文明程度和人民的道德水平,要"实施公民道德建设工程,弘扬中华传统美德,加强家庭家教家风建设,加强和改进未成年人思想道德建设,推动明大德、守公德、严私德,提高人民道德水准和文明素养"②。

综上所述,党的十六大至二十大的报告,坚持了人民的主体地位,除了要依法保障人民权益之外,更强调扩大人民有序政治参与和发挥人民的积极性、主动性和创造性等主体精神。这些都表明人的现代化品格发展所需要的政治、经济、社会等条件不断完善,人民越来越积极主动地参与到社会生活的各个方面,平等、独立、权利等观念深入人心,主体型的独立个体的现代化品格成为人的现代化品格培育的目标。

二、人的现代化品格形成的条件

透过新中国成立以来的党的八大至二十大全国代表大会政治报告的分析,可看到中国自改革开放以来,现代化观念发展越来越普及和成熟,这与政治、经济、社会等条件密切相关。我国逐渐确立的社会主义市场经济、民主政治制度的建设和改革、社会更加开放发展等,都大大地促进了当代中国

---

① 高举中国特色社会主义伟大旗帜 为全面建设社会主义现代化国家而团结奋斗——在中国共产党第二十次全国代表大会上的报告[N].人民日报,2022.10.16.
② 高举中国特色社会主义伟大旗帜 为全面建设社会主义现代化国家而团结奋斗——在中国共产党第二十次全国代表大会上的报告[N].人民日报,2022.10.16.

人的现代化品格的成长,为当代中国人的现代化品格的构建提供了良好的生成条件。

(一)市场经济:人的现代化品格形成的经济前提

1.市场经济是人的现代化品格的经济前提

中国几千年来的封建专制统治,虽然有资本主义生产方式的萌芽,但最终没有成为社会生活的主导,中国的专制制度依然在中国政治中占据主导地位,中国人一直生活在封建的人身依附关系之中,无法成为独立的市场主体,从而缺乏塑造人的现代化品格的土壤。新中国成立至改革开放之前的30年间,虽然人民当家作主,成为国家的主体,获得了政治上的主体地位。但是由于经济上实行高度集中的计划经济体制,依靠政府的指令和计划进行经济活动,并按照政府的计划和指令进行物质分配活动。因而在这种计划经济体制之下,市场主体的独立性、自主性仍然有所欠缺,经济活动实际上仍是依附于行政权力。因而计划经济中的主体是行政权力的附庸,离市场经济要求的独立、平等、自由的主体有着巨大的差别。可见,没有经过充分发展的市场经济,其主体的独立性、自主性无法得到充分的发展和塑造。中国当今已经确立了社会主义市场经济体制,并逐渐完善了社会主义市场经济制度,这为中国当代人的现代化品格的培育奠定了良好的生长条件。

市场经济的发展促进了个体的主体性,是以主体性为本质特征的人的现代化品格生长的决定性条件。古希腊雅典城邦中的个体以城邦主人的意识去参与城邦事务的讨论,这与其商品经济的发展是分不开的。工商业的发展造就了自由民阶层,自由民摆脱了人身依附关系,能够作为代表个体利益的主体独立自由地参与政治,对城邦的公共事务进行参与并作出决策。中世纪末期,在工商业繁荣的欧洲城市出现了地方自治这种个体参政的实践,市民为了维护自身的利益,组建地方政府,参与公共事务的管理。英国也出现了由封建领主、骑士、城市市民、自由民等阶层组建的议会雏形等级会议制度,各个阶层的代表通过等级会议制度紧紧地维护着自身所处阶级的利益。从对世界近现代历史的考察来看,西方的市场经济产生的前提之一就是封建小农生产自然经济的逐步解体,封建社会人身依附关系的打破。马克思曾通过英国的圈地运动展示了封建人身依附关系的打破,传统的人身依赖关系变为契约关系的过程。当契约关系取代了人身依附关系之后,最终商品经济成为社会生活的主导,以机器生产为主要特征的工业化的大推动,现代社会发展壮大起来了。市场经济是以经济自由运行机制,市场主体平等参与经济过程为主要特征,这种经济形式有利于人的现代化品格的孕育和发展。正如学者余潇枫所说:"市场经济作为一种经济活动的体制模式已经远远地超出了人们最初所理解的作为经济范畴的内涵,而在更深层次上被人们理解为是一种与人的历史形态、人格的现实发展紧密相关的社会文化现象。"①

市场经济的建立和进一步发展,从一定意义上来说,培育了个体的权利义务观、主体精神,独立、自由、平等、尊重他人、诚实、守信、守法等品格。市场经济对一个国家人的现代化品格的塑造起着决定性作用。

首先,市场经济是一种自由运行的社会性市场机制,其本质和外在表现是竞争性经济,这种特点决定了市场经济有助于形塑个体自主、平等、公正等品格。市场经济的前提要求就是个人能够以市场主体的身份,自由、平等地参与经济活动。这种经济形式必然要求个体摆脱对他人的人身依附关系,使个体获得人身上的解放和自由,享有平等的地位和个体权利。在市场经济活动过程中,市场主体以一种平等身份,遵循价值等价交换、诚实信用等原则参与经济活动,这样一种经济形式必然催生并形塑了市场主体独立、

---

① 余潇枫.哲学人格[M].长春:吉林教育出版社,1998:196.

自主、平等、诚实、守信等人的现代化品格，个体的人身自由和主体价值也得以呈现和发展，当然这种个体自由的限度也必然蕴含着对他者自由的认可和他者人生价值的尊重，这也是现代人的现代化品格的基础。

市场经济的本质是竞争，市场经济表现为一种竞争经济。在市场经济中，市场主体努力追求利益的最大化，以利益为其经济活动的驱动力，极大地调动了其自身作为主体的主动性、积极性和创造性，激发了主体的自我价值的实现，增强了主人翁意识和主体精神。个体的主人翁意识和主体精神促使个体积极主动地参与政治、经济、文化、伦理生活等，特别是在政治生活中，这种主体精神有利于个体政治参与，促进政治参与的理性化和民主化。市场经济竞争的结果必然是优胜劣汰，个体以市场主体的身份参与市场经济活动的竞争中，为了使自己在竞争中取得胜利而不致被淘汰，作为市场经济的主体就必须奋发上进、开拓进取、积极努力，进而培养了积极、主动、勤奋等品格，从而摒弃了消极、拖沓、懒散等不良品格。要成为市场经济的弄潮儿，就必然是进取的而非退缩的，积极主动的而非被动等待的，竞争的而非退让的。因而从这个意义上来说，市场经济也有利于促进个体的积极主动、独立进取、开拓上进、勤奋踏实等品格。

市场经济的运行应是良好而有序的，市场经济必然是有序的经济。要使竞争有序，就是要求市场主体在经济活动的竞争中遵循共同的市场规则，实现公平竞争。公平竞争的市场经济必然会培育和强化个体的公平公正品格。因而市场经济有序性要求市场主体起点的公平性和竞争规则的一致性，任何附加社会条件，或者一部分人人为地处于竞争的优势地位，一部分人处于竞争的劣势地位，都是不公平的竞争。因此，市场经济在一定意义上培育了个体的公平公正品格，强调个人正当利益的获取，市场经济反对任何不正当的特权。在不规则、无序的市场竞争下，会使得个体难以真正建立起公平公正的品格。因此，市场主体具有公平公正的品格既是市场经济所促进的,反之,又是市场经济良性有序运行的必要前提。作为市场经济的主体,具有公平公正的品格,有助于市场经济更有序运转。当然,在机会均等、自由竞争的情况下,主体的智力、机遇和成功品质等因素,会导致竞争中的优胜者和淘汰者,会出现物质财富积累的不同差别,作为保证整个国家、社会的良性运转的国家,需要保障个体起码的生存权和发展权,观照到伦理公平的人道主义精神。因而国家制定相关的法律和政策手段来保障基本的利益要求也是必要的,这也是伦理公平的体现。市场经济自由性和竞争性促成了个体平等、自主、积极、主动等品格的形成,这种经济形式必然有利于个体主体性品格的产生和塑造。

毋庸置疑的是,市场经济既有竞争的特性,又有合作的特性。市场经济必须促成市场主体相互合作、互利,才可能使经济活动良好地进行下去,合作的特性也必然要求市场主体讲究遵守诺言,塑造出诚信品格。市场经济是一种高度社会化的经济,在市场经济活动中,市场主体个人利益的追逐和获得必须通过与他人交换才能实现,这种利益实现机制决定了市场主体必须与他人扩大交往范围,加强合作深度,从而形成合作、互惠互利、诚信、理性自律、遵守规则的意识和行为准则,从而形成行为习惯,养成稳定的品格。反之,不具备人的这些现代化品格,市场经济必然把这些市场参与者淘汰出局,市场经济的内驱力也决定着市场主体必须具有相应的现代化品格。

其次,市场经济是以契约为基本方式的经济,契约关系是法律的一种基本形态,市场经济实则是一种法治经济。马克思曾在《资本论》中描述了市场经济与契约关系之间的辩证关系,认为市场中的契约关系是经济关系的反映,"这种具有契约形式的(不管这种契约是不是用法律固定下来的)法的关系,是一种反映着经济关系的意志关系"①。据此,马克思揭示了市场经济

---

① 马克思恩格斯全集(第44卷)[M].北京:人民出版社,2001:103.

的另一特质,市场经济中的契约关系既是经济关系的反映,又是一种法权关系,市场经济实则就是法治经济。市场经济有助于培养个体的法治精神、契约精神,塑造诚信、守法、理性、自律等品格。

在市场经济中,参与经济活动的双方主体都处于契约的约束和支配之下,双方的经济行为都要以契约形式体现出来并要进一步规范。法律是契约的最高形式,国家统治阶级以最高约束力的法律规范形式,促使经济活动中的所有主体,包括自然人和法人的经济行为都受到法律有序、恰当的约束。市场经济促进了法律的茂盛成长,在市场经济活动中,市场主体相互之间不再是单向的个体意志决定的命令与服从的关系,而是处于平等地位、具有独立人格、平等的主体间的关系。双方的经济活动,遵循着自由、自主、等价等原则,这种经济活动促进了社会中契约精神的生长。而以法律为最高形式的契约,就从法律上确认和保障了市场经济活动主体双方的自主、独立、平等的主体身份和地位。此外,法律也在最大意义上保障了市场经济活动的规范运转。市场经济活动中的主体从事着以追逐经济利益为主要目的的经济活动,在经济活动中,存在着激烈的多向竞争,彼此间存在着紧密的经济利益关系。相互竞争既能激发人们的创造性,也会促使人们为达到目的而使用不正当的手段,破坏竞争的公平性,产生人与人之间相互倾轧的恶劣态势。因而,市场经济的发展需求促使了相关法律的产生,用以规范和约束人们的行为,保障市场经济活动主体的行为受到法律的约束规范。如果没有法律的规范和约束人们的不正当竞争行为,市场经济活动就会产生恶性循环效应,经济竞争活动则无公正可言,最终使得市场经济活动陷于无序和瘫痪状态。因此,自由竞争的市场经济活动和行为主体都需要法律提供规范、公平的市场秩序,约束遏制市场竞争主体的不良行为,甚至在一定程度上要打击违反法律的经济犯罪行为。由此可见,市场经济活动必然催生法律的生长,市场经济运行的内在、外在机制都需要法律的保障作用。

市场经济的运行机制逐步完善的过程也是大量的市场经济法律制度不断完善的过程,是市场经济活动主体的行为不断受到大量的法律制度规范和约束的过程。在市场经济活动主体的行为不断受到市场经济法律制度规范和匡正的过程中,市场主体逐渐树立起了法治的观念,依照法律制度来解决市场经济活动中的经济纠纷,依照法律制度来维护自身的正当权益。这一切逐渐促使主体加深了对法律的意识,逐渐学会把法律作为一种维护正当权益的武器和开展经济行为的标尺,努力做到依照法律进行经济行为,不侵犯他人和社会的利益,并通过正当途径获得最大利益。因而,市场经济的法治经济特征,有助于市场经济活动中的主体养成积极守法、理性自律的意识和行为习惯,逐渐塑造成为个体内在化的品格。正如马克思在《黑格尔法哲学批判》文中指出,国家和个人有着密切的联系,这种国家和个人的关系不是孤立的、抽象的,他批判了黑格尔的国家和个人关系观,黑格尔说国家是以外在的和偶然的方式同这种特殊的人格相联系,但这种观点因为抽象地、单独地考察国家的职能和活动,而把特殊的个体性看做它们的对立物,却忘记了特殊的个体性是人的的个体性,是人的社会特质,国家是人的社会特质的存在和活动的方式。因此,要把个体放在社会关系中去考察,而不是个体的私人属性。"个人既然是国家职能和权力的承担者,那就应该按照他们的社会特质,而不应该按照他们的私人特质来考察他们。"①那么,马克思认为个体怎么在国家这个机构中体现出他的社会特质呢?他在《科隆日报》第 179 号的社论中指出,国家"是一个庞大的机构,在这里,必须实现法律的、伦理的、政治的自由,同时,个别公民服从国家的法律也就是服从他自己的理性即人类理性的自然规律"②。

---

① 马克思恩格斯全集(第 3 卷)[M]. 北京:人民出版社,2002:29 - 30.
② 马克思恩格斯全集(第 1 卷)[M]. 北京:人民出版社,1995:228.

此外,市场经济使得人们摆脱了对政治权威、权威式家长的盲目服从,树立起以契约、法律为准绳的行为标杆。当代市场经济发达国家的实践经验也表明,市场经济越发达、越完善,人们的契约精神、守法、理性、自律、诚实信用等品格也越明显。市场经济生长、发育和成熟的过程,也是法律在社会经济生活,乃至全社会发挥更大作用的过程,是法治化程度越来越高的过程。现代市场经济是以严密法治为基础的经济运行机制,市场经济主体双方之间的行为、利益都要以法律为手段来体现。从一定意义上来说,以霍布斯、洛克为代表的西方近代思想家所指的基于"自然法"基础上而建立的社会契约关系在市场经济活动中体现出来了。因而这种市场经济活动的特点,逐渐养成了人们的法律意识、守法的行为习惯,最终形成了个体的守法品格。

但也需要看到,人的现代化品格所包含的积极守法的品格,为法治秩序的稳定发展提供精神支撑和基础。从外在的、社会化的意义来说,个体行为受到法律制度规范约束的同时,整个社会共同体逐渐形成遵守法律的价值观念,这种制度化的、法治化的价值观念约束全体社会成员。从内在的、个体性的意义来说,个人对法律的遵循从一种自发状态向一种自觉状态的转变,把对法律规范的要求从外在强制力量变为自我自觉的行为准则,进而塑造了理性、自律、积极守法的品格,使得法律规范的运转获得主体的精神支撑。因而现代法治作为一种内在自觉、普遍有效的理性秩序,需要个体积极守法、理性自律品格的支撑,离不开主体把法律视为共同体赖以存在和维系的根本尺度,把法律视为个体获得权益安全保障的根本法则和个体之间关系的行为准则。正如美国法学家哈特所强调的:"如果一个规则体系要用暴力强加于什么人,那就必须有足够的成员自愿接受它;没有他们的自愿合作,这种创制的权威,法律和政府的强制权力就不能建立起来。"①个体认同

---

① ［英］哈特.法律的概念［M］.张文显等译.北京:中国大百科全书出版社,1996:196.

法律的价值规定,把法律视作自己内在的价值准则,依法行事成为市场经济条件下的个体自由理性活动的需要,也只有这样,整个国家才会良性运转。日本法学家川岛武宜论述了法律在现代化进程中的作用时,就提道:"法不能只靠国家来加以维持的,没有使法成为作为法主体的个人的法秩序维持活动,这是不可能的。"①因此,个体普遍具有积极守法、理性自律的品格能够为法治秩序的稳固、恒久运转提供自觉的内在精神支撑。

最后,市场经济形塑了个体的权责意识。权利义务是市场经济活动的基本规则,在市场经济活动中,参与经济活动的市场主体遵守契约进行商品价值交换,市场经济中主体双方的权利与义务界线泾渭分明,享受着从经济活动中获得的权利的同时,必然要求履行自我的责任义务。传统社会中臣民在政治上只存在对君主、家长制权威的遵从义务,而无主体权利。在现代市场经济社会中,平等的主体既承担着自己的义务,又享有着自我的正当权利,是否有权利也可以说是人民与臣民的根本区别。在市场经济条件下,作为独立、平等的市场主体以经济利益为其追求目的,懂得自己的权利与义务所在。从市场经济的契约性特征来看,契约就意味着遵守双方的约定和承诺,也即是享有自己的权利和履行自己的义务。因而市场经济强有力地形塑着人们的权责观念,在履行权利义务的过程中,逐渐养成行为习惯,铸造成个体的品格。同时,在市场经济条件下,独立平等的市场主体在明确其各自的权责界线之时,当自身的利益受到侵害时,必然要求得到保护和补偿,这是市场经济条件下所产生的权利意识。利益是个体权利催生的直接动因,而个体的权利意识又伴随着市场经济的生长发育而不断增强,否则,市场经济仍是不成熟的经济运行形式。为了更好地保障市场经济主体的权益,市场经济必然要求强化法律的作用,因而从某种意义上来说,个体维护

---

① [日]川岛武宜.现代化与法[M].王志安等译.北京:中国政法大学出版社,1996:19.

自身权利意识的过程实质就是主体法治观念强化的过程。

在市场经济社会中,市场主体懂得维护自己的权利,承担自己的义务和责任,并依法律己,以法律作为自己行为的最基本规范和依据,运用法律武器维护和保障自己的正当权益,这就是法治观念的内涵。我国受传统封建臣民观念影响极其深重,臣民品格具有很强的顽固性,致使个体的权利观不浓厚,法治观念不强,因而要增强个体的权利义务观,还是应回到市场经济的本质法治经济层面入手,在市场经济活动中,用法律手段切实保证和实现个体权利,维护宪法和法律规定的个体权利,并通过在各种教育中渗透权利观的内容,促成全体人民形成积极的个体权利意识观念和行为能力,从而形成个体的权利责任观。

2. 市场经济需要完善的人的现代化品格

个体是市场经济活动的主体,一个具有良好的现代化品格的个体,能够成为市场经济活动的优秀参与者和市场秩序的自觉遵守者和维护者。一个具有良好的现代化品格的人,可以为市场经济建设提供必要的精神动力支持。

首先,人的现代化品格能够促进市场经济的发展。作为市场经济活动中的主体,一个具有诸如诚信、守法、独立、积极主动等良好的现代化品格的个体,能够积极主动参与市场经济的经济活动,理解市场经济的合理意义和个体经济行为的价值意涵,具备与市场经济相适应的金钱观、价值观、劳动观念等,从而更好地促进市场经济的发展。正如马克斯·韦伯在《新教伦理与资本主义精神》中所核心论证的:一定的社会经济秩序会产生与此经济秩序相适应的伦理精神和在这种伦理精神支配下的主体品格,是这种伦理精神和主体身上所具有的伦理品格成为推动这种经济秩序扩张和发展的动力。而缺少了具有这种伦理精神和与这种经济秩序相适应的人的现代化品格,这种经济秩序也很难得到长久的发展。"只是因为这种新型的企业家具有确定不移且是高度发展的伦理品质,以及洞若观火的远见和行动的能力,他才在顾客和工人中间赢得了不可缺少的信任。没有任何别的东西能够给予他克服重重障碍的力量,更重要的是,没有任何别的东西能够使他承担起近代企业家必须承担的无比繁重的工作。可是这样一些伦理品质却与那些适应传统主义的伦理品质有着天壤之别。"①马克斯·韦伯的观点充分地肯定了个体具有与市场经济相适应的品格,能够有效地促进市场经济的发展。马克斯·韦伯的观点给我们的启发是在进行社会主义市场经济建设的过程中,应该培养与社会主义市场经济体系相适应的"社会主义精神",以及培养与"社会主义精神"相适应的个体,培养能体现出与"社会主义精神"相关的人的现代化品格,这对社会主义市场经济的良性发展具有重要的主体性意义。正如王小锡、李志祥所说的:"一个人敬业与否,直接影响着他所释放出来的生产力的大小,直接影响着他对社会的贡献。一个劳动者能否很好地与其他的劳动者合作,直接影响着整个经济组织的工作效率。从这个角度来看,只要有一定形式的人类劳动,就必然要有一定的劳动伦理与之相应。"②

其次,人的现代化的品格能够起到自觉维护市场经济活动的秩序,降低社会成本的作用。制度主义经济学家认为只要设计了完善的制度就能够避免市场经济活动的弊端,规避市场经济活动主体不遵守市场经济秩序的行为,在此基础上,个体良好的品格不起作用,但事实上并非如此。持人的现代化品格重要性观点的学者们认为即使再完美的制度,再精密的组织安排,也需要社会共同体内大多数成员共同认同和享有一些基本的思考和行为方式。其中美国著名的学者、研究多元主义的专家高尔斯顿就是这种观点的代表,他在《多元主义和公民美德》文章中指出,"在理想主义状态下,公民关

---

① [德]马克斯·韦伯.新教伦理与资本主义精神[M].于晓、陈维纲等译.北京:生活·读书·新知三联书店,1992:49-50.
② 王小锡、李志祥.公民道德建设与社会主义市场经济建设[J].南京社会科学,2004.4.

于合法的权威已经根据合法的程序颁布法律的知识,就已经能够确保公民会遵守法律。遵守法律的成本也就仅仅是颁布法律的成本。但在非理想的状态下(例如真实的世界),遵守的成本要大得多。共同体投入了大量的钱来阻止公民违背法律,甚至把更多的钱投入鉴别和惩罚犯罪者上。这些'多余'的遵守法律成本增加了政治生活的负担和削减了共同体对积极善的追求。因此,每一个共同体乐意通过增加公民合法地执行法律的遵守规范的内在化方面,以减少这些成本。"①再如,诚信这种现代化品格,在市场经济活动中,市场经济的双方主体都能够相互遵守契约,以诚信作为双方经济活动的行为准则,那么人与人之间的信任会增加,反之,人与人之间就会产生不信任的状况,而这种不信任的状况就会大大增加社会的成本,因为人们在市场经济活动要增加保护自我利益的成本,也在一定意义上削减了与他人合作的机会和可能性。甚至更严重的是,恶意的不信任如诈骗等,会激发人们对他人的戒备心理、排斥心理,在这种情况下,人与人之间的冷漠关系更会大大影响市场经济的良性运转。社会将花更多的成本在消除人与人之间的不信任状态上,要教会人们如何区分值得信任的情况和采取相应保护自我的措施等,且事实上并不解决根本性的问题。而只有当市场经济活动的主体具有良好的现代化品格时,才能够自觉地维护市场经济活动的秩序,自觉地遵守市场经济活动规则,降低人为的成本,使市场经济活动秩序良好运转起来。

美国著名学者弗朗西斯·福山认为在后工业化社会中,道德义务、责任、信任等成为人们的习惯时,也即内化为人的现代化品格之时,与法律、契约等一起,才可以起到维护社会繁荣稳定、降低社会成本的作用。"法律、契约、经济理性只能为后工业化社会提供稳定与繁荣的必要却非充分基础,唯

---

① William A. Galston. Pluralism and Civic Virtue, *Social Theory and Practice*, No. 7, 2007, p. 629.

有加上互惠、道德义务、社会责任与信任,才能确保社会的繁荣稳定,这些所靠的并非是理性的思辨,而是人们的习惯。"①"一个社会能够开创什么样的工商经济,和他们的社会资本息息相关,假如同一个企业里的员工都因为遵循共通的伦理规范,而对彼此发展出高度的信任,那么企业在此社会中经营的成本就比较低廉,这类社会比较能够井井然有序的创新发展,因为高度信任感容许多样化的社会关系产生。"②因此,每一个参与市场经济活动的主体,每一个公正守法、诚信、自律的个体,对于市场经济秩序的遵守和维护,营造积极良好的经济伦理环境,起着至关重要的作用。

综上所述,市场经济是与传统小农经济截然不同的经济生产方式,这种生产方式有助于形塑个体的自主性品格、法治思维、权责意识等人的现代化品格。正如马克思主义所认为的在整个社会生活发展因素中,经济因素对社会意识形态起着决定性的力量。市场经济是人的现代化品格塑造中的决定性生长条件,没有市场经济就不可能塑造出人的现代化品格。

(二)民主政治:人的现代化品格形成的政治基础

人的现代化品格的塑造和培育,有赖于社会的政治制度,要通过国家的民主政治制度给予制度保障和基础条件。在民主政治制度之下,个体视自己为政治共同体中的独立主体和成员,要求参与国家公共事务。通过参与国家公共事务,加深个体对公共事务和共同利益的认知、情感,树立坚定的主体信念,再反作用于个体行为,通过反复的熏陶和行为训练,形成人的现代化品格。考察世界民主政治制度发展的历史,可以发现民主制度为人的

---

① [美]弗兰西斯·福山.信任——社会道德与繁荣的创造[M].李宛蓉译.呼和浩特:远方出版社,1998:18.
② [美]弗兰西斯·福山.信任——社会道德与繁荣的创造[M].李宛蓉译.呼和浩特:远方出版社,1998:37.

现代化品格的塑造和培育提供了良好的制度和实践基础。

　　恩格斯在《家庭、私有制和国家起源》中追述了"古代自然长成的民主制"。古希腊氏族制的组织形式为"古代自然长成的民主制",在这种制度之下,古希腊的部落和小民族的组织结构为:常设的权力机关为议事会(bule),这种议事会最初由各氏族的首长组成,后来由于人数增加得太多,便再在其中选举出一部分人组成。议事会对于一切重要问题作出最后决定。恩格斯举例进行了说明:"例如,在埃斯库罗斯的作品中就谈到过忒拜议事会曾作了一个对当时局势有决定意义的决议,即为伊托克列斯举行荣誉葬礼,而波吕涅克斯的尸体则扔出去让狗吃掉。"[①]议事会召集公民大会,氏族男女具有平等的表决权。"当议事会开会时,人民——男男女女都站在周围,有秩序地参加讨论,这样来影响它的决定。在荷马所描写的希腊人中间,这种'围立'已经发展成为一种真正的人民大会。"[②]恩格斯根据易洛魁人和希腊人酋长的产生过程推测出,希腊人的军事首长(巴赛勒斯),由人民选举产生,为人民公认的机关议事会或人民大会所认可。这种原始社会的民主,有利于氏族部落人主体精神的培育和巩固,但是这是一种非国家形态的民主。

　　随着私有制与阶级的产生,国家的出现,古代民主消亡了。私有财产成为家庭的经济基础,家庭这种人类社会组织形式又成为私有财产的堡垒。家长的权威转化为国家主权,国家主权不受他国干涉。国家主权出现之后,大都采取了与原始公共权力不同的组织形式,以世袭专制代替了古代民主制,臣民身份成为国家中大多数人的身份状态,臣民品格占据主导地位。只有少数城邦国家例外,如希腊的雅典城邦。雅典的民主制沿袭了氏族的民主制。每个个体享有投票权,可以直接参加投票,直接参与决策而无须通过

---

①　马克思恩格斯文集(第四卷)[M].北京:人民出版社,2009:120 – 121.
②　马克思恩格斯文集(第四卷)[M].北京:人民出版社,2009:121.

代表。"结果组成了雅典国家,它是由 10 个部落所选出的 500 名代表组成的议事会来管理的,最后一级的管理权属于人民大会,每个雅典公民都可以参加这个大会并享有投票权;此外,有执政官和其他官员掌管各行政部门和司法事务。在雅典没有总揽执行权力的最高官员。"①在雅典城邦中通过公民大会,公民可以参与公共事务的讨论和决策,这种民主制形式大大培育了个体的主体精神和人的现代化品格。不过,雅典的民主制也仅是有限的民主制,能够参加公民大会的个体具有其资格规定,人数在社会阶层中所占的比率也非常小,"奴隶也包括在居民以内;9 万雅典公民,对于 365000 奴隶来说,只是一个特权阶级。雅典民主制的国民军,是一种贵族的、用来对付奴隶的公共权力,它控制奴隶使之服从。"②。更何况雅典的直接民主制在古代世界历史中成为少有的例外。雅典民主政治制度在古代世界成为昙花一现,自雅典民主政治制度逐渐式微之后,寡头专制集权政治占据统治地位达千余年之久,封建私有制经济制度导致政治上的等级身份,民主制被专制所取代,公民身份被臣民身份所替代。欧洲中世纪宗教与政治高度合一的政治结构使得教皇成为政治集权的核心,人民成为神的"奴仆",奴性的臣民品格张扬,主体性的人的现代化品格湮没在对上帝权威的崇拜和服从之中。

但是在中世纪,资本主义商品经济渐趋活跃,一些城市共和国产生了市民社会,市民社会在与国家的分离对抗中成长,培育出民主的社会基础和阶级力量。国王、诸侯、教会及市民社会四种政治力量的对抗,形成了一个分权的政治框架,给民主力量的生长提供了一个政治空间。城市议会与王国的等级会议,给民主提供了新的建构形式。中世纪一些城市共和国在政治发展过程中孕育出了现代的民主。随着资本主义商品经济的迅速发展,它

---

① 马克思恩格斯文集(第四卷)[M].北京:人民出版社,2009:135.
② 马克思恩格斯文集(第四卷)[M].北京:人民出版社,2009:190.

所蕴含的自由、平等原则及其政治要求对封建的等级制度产生了极大的冲击。在政治思想领域中,资产阶级思想家呼唤"人人生而平等"、"天赋人权"、"人民主权不可让渡"、社会契约论等人民主权思想观念,把每个人放在了平等、自由、独立的地位上,予以封建特权思想沉重打击,为资产阶级民主政治制度奠定了理论基础。资产阶级革命夺取国家政权之后,各个资产阶级国家通过颁布《权利请愿书》《人身保护法》《独立宣言》《人权和公民权宣言》等宪法性文件,明确了公民在国家中的主体地位,每一个个体都享有法律规定的权利。在政治制度上实行以"三权分立"和"议会制"为核心的资产阶级民主制度,为保护个体的权利、塑造主体性的人的现代化品格提供了制度上的保障。

中国自秦汉以降,实行了几千年的封建专制制度,人身依附关系也相伴随了几千年。近代以来,中国在西方文明的强势冲击之下开展对中国人的现代化品格的探寻过程,迈出了近代中国人的现代化品格的启蒙和初步实践的步伐。但由于种种原因,人的现代化品格未能完全替代臣民品格。1949 年新中国的成立,社会主义民主成为基本的政治制度,为人的现代化品格的孕育提供了稳定的保障条件。改革开放四十多年来,我国的政治体制改革和民主法制建设在稳步进行中。我国对宪法进行了历次修改,1982 年调整了"公民权利"的位置,将"公民权利"内容置于"国家机构"内容之前,从形式上表明个体权利优先于国家权力。1999 年把"依法治国,建设社会主义法治国家"写入宪法修正案,表明将法治作为国家治理理念。2004 年又将"尊重和保障人权"写入宪法,表明我国对保障个体权利的认识和决心。在实践中,我国实行的人民代表大会制度和中国共产党领导的多党合作与政治协商制度在稳定进行中,个体的政治利益得以表达、个体权利得以实现,这些都为人的现代化品格的孕育提供了政治保障,反之,人的现代化品格也对民主政治的建设起促进作用,二者实为相互依存的关系。

1. 民主政治为人的现代化品格的形成提供政治基础

人的现代化品格的形成标志着个体具有平等独立的主体地位、积极主动的品质,而这种品格的形成离不开民主政治所提供的政治保障。这种政治保障表现在:

首先,民主政治能够提供民主的政治氛围,促进人的现代化品格的形成。在专制政治之下,个体无条件服从、依附于政治权威,没有独立的人格,只能形成依附型品格,专制政治成为依附型品格形成的土壤。在民主政治之下,处于平等地位的个体,具有自己独立的人格、意识和精神,在民主的政治氛围中,个体不再惧怕政治权威,逐渐学会公开地表达自己的思想观点,争取自己合理的正当利益。在多元利益冲突面前,学会理性看待利益的多元性,包容不同个体间的差异和思想观念,同时学会处理复杂问题,并不得不在妥协中解决一些微妙的问题,从而学会平衡个体自我利益与他人利益、集体利益之间的冲突。个体逐渐形成自己独立的价值观念、思想体系、独立分析思考问题的能力,进而成为自己的行为习惯,养成人的现代化品格。

其次,民主政治为人的现代化品格的形成提供教育的平台,有学者把它概括为民主政治本身所具有的教育功能。"所谓民主政治的教育功能,是指民主政治本身能够为公民获得政治认知、培养公民独立性以及宽容、妥协的政治品质提供一个发展的平台,提高人们在现代政治生活中的公民意识。"①在民主政治之下,个体能够在充满民主的政治生活经历、体验中,逐渐积累起独立、包容地处理政治问题、利益冲突的生活经验,逐渐养成独立、民主的思维方式和行为习惯,最后形成相关的人的现代化品格。

再次,民主政治为人的现代化品格的形成提供制度保证。民主政治需要依托于制度,以制度为载体来体现其特征,民主政治制度是一个国家和政

① 黄月细. 政治民主转向中的公民教育诉求[J]. 深圳大学学报(人文社会科学版),2009.9.

党实现其一定利益目标的行为准则。民主制度的成熟化会为人的现代化品格的形成提供坚实的制度保证,反之,民主制度不成熟,而个体具有较强的政治参与意愿和行为,则会造成个体参与越多,国家的秩序越混乱的情景。一个国家可以有秩序无自由,但不可以有自由而无秩序。因此,民主政治的制度化是人的现代化品格形成的重要政治保障。

最后,民主政治为人的现代化品格的形成提供实践保障。实施民主政治必然包含着个体的政治参与,个体政治参与也是民主政治的重要标志。民主政治的发展和正常运转都有赖于个体的政治参与。"如果没有公民参与的适当空间和公民亲自或直接的投入,民主就会在事实上受到侵犯。"①如我国学者唐绍洪、刘屹等人认为民主政治是奉行多数人管理国家的一种政治制度,它包含六项基本原则:法律至上原则,公共权力相互制约与平衡原则,"普选制"的政治原则,个体权利的保障原则,公民参与原则,服从多数、尊重少数的政治原则,其中公民参与原则是实施民主政治的核心任务。②

个体只有积极参与到公共事务的讨论、管理,体会到自己作为社会中的主体身份参与公共事务,才能培养出对公共事务的热爱,进而培养出对整个国家的热爱之情,这为培养爱国等人的现代化品格提供实践条件。美国著名政治学家托克维尔在《论美国的民主》一书中也同样如此认为。他着重分析了美国人民如何培养出爱国之情,美国作为一个移民社会,是很难有本能的爱国之情的,因为美国没有古老的历史,没有对祖先的尊敬和对过去的留恋。"有一种爱国心,主要来自那种把人心同其出生地联系起来的直觉的、无私的和难以界说的情感。"③但是美国人如何培养出甚至比别的国家人民

---

① 李图强.现代公共行政中的公民参与[M].北京:经济管理出版社,2004:64.

② 唐绍洪、刘屹.对公民有序政治参与的价值解读——兼论我国政治民主建设中存在的问题及对策[J].社会主义研究,2005.5.

③ [法]托克维尔.论美国的民主[M].董果良译.北京:商务印书馆,1988:268.

更强烈的爱国心和自豪感呢？托克维尔认为还有一种爱国心比本能的爱国心更富有理智，更为坚定和持久，那就是公民参与。他是真正理解了并在法律的帮助之下成长了，他之所以热爱这个国家、关心和理解这个国家的福利，是因为国家的繁荣是一件对自己有利的事情，同时也是因为其中有他的一份功劳。所以才会更加热爱和持久。"使人人都参加政府的管理工作，则是我们可以使人人都能关心自己祖国命运的最强有力手段，甚至可以说是唯一的手段。在我们这个时代，我觉得公民精神是与政治权利的行使不可分的。"①"在被不久以前移来的居民开发的美国，移民们既未带来使他们必须遵守的习惯，又未带来使他们难忘的回忆；他们来到这里都是初次相见，以前并不认识。简而言之，在这里很难产生本能的爱国心。那末，每个人为什么却像关心自己的事业那样关心本乡、本县和本州的事业呢？这是因为每个人都通过自己的活动积极参加了社会的管理。"②因此，也正是个体的政治参与为人的现代化品格的形成提供了良好的实践基础。民主政治能够为人的现代化品格的形成提供实践的保障。

2. 民主政治呼唤完善的人的现代化品格

从政治上看，一种政治体制关系着国家秩序是否能够良好运转，关系着国家的发展方向。在民主政治体制运行的过程中，实施民主政治的主体的素质状态，也即人的现代化品格的水平，制约着民主政治的发展水平和成功与否。一些国家发展的经验教训很好地论证了这一观点，如印度在政治上有着完整的制度设计——多党制、上下议院、普选、在野党等，但印度社会问题严重、贪污盛行，显示出国家治理无力、政府管理无能的状态。印度的种姓制度仍起着巨大的作用，社会的等级制度盛行，人与人之间存在严重的不

---

① ［法］托克维尔.论美国的民主［M］.董果良译.北京:商务印书馆,1988:270.
② ［法］托克维尔.论美国的民主［M］.董果良译.北京:商务印书馆,1988:270.

平等现象,妇女没有享受平等的个体权利,受到严重的性别歧视。可以说,印度悠久的历史文化非但没有成为社会发展的动力,反而成为制约其发展的精神包袱,印度人民接受平等、自由、尊重、包容等民主制度所带来的主体观念需要一个漫长的过程。

也正因为此,印度既缺乏了民主政治制度所需要的人的现代化品格,又没有能够培育出这种人的现代化品格,使得他们非但没有享受到民主政治制度所带来的益处,反而深受民主政治制度的危害,社会矛盾冲突频繁出现。菲律宾也是如此,有着完备的制度设计,但政府管理无能,经济发展停滞。这些都说明了实施民主政治与国家的长治久安存在着密切的关系,成熟的民主政治制度并不足以支撑国家的和谐安定和快速发展,一个国家人民的民主素质同等重要。一国的人民具有强烈的社会责任感,能相互尊重、善于包容、求同存异、守法、独立等,才可能推动民主政治的完善发展。正如阿历克斯·英格尔斯等人所说的,"那些先进的现代制度要获得成功,取得预期的效果,必须依赖运用它们的人的现代人格、现代品质"①。"现代化的机构和组织原则,经济制度和管理方法,要真正有效地发挥作用,就决不能容忍为传统人所广泛具有的那些特征:害怕和恐惧革新与社会变革;不信任乃至敌视新的生产方式,新的思想观念;被动地接受命运;盲目服从和信赖传统的权威;缺乏效率和个人效能感;顺从谦卑的道德,缺乏突破陈旧方式的创造性想象和行为;头脑狭窄,对不同意见和观点严加防范和迫害;凡事总要以古人、圣人和传统的尺度来衡量评断,一旦与传统不符,便加以反对和诋毁;对待社会公共事务漠不关心,与外界孤立隔绝,妄自尊大;凡属与眼

---

① [美]阿历克斯·英格尔斯等. 人的现代化.——心理·思想·态度·行为[M]. 殷陆君译. 成都:四川人民出版社,1985:5.

前和切身利益无明显关系的教育、学术研究都不加重视或予以蔑视排斥。"①
也即是说,民主政治与个体的主体性品格实则存在相辅相成、互相依存的辩
证关系。

正如美国政治学家塞缪尔·亨廷顿所提示人们的"社会动员和政治参
与的速度偏高,政治组织化和制度化的速度偏低,其结果只能是政治不稳定
和无秩序"②。这个观点一方面提醒我们,实施民主政治制度建设的重要性,
民主政治制度的成熟程度关系着社会的长治久安,另一方面也启发我们,个
体作为民主政治的主体,其现代化品格的理性、自律、守法程度也同样关系
着社会的稳定发展。民主政治的建设在一定意义上与社会的进步和文明发
展程度相适应,一个社会越民主,表明这个社会越开放、越文明,而这种文明
社会必然会塑造出个体的品格,正如美国政治学家雅诺斯基所认为的"强有
力的文明社会会产生出特别的体制性的结构来支持公民身份,而且文明社
会构建着公民在权利与义务方面的大部分对话"③。民主政治的推进离不开
教育的普及、文化的繁荣,在这其中人的因素,人的现代化品格是居第一位
的,是民主政治建设的基础性条件。人的现代化品格有利于促进民主政治
的民主化和理性化。

新中国成立以来,我国确立了社会主义制度,特别是改革开放以来,社
会主义民主政治得到大力推进,民主政治的建设越来越具有制度化、规范
化、程序化的特征。人民对国家政治的关注度、对自身权利和利益的保护越
来越强烈,越来越注重自我价值的追求和实现,这都表明我国的民主政治建
设取得了较大的进步。但在社会主义民主政治建设上也有一些经验教训值

---

① [美]阿历克斯·英格尔斯等.人的现代化.——心理·思想·态度·行为[M].殷陆君译.
成都:四川人民出版社,1985:5.

② [美]塞缪尔·P.亨廷顿.变革社会中的政治秩序[M].李盛平译.北京:华夏出版社,1989:5.

③ [美]雅诺斯基.公民与文明社会[M].柯雄译.沈阳:辽宁教育出版社,2000:22.

得我们汲取,正如邓小平曾经指出的:"民主和法制,这两个方面都应该加强,过去我们都不足。要加强民主就要加强法制。没有广泛的民主是不行的,没有健全的法制也是不行的。"①历史的经验教训告诉我们,加强社会主义民主政治的建设,离不开法制的同步推进,人民的民主权利、国家政治生活的民主制度和运作程度,都需要在法律的框架下执行。推进社会主义法治建设,也要兼顾民主的原则。美国政治学者悉尼·胡克认为法治与民主须臾不可分离,法律也需要建立在民主的基础之上。"如果不是由人民或其代表在自由表达意愿的基础上提出并通过立法,法律本身的民意基础便很成问题,最好的结局也不过是开明君主的专制,而最坏的结局则可能是少数寡头或僭主以法律的名义进行的残暴统治。"②因而,我国对人的现代化品格的培育,要特别注重人民积极守法品格的培育。

此外,民主不仅仅是一种政治制度,英国学者帕特丽夏·怀特认为民主还是一种生活方式,民主应该渗透到生活的各个方面。长期以来的封建专制制度所塑造的臣民品格有着根深蒂固的心理惯性,我国计划经济体制之下中央高度集权的政治体制的影响,导致集中有余,民主不足。反映为我国现实政治生活还存在民主不足集中有余,人民民主能力不足,主动放弃自己民主权利等现象。近些年来基层民主、村民自治在轰轰烈烈地开展,网络个体政治参与也影响广泛,但也存在着许多用非理性方式去处理社会矛盾冲突问题,这些都在提示着我们,加强社会主义民主政治的建设,需要培养既能争取自己合法权利的个体,又要培养愿意在法律的框架下,理性地行动,并承担自己相应社会责任的个体,也即培养出具有独立自主、积极守法、理性自律的现代化品格的人。

---

① 邓小平文选(第二卷)[M].北京:人民出版社,1994:189.
② [美]悉尼·胡克.理性、社会神话和民主[M].金克、徐崇温译.上海:上海人民出版社,1965:290.

（三）开放社会：人的现代化品格形成的社会条件

1. 封闭社会与开放社会的理论分析

我国著名历史学家、研究中国现代化转型的专家罗荣渠先生认为人类社会从传统农业社会向现代工业社会演变的现代化过程，就是从封闭社会向开放社会转变的过程。封闭社会的特征是简单的、一元结构的、功能普泛化的，开放社会的特征是复杂的、多元结构的、功能专一化又具有高度整合性的社会。"从历史社会学的角度看，人类社会从传统农业社会向现代工业社会演变的过程，就是从简单的、一元结构的、功能普泛化的封闭社会，向复杂的、多元结构的、功能专一化而又有高度整合性的开放社会转变的过程。"①由此引出一个命题：传统农业社会与封闭社会，现代工业社会与开放社会间的密切关系。当代中国社会正经历着从传统农业的封闭性社会向现代工业的开放社会的巨大转型，中国社会越来越具有开放的属性。

关于封闭社会与开放社会理论的杰出代表是法国著名哲学家亨利·柏格森和英国著名哲学家卡尔·波普尔。最早提出封闭社会与开放社会理论的学者是亨利·柏格森，他在著作《道德与宗教的两个起源》中最早使用了"封闭社会""开放社会"两词。柏格森从道德与宗教的角度切入，区分出了人类生存的两种社会状态，封闭社会和开放社会。封闭社会开始于人类社会刚刚出现之时，那时的人类被局限在狭小的空间中，是人类社会的低级社会。"只有大致的轮廓、少许的提示、有限的自然原型为个体提供恰当的群体环境。"②这种封闭的社会是人类联合的初级阶段，从内部来说，为了使共

---

① 罗荣渠. 现代化新论——世界与中国的现代化进程（增）[M]. 北京：商务印书馆，2014：160-161.
② [法]亨利·柏格森. 道德与宗教的两个来源[M]. 王作虹等译. 贵阳：贵州人民出版社，2007：166.

同体更好地生存下去，其内部的道德和宗教就必须强调个人要服从整体，内部要更加团结；从外部来说，人们要警惕和抵御外敌，通过共同保卫，以保存整体。柏格森认为封闭社会重视社会的整体利益，为了社会的整体利益甚至不惜牺牲个体的利益和价值。而开放社会则相反，它是关照每个个体的价值，对所有人开放的社会。开放社会是高于封闭社会的理想社会形态，是人类不断地从封闭走向开放的社会。而如何从封闭走向开放呢？动态的宗教和道德是人类灵魂从封闭走向开放的重要要素。民主制度则是人类从封闭社会走向开放社会的政治制度保障。在这种民主政治制度之下，个体既是法律的制定者，又是法律的遵守者，只有这种民主才是"最远离自然状态、唯一超越了——至少在意图上——'封闭社会'的状态的制度"①。在柏格森的开放社会中，博爱是自由和平等的调节者，它可以使自由和平等间的冲突停息，"博爱才是本质性的东西"②。当社会中的每个个体都拥有博爱时，那么世界就成为一种开放性的社会了。正是基于此，柏格森从道德和宗教的角度论证了人类社会从封闭走向开放之动力所在。柏格森的"开放社会"理论开创了开放社会理论研究的先河，为后来的学者们提供了和研究的方向，其中最著名的当属英国哲学家卡尔·波普尔。

卡尔·波普尔在其著作《开放社会及其敌人》中继承了柏格森关于封闭社会与开放社会的观点，同样认为人类社会有两种社会形态"封闭社会"和"开放社会"，但波普尔认为自己与柏格森不同在于是否摒弃了宗教信仰的权威，"我使用这两个词，可以说用来表示一种理性主义的划分；封闭社会的特征是信奉巫术的禁忌，而开放社会则是这样一种社会：其中人们在一定程

---

① ［法］亨利·柏格森.道德与宗教的两个来源［M］.王作虹等译.贵阳:贵州人民出版社，2007:172.

② ［法］亨利·柏格森.道德与宗教的两个来源［M］.王作虹等译.贵阳:贵州人民出版社，2007:173.

度上已学会批判地对待禁忌,并在(讨论之后)凭自己的智性权威来作出决定。然而,柏格森在心目中却抱有某种宗教的划分"①。波普尔认为封闭社会是一个迷信权力和权威、压制个体责任、反对理性的社会。而开放社会则相反,提倡理性、尊重个体权利、人人具有是非判断能力和批判能力的社会。但波普尔关于开放社会的理论是建立在批判理性主义认识论和证伪主义的方法论基础上,他将柏拉图、黑格尔和马克思归结为历史主义,认为历史主义背后是极权主义、乌托邦主义和历史决定论,这样一种社会是压制性的封闭社会,只有经过理性和批判的社会才是更优越的社会,才能通向开放社会。因为波普尔对历史决定论的简单批判引起了学术界对其观点的猛烈批判,邓晓芒认为根源在于波普尔把自然科学主义的研究方法用于社会科学的复杂现象,往往不能奏效。对柏拉图、黑格尔、马克思的批判要么流于表面、要么没有切中对象,因而是带有偏见和误解的。"但是,在他的自然科学'证伪主义'被转用于社会政治领域时,却不能不使之带上浓厚的科学主义色彩,而这种科学主义的眼光又是与他那强烈的道德义愤和政治激情结合在一起的。"②"波普尔由于不懂辩证法,他对柏拉图、黑格尔特别是马克思的一系列攻击都是出于误解和偏见,暴露出他的科学主义在面对社会历史问题时的无能为力和自相矛盾性。"③

始于柏格森,后经波普尔、索尼斯等的进一步阐释发展的开放社会理论成为批判极权主义的重要理论,虽然他们对于政治哲学的批判受到许多争议和质疑,但确实在一定程度上揭示出现代社会的开放性特征,社会不断地

---

① [英]卡尔·波普尔.开放社会及其敌人(第一卷)[M].陆衡等译.北京:中国社会科学出版社,1999:15.

② 邓晓芒.开放社会中的自我禁闭——波普尔《开放社会及其敌人》评析[J].江苏社会科学,2001.1.

③ 邓晓芒.开放社会中的自我禁闭——波普尔《开放社会及其敌人》评析[J].江苏社会科学,2001.1.

走向开放,这种开放社会使得个体的价值诉求越来越多元化,也为个体的价值选择提供了自由的尺度。人类社会从封闭社会向开放社会的演进,现代社会具有开放性的特征,这种社会开放性形成的根源到底是什么呢？马克思、恩格斯从现代工业的社会大生产方式的角度作了深刻的解读,认为人类社会有两种状态:封闭状态和开放状态,前资本主义社会(农业社会)是封闭状态的社会,资本主义社会(工业社会)是开放状态的社会。由蒸汽机推动的工业革命开辟了世界历史发展的新时期,这个时期以现代大工业及其创造的世界市场为基本特征,利用自然力来为工业服务,采用大机器生产并实行最广泛的分工。"不断扩大产品销路的需要,驱使资产阶级奔走于全球各地。它必须到处落户,到处开发,到处建立联系。资产阶级,由于开拓了世界市场,使一切国家的生产和消费都成为世界性的了。……这些工业所加工的,已经不是本地的原料,而是来自极其遥远的地区的原料;它们的产品不仅供本国消费,而且同时供世界各地消费。①

　　生产方式的根本性转变是推动社会从封闭状态向开放状态演变的根本动因,传统农业的小生产方式向现代工业的社会大生产方式转变,促成了社会从封闭状态向开放状态的转变。"旧的、靠本国产品来满足的需要,被新的、要靠极其遥远的国家和地带的产品来满足的需要所代替了。过去那种地方的和民族的自给自足和闭关自守状态,被各民族的各方面的互相往来和各方面的互相依赖所代替了。物质的生产是如此,精神的生产也是如此。各民族的精神产品成了公共的财产。民族的片面性和局限性日益成为不可能,于是由许多种民族的和地方的文学形成了一种世界的文学。"②因而,在马克思、恩格斯等经典作家那里,早就形成了传统社会的破坏和向现代工业

---

①　马克思恩格斯选集(第一卷)[M].北京:人民出版社,2012:404.
②　马克思恩格斯选集(第一卷)[M].北京:人民出版社,2012:404.

社会过渡的过程必然伴随着社会越来越具有开放特征的明确论点。这种封闭性社会和开放社会的本质不同在于:生产工具从封闭走向开放,从简陋的、个人使用的手工工具向开放性的社会化大生产工具、以科学技术为推动力的大机器生产体系;交换方式从封闭走向开放,从封闭的、自给自足的自然经济社会走向开放性的商品经济社会,从直接的、简单的物物交换到扩大的、国际化的商品生产交换;生产资料占有从封闭走向开放,从生产资料的小私有制走向生产资料的集中和劳动的社会化;交往方式从封闭走向开放,从封闭狭隘的社会内部交往扩展到普遍性的、社会化的相互交往,经济、政治、文化生活变得日益国际化;社会政治结构从封闭走向开放,从封闭的专制主义等级制度向开放的民主主义社会政治结构转变;人的发展从封闭走向开放,从以"人的依赖关系"的社会向"以人对物的依赖关系"的社会转变,摆脱了在"人的依赖关系"下,个体对他人的依从而形成的依附性人格,主体性日益增加,逐渐形成"独立性人格"。

新中国在成立之初遭受以美国为首的西方列强的封锁,后又历经"文化大革命",使得整个社会处处充斥着政治统治的氛围,从总体性质来说,整个社会仍处于封闭的、半封闭的传统型社会。党的十一届三中全会以后,邓小平等国家领导人敏锐地洞察到全球化的趋势,将对外开放确定为基本国策,"一个对外经济开放,一个对内经济搞活。改革就是搞活,对内搞活也就是对内开放,实际上都叫开放政策。"①积极探索社会主义对内改革、对外开放之路,从而形成了全方位改革开放新局面,中国以崭新面貌融入全球化、信息革命的浪潮之中。加入世贸组织、推进多边国际合作、加快自贸区建设,建立"上海自由贸易区",打造一带一路新经济带等举措,促使中国经济社会快速发展,构建了开放型经济新格局,形成了举世瞩目的深具中国特色的

① 邓小平文选(第三卷)[M].北京:人民出版社,1993:98.

"中国模式"。

毋庸置疑,当代中国社会变得更加开放,正如我国著名社会学家郑杭生所认为的,当代中国社会经过改革开放几十年来的快速发展,经历了从传统社会向现代社会的大转型时期,从农业的、乡村的社会向现代工业、城镇的社会转变。这种转型同时也意味着是从封闭的社会走向开放的社会。现代社会的本质特征是一个开放的社会。"'社会转型',是一个有特定含义的社会学术语,意指社会从传统型向现代型的转变,或者说由传统型社会向现代型社会转型的过程,说详细一点,就是从农业的、乡村的、封闭半封闭的传统型社会,向工业的、城镇的、开放的现代型社会的转型。当我们说'社会转型'时,着重强调的是社会结构的转型。在这个意义上,'社会转型'和'社会现代化'是重合的,几乎是同义的。"①而同时在全球化、信息化的时代浪潮之下,社会的开放程度越来越向纵深方向发展,全球化、信息化大大促进了社会的开放。全球化驱动市场向全世界发展,信息网络技术又为全球市场的发展提供了巨大的便利,更有力地推动了世界市场的形成,又更进一步加快了社会的开放。"社会主义的开放性,正是在受到全球化影响的条件下和过程中逐步孕育发展起来的,反过来又影响和推动全球化的发展,形成二者的一致性。"②特别是网络技术的发展,更是大大地促进了社会的开放,从生产方式到生活方式,从交往方式到人的主体性等,信息化都为社会的开放提供了巨大的便利条件。现代社会更是一个全面走向开放的社会。

2. 开放社会促成人的现代化品格形成

按照马克思主义关于人的发展三阶段理论来看,在封闭社会中,个体处于人的发展第一阶段,是作为"对人的依赖关系"为主导之下的依附性存在,

---

① 郑杭生.改革开放三十年:社会发展理论和社会转型理论[J].中国社会科学,2009.2.
② 薛红焰.社会主义的开放属性及其与全球化关系再研究[J].青海社会科学,2015.3.

个人作为他人的工具性而存在,个体的主体性未能得到彰显。在开放社会中,个体转向人的发展第二阶段"对物的依赖关系"为主导的独立性存在,虽然未能达到人的发展第三阶段,全面、自由的个性发展阶段,但与第一阶段的依附性存在相比,个体的主体性已经得到大大的张扬。对于个体与社会间的关系,马克思主义还认为,人与社会是辩证统一的关系。一方面,人的存在和活动构成并推动着社会的发展;另一方面,社会作为人的存在和活动的共同体又影响和制约着人的活动和发展。因此,从这个意义上来说,社会与人的主体性发展必然是相互作用和相互促进的辩证过程。封闭社会下个人主体性的缺失与开放社会下个体主体性的张扬,有其必然性。开放社会有利于形成个体独立性、主体性,促成自由、平等、开放、包容等人的现代化品格。

阿历克斯·英格尔斯等人认为人的现代化是一个国家现代化的前提,只有人现代化了,国家的现代化才可能实现。"我们之所以在研究国家现代化时,把人的现代化考虑进去,正是因为在整个国家向现代化发展的进程中,人是一个基本的因素。一个国家,只有当它的人民是现代人,它的国民从心理和行为上都转变为现代的人格,它的现代政治、经济和文化管理机构中的工作人员都获得了某种与现代化发展相适应的现代性,这样的国家才可真正称之为现代化的国家。否则,高速稳定的经济发展和有效的管理,都不会得以实现。即使经济已经开始起飞,也不会持续长久。"①他认为现代人应该具备十二个方面的品质和特征:现代人准备和乐于接受他未经历过的新的生活经验、新的思想观念、新的行为方式;准备接受社会的改革和变化;思路广阔,头脑开放,尊重并愿意考虑各方面的不同意见、看法;注重现在与

---

① [美]阿历克斯·英格尔斯等. 人的现代化——心理·思想·态度·行为[M]. 殷陆君译. 成都:四川人民出版社,1985:7-8.

未来,守时惜时;强烈的个人效能感,对人和社会的能力充满信心,办事讲求效率;在公众生活和个人生活中趋向于制定长期计划;不固执己见,较尊重事实和验证,注重科学实验,愿意吸收新的知识,不轻信臆想和妄说;可依赖性和信任感;重视专门技术,有愿意根据技术水平高低来领取不同报酬的心理基础;乐于让自己和他的后代选择离开传统所尊敬的职业,对教育的内容和传统智慧敢于挑战;相互了解,尊重和自尊的品质;对生产及其过程有更深入的了解,不是消极被动地做着上级分配给他们的工作,而是希望积极而又有成效地了解本职工作和与此相关的生产过程和原理,以及生产的计划和部署,表现出个人期望能在认识生产的过程中发挥出自己的才能与创造力的兴趣。①

英格尔斯通过对六个发展中国家中的个人现代性的问卷调查,研究出促使人实现从传统人到现代人的现代化转变过程的影响因素。他认为生活经历可以使人实现现代化,而这其中工作经历特别是现代化的工厂的工作经历在其中起着重要的作用。"我们的理论表明,人们是通过他们的特殊生活经历而变成现代人的。它特别强调人的工作经历对使他成为现代人的作用。"②他通过调查发现那些在传统的农业乡村社会中的人,没有受到现代科学技术和现代大众传播媒介刺激的人们,在这样一种封闭性的社会中,个体没有表现出与现代相关的素质。"扎根于传统的农业乡村社会、禁锢在近乎封建的土地占有形态、受制于死命保持其权力的自私精英、依赖于不合时宜以及不适当的公共组织、同近代科学技术的利益绝缘以及不受现代大众传

---

　　①　[美]阿历克斯·英格尔斯等.人的现代化——心理·思想·态度·行为[M].殷陆君译.成都:四川人民出版社,1985:22-34.

　　②　[美]阿列克斯·英克尔斯、戴维·H.史密斯.从传统人到现代人——六个发展中国家中的个人变化[M].顾昕译.北京:中国人民大学出版社,1992:6-7.

播媒介刺激的人们,并没有轻易表现出这些以及相关的素质。"①而在开放性社会中,个体受到这种社会因素的影响,思想观念、价值观念、心理、行为方式都发生变化。"他们试图以能够提供更多的选择机会和更少的宿命安排的更开放的体系来代替封闭的世界,他们在这个封闭世界中的生活圈子是最狭窄的。某些人已经从墨守成规转变到准备接受变化。"②英克尔斯认为处于开放社会中的个体,开始追求和维护个体自身作为人的应有权利,努力摆脱强有力的家族体系的盲目义务的束缚,也试图在选择个体的住所、职业、政治的从属关系、宗教信仰派别、婚姻和朋友敌人等方面争取自由选择的权利,也愿意不再墨守成规而乐于接受社会的变化,包容他人的差异性和社会的多样性,不再恐惧陌生人和敌人,从僵化和固步自封的思想观念转向开放的思想观念,寻求打破消极性和宿命论,不再屈从于一种一成不变的、对他人的依附关系,而是更为积极地并对个体自我生活以及集体承担起自我的责任等现代品格。

因此,现代开放社会是一个社会生活高度多元化的社会,在社会大分化的进程中,整个社会利益结构、价值观念、生活方式日趋多样化,在这种社会状态之下,必然要求承认并尊重人的多样性、差异性,鼓励并促成人的主体性、自由选择性、开放性和包容性等人的现代化品格。"现代开放社会的一个显著特征,是社会生活高度多元化。……不同的社会群体基于自身不同的社会地位、利益实现方式以及各自不同的文化背景和价值偏好,彼此之间在追求各自的生活目标的过程中发生各种形式的利益冲突和价值冲突,是现代开放社会的最根本的内在规定性。"③具体来说:

---

① [美]阿列克斯·英克尔斯、戴维·H.史密斯.从传统人到现代人——六个发展中国家中的个人变化[M].顾昕译.北京:中国人民大学出版社,1992:4.

② [美]阿列克斯·英克尔斯、戴维·H.史密斯.从传统人到现代人——六个发展中国家中的个人变化[M].顾昕译.北京:中国人民大学出版社,1992:4 - 5.

③ 何显明、吴兴智.大转型:开放社会秩序的生成逻辑[M].上海:学林出版社,2012:133.

首先,开放社会促成了人的独立、主体性品格的形成。在封闭社会中,主要是基于地缘、血缘关系为基础的社会,政治、经济、文化、教育都以一定的地域为界限,使得信息闭塞、社会流动性缓慢,由于人与人之间也存在经济上、政治上、人身上的依附关系,在这种社会条件下的个体极易形成依赖于、服从于家长权威、政治权威的奴性品格。反之,在开放社会中,工业化背景下的商品经济、社会化的大生产打破了自然经济的基础,冲破了封闭社会的家族本位观,改变了人与人之间的依附关系,商品交换活动遵循了平等交换、契约原则,赋予了从事经济活动主体自由、平等、独立的主体地位,主体可以平等地、独立地、自主地进行商品交换,这样一种经济形式使人摆脱了对他人的依赖关系,也改变了对长者、他人的盲目崇拜,逐渐培育起了独立的、主体性品格。中国自改革开放以来,社会逐渐由封闭状态走向开放状态,随着改革开放的深入,社会开放的程度也越来越高,多元化的趋势已日益凸显出来,人们的思想观念、思维方式、价值取向、行为方式、生活方式都产生了巨大的变化,人们的理性、自主等主体性人的现代化品格得以培养出来了。"开放,一方面促进了中国人形成放眼世界、宽容大度的文化心理;另一方面,则使中国人有了一个多元比较、开放地进行选择的可能条件,得以使人们在一个免除盲目、推崇理性、自主抉择的社会中,为自己寻求一条最适宜自我发展的生活道路。"①

其次,开放社会促进了个体积极主动的品格。在开放的社会条件下,个体接受了丰富多元的、甚至是价值观念等方面相互冲突的多种信息,置身于多种文化比较冲突之下的空间之内,需要在广泛的、多种的可能性之中进行自主选择,增强了个体的积极主动品格,改变了封闭社会被动的、听从长者

---

① 任剑涛.社会开放与伦理抉择模式的转换——以广东为例的观察与分析[J].学术研究,1997.7.

和上级的命令安排的依附性品格。同时由于价值标准、价值观念的多元化，社会的包容性越来越强，这些都会深深地影响置身于其中的人的价值观念、思维模式和行为模式，个体主体逐渐培养起了积极主动的品格。

再次，开放社会激发了主体创造力的发挥。在一个封闭的社会中，人们政治、经济上的人身依附关系，塑造了人的依附性品格，人的智慧和创造力的发挥受到经济生活、政治生活、文化生活的制约，人所能接触和摄取的信息也非常狭隘，致使个体在精神、意识上缺乏独立思考、理性判断的社会条件，而且在一个相对封闭、静态的社会中，人们的思维方式、价值观念、行为方式具有很强的依赖性和延续性，因而在一定程度上这种固定不变、相对静止的社会制约了主体独立思考的必要性和能力，窒息了主体的创造力和主观能动性。而在开放社会中，丰富多元的信息、瞬息万变的社会，主体接受了多种信息的刺激，有利于激发其创造力，因此开放社会为主体创造力的发挥提供了良好的社会条件。在开放社会中，每个主体摆脱了对他人政治上、经济上的人身依附关系，每个主体都是自由、平等的主体，为主体创造力的发挥提供了主观条件和可能性。在开放社会中，每个主体都是平等交换、自主竞争的个体，个体必须自己主宰自己的命运，自己积极主动努力奋斗，不能依靠他人，所以个体创造性思维的发展和创造能力的发挥具有了客观必然性。正如英格尔斯所认为的，"现代科学技术的长足发展以及随之而来的生产方式的变化，特别要求人们能欣然接受和迅速适应生活方式的改变，成为头脑中沸腾着创造智慧和革新思想的人。现代化机构和制度鼓励它的工作人员努力进取，讲求办事效率，积极、主动地承担责任，严格遵守操作规程和纪律。一个现代国家，要求它的全体个体关心和参与国家事务和政治活动"①。

---

① ［美］阿历克斯·英格尔斯等.人的现代化——心理·思想·态度·行为[M].殷陆君译.成都：四川人民出版社,1985:5.

　　最后,开放社会培养了个体的开放心态,使个人成为世界历史中的个人。开放社会的典型特征就是社会的全面开放,不仅是对一国开放,而且是对全世界的开放,跨地区、跨国界的经济活动,带来经济、政治、文化的全世界联系,人的发展必然不再局限于某一家庭、某一地、某一国家之内,使得置身于商品经济活动中的主体,必然受到影响,逐渐具有了开放的心态和现代化的相关素质。伴随着互联网技术的大力发展,当代中国社会人与人之间的交往方式、交往范围又与封闭社会远远不同,每个主体在与不同文化背景、不同价值观念的主体交往过程中,逐渐培养起包容、尊重他人等品格,从而具有了开放性特征。"'开放社会'包容地对待个体所有的愿望,平等地处理个体这些愿望之间的冲突,协调、安排私人的社会生活。作为主体的个人之间能相互容忍、妥协、尊重相互的权利,并自由地表达自己的意见。"①

　　3. 开放社会吁求完善的人的现代化品格

　　当然人的发展离不开社会提供的各种条件,开放社会促成了人的现代化品格的形成,而人的现代化品格的形成又是社会走向进一步开放的重要动力。综观一百多年以来的中国历史,实则就是一部中国实现现代化的历史。中国实现现代化的过程既是从传统农业社会向现代工业社会转变的过程,又是传统农业文明与现代工业文明冲突,落后国家迅速追赶先进工业文明的发展过程。因此,罗荣渠先生从广义和狭义两个方面界定了现代化,"从历史的角度来透视,广义而言,现代化作为一个世界性的历史过程,是指人类社会从工业革命以来所经历的一场急剧变革,这一变革以工业化为推动力,导致传统的农业社会向现代工业社会的全球性的大转变过程,它使工业主义渗透到经济、政治、文化、思想各个领域,引起深刻的相应变化;狭义而言,现代化又不是一个自然的社会演变过程,它是落后国家采取高效率的

---

　　① 李先敏、郑小波. 波普"开放社会"思想的启示及其困境[J]. 湖南社会科学,2011.3.

途径(其中包括可利用的传统因素),通过有计划地经济技术改造和学习世界先进,带动广泛的社会改革,以迅速赶上先进工业国和适应现代世界环境的发展过程"①。中国现代化过程的历史经验证明了,现代化过程历经器物层面的现代化、制度层面的现代化,最终只有人的现代化才算完成了现代化的过程。当一个国家的国民不具备现代的人的现代化品格,物质的现代化最终都将遭受失败。正如英格尔斯所说:"如果一个国家的人民缺乏一种能赋予这些制度以真实生命力的广泛的现代心理基础,如果执行和运用着这些现代制度的人,自身还没有从心理、思想、态度和行为方式上都经历一个向现代化的转变,失败和畸形发展的悲剧结果是不可避免的。再完美的现代制度和管理方式,再先进的技术工艺,也会在一群传统人的手中变成废纸一堆。"②

综上所述,人的现代化品格的形成是市场经济、民主政治和开放社会共同作用的产物。市场经济为人的现代化品格的形成奠定坚实的物质基础,民主政治为人的现代化品格的形成提供制度保障,开放社会为人的现代化品格的形成提供社会条件,而人的现代化品格的形成又有利于市场经济、民主政治、开放社会的良性发展。

① 罗荣渠.现代化新论——世界与中国的现代化进程(增)[M].北京:商务印书馆,2014:17.
② [美]阿历克斯·英格尔斯等.人的现代化.——心理·思想·态度·行为[M].殷陆君译.成都:四川人民出版社,1985:4.

第四章　当代中国人的现代化品格培育的理论辩证

当代中国人的现代化品格培育中,必然存在共性与特殊性关系,是强调人的现代化品格的共通性? 还是要强调当代中国人的现代化品格的特殊性? 是否要强调中国民族文化特性的人的现代化品格? 达成人的现代化品格的培育目标,是否可以照搬他国经验? 人的现代化品格的培育是否要把握中国自身发展的阶段性问题? 此外,权利与义务是人的现代化品格中的核心价值,人的现代化品格培育还必然要处理好权利与义务的关系。何者为先则成为各国界定人的现代化品格的主要原则,当代中国到底是要坚持个体权利优先抑或坚持个体对共同体的义务优先? 对这些问题的回答是当代中国人的现代化品格培育必须面临的理论问题。毋庸置疑,马克思主义的辩证统一观是我们应坚持的分析问题的立场和方法,当代中国人的现代化品格培育应有中国文化特色和时代特色,人的现代化品格的构建既要借鉴西方的人的现代化品格发展经验和教育,又要注重中国的国情和文化传统,培育适合自己文化传统的人的现代化品格。

一、个人与集体

（一）人的现代化品格培育中的个人与集体

如何看待人的现代化品格中的个人的权利与对集体的义务关系是西方人的现代化品格理论争论的重要焦点，形成了以共和主义和自由主义为两大主要理论流派的发展脉络。共和主义发源于古希腊、古罗马时期。共和主义认为共同体的利益是核心利益，共同体优先于个体，个体要积极参与到公共事务的讨论与决策中。个体的美德对于共同体的维护具有重要作用，只有在具备爱国、参与、奉献等美德的前提下，共同体才能良性运转下去。因而共和主义倡导积极的个体角色，把关心国家大事，积极参与公共事务的个体视为具有理想人的现代化品格的个体。古希腊时期苏格拉底和柏拉图持美德即知识的基本观点，认为有四项主要美德：勇敢、节制、正义和智慧。在对这四项美德的获得路径上，柏拉图认为个体美德来自绝对理念——神的启示，所以无法通过后天习得。"如果我们仔细地整理我们的提问，进行系统的讨论，就会发现德性既不是由天性而来的，也不是通过教诲得来的；而是来自无法理解的神的启示……"①亚里士多德、西塞罗成为古希腊、古罗马时期倡导个体美德的典型代表。亚里士多德认为个体必须具有个体美德，这样才使城邦不会堕落。他认为德性来自实践和日常生活而培养起来的技能，而非来自有关善本身的思考的"神的启示"。他把德性分为理智德性和道德德性，德性是一种独特的品质特征和能力，最终引导他走向幸福，幸福来源于德性。德性的形成可以通过行为训练而养成习惯，最终形成人的现代化品格。柏拉图与亚里士多德对于美德的实现方式虽然存在差异，

---

① ［古希腊］柏拉图.柏拉图对话录[M].水建馥译.北京：商务印书馆,2013:67-68.

但都认可品格对于形成善良的和幸福的人所发挥的作用。德性对于一种和谐、幸福的生活是必不可少的。人类总是在努力实现一个特定的终极目的——至高的善,而德性就能使人类实现这个目的。节制、正义、坚韧等成为个体普遍的德性。"经常出现在古典文献中的德性是坚韧、节制、正义、理论智慧(sophia)、实践智慧(phronesis)。"①

亚里士多德开创了共和主义的古典范式,并经罗马思想家西塞罗传承发扬光大。西塞罗经历了罗马恺撒大帝遇刺、安东尼摄政的寡头政治,统治阶级道德败坏、社会动荡不安的痛苦时代,他希望恢复到以个体美德为核心的古希腊传统时代。他同样认为共同体的利益高于个人,个体要献身于公共事务,要做有德性的个体。"一名真正可敬而勇敢的公民,以及有资格担任政府管理者的人们,将会避免和厌恶纷争、骚乱和内战,并将完全献身于公共服务,但不是出于追求个人财富和权力的目的。他将对整个共同体萦绕于怀,不会忽视其中的任何部分……他宁愿将生命置之度外,也不愿做任何违反美德的事情。"②

西方近代启蒙运动时期的马基雅维利和卢梭继承了亚里士多德的思想,认为个体美德起着重要作用,所有的个体都必须积极而活跃地参与公共事务,自觉避免财富、享乐等的诱惑,具备自律、爱国、奉献精神。卢梭继承了马基雅维利的共和主义思想,他强烈希望建立一个由有美德的个体所组成的国家,个体要努力促进"公意"的统治,克服由于本性驱使而偏于为私的意志。"公意永远是公正的,而且永远以公共利益为依归"③,"任何人拒不服从公意的,全体就要迫使他服从公意。这恰好就是说,人们要迫使他自由……"④并

---

① [美]罗伯特·纳什.德性的探询:关于品德教育的道德对话[M].李菲译.北京:教育科学出版社,2007:21.
② Paul B. Clarke. *Citizenship*, Pluto Press, 1994, p.49.
③ [法]卢梭.社会契约论[M].何兆武译.北京:商务印书馆,2011:35.
④ [法]卢梭.社会契约论[M].何兆武译.北京:商务印书馆,2011:24-25.

倡导通过教育的方式来达到这一目的。

共和主义理论范式主宰了西方18世纪以前的人的美德培育发展的历史,而18世纪以后直至当代的历史,则由自由主义所支配着。自由主义理论强调个体权利,以个体权利的至上性为核心,国家的作用就在于对个体权利的保护。自由主义理论源于近代西方英国学者洛克《政府论》中的自然法学说。洛克阐述了近代自然法思想,认为人在阶级社会之前处于自由的自然状态,拥有自身和财产,人人平等,不受任何人的支配。但为什么人类甘愿放弃这种自由状态,将自己受制于其他权力的统辖和控制呢?洛克认为虽然人类在自然状态中享有平等、自由的状态,但这种状态会不断受到别人侵犯的威胁。因而为了让自己的财产不受到侵犯,就要联合起来,一起加入社会以互相保护彼此的生命、特权、地产等。财产权是所有权利中的最重要的权利。"人们联合成为国家和置身于政府之下的重大的和主要的目的,是保护他们的财产。"①洛克的自然法学说开启了自由主义的开端,主张个人的权利优先于国家,国家存在的必然性就在于保护个体权利。在洛克自然法学说基础上,美国、法国资产阶级革命胜利取得政权之后,颁布了《独立宣言》和《人权宣言》,奠定了自由主义的基调,具有里程碑式的意义。

自此之后,自由主义理论开始支配着整个美德培育发展的领域,强调个体权利观成为人的现代化品格塑造的主要内容。沿着洛克的个体权利观进路,西方自由主义从最初强调生命权、自由权、财产权逐渐增加到选举权、被选举权、性别平等权、生态环境权等,这其中 T. H. 马歇尔作出了重大的贡献。1949 年 T. H. 马歇尔为了纪念与他同名的经济学家阿尔弗雷德·马歇尔在剑桥大学发表演讲,1950 年该演讲以《公民身份与社会阶级》著作的形式发表,在学术界引起巨大的反响,产生了深远的影响。T. H. 马歇尔明确将

---

① [英]约翰·洛克. 政府论(下篇)[M]. 叶启芳、瞿菊农译. 北京:商务印书馆,1996:80.

个体权利作为公民身份的核心要素,并指出个体权利分为民事权利、政治权利和社会权利。民事权利是指与个人自由相关的各种权利,如人身自由权、言论自由权、思想和信仰自由权、拥有财产及订立有效契约的权利、司法权利等;政治权利主要是指个体作为政治共同体的成员,享有参与行使政治权力的权利;社会权利则是指享有某种程度的经济福利、安全、充分享有社会财产,依据社会通行标准享受文明生活的权利等。

自由主义以个人主义为基础,满足了个体的需要。因此,自由主义自诞生之日起,就如飓风般以强劲的势头掀起社会各个层面的思想大浪,自由主义渗透到社会生活的各个角落。理论的重心在于强调国家是否保护了个体的各项权利,而不在于共和主义所强调的个体要具有美德和积极参与公共事务上,个体的义务就只看个体是否做到最基本的义务,如是否履行了纳税、是否为经济作出贡献、是否守法、是否不侵害他人权利等。自由主义的盛行带来了一些社会问题,凸显个人的权利而忽视个体责任,民事权利的主张大大改善了社会的福利政策,也在另一层面上造就了社会中懒人堂而皇之的存在,但实际上加重了勤奋工作、纳税的这部分个体的负担,也损害了这部分个体的权利。因而自由主义也遭到了众多理论流派的批评,倡导美德的呼声越来越高。"在过去10年中,战后这种正统的公民资格观受到了越来越多的抨击。许多评论者论证说,我们需要通过对公民责任和公民品德的积极实施——包括经济自立、政治参与甚至公民礼仪(civility)——来补充(或代替)对公民权利的消极接受。"①这其中以阿拉斯戴尔·麦金太尔、迈克尔·桑德尔、迈克尔·沃泽尔等学者为代表,被称为社群主义理论学派,他们主张恢复共同体的价值,尊重和保护共同体的价值。"就算不把对共同体的考虑置于自由与平等之前,也有必要给予同等程度的重视。社群主义

---

① ［加］威尔·金里卡.当代政治哲学(下)[M].刘莘译.上海:上海三联书店,2004:519.

者相信,共同体的价值在各种自由主义的正义理论中,或者,在自由主义社会的公共文化中,都没有得到充分的承认。"①麦金太尔甚至主张回归到亚里士多德的古典德性,用古典共和主义的公民美德观来应对个体自由主义给社会带来的挑战。

共和主义和自由主义的争论在一定意义上反映了西方社会时代发展主题会受到时代的社会、经济、政治条件的影响而发生转换。这也符合马克思主义的基本观点,"每个原理都有其出现的世纪。例如,权威原理出现在11世纪,个人主义原理出现在18世纪……如果为了顾全原理和历史我们再进一步自问一下,为什么该原理出现在11世纪或者18世纪,而不出现在其他某一世纪,我们就必然要仔细研究一下:11世纪的人们是怎样的,18世纪的人们是怎样的,他们各自的需要、他们的生产力、生产方式以及生产中使用的原料是怎样的;最后,由这一切生存条件所产生的人与人之间的关系是怎样的"②。

从围绕个体权利与对维护共同体的责任义务何者为先这两大主题产生的论辩中我们可以得出结论:片面强调一方、忽略另一方的做法都会产生问题。个体和国家之间是相互依存、相辅相成的关系。如果所有人都只做到消极公民所要求的最低程度的个体责任,那么很多事情将无法开展,国家不可能正常运转;而若只要求所有人都积极奉献,那么个体的正当权利也极易被忽略。正如威尔·金里卡所说:"如果没有积极公民所表现出来的居于底线之上的政治品德,国家就不可能正常地运转;同样,如果没有消极的公民所表现出来的居于底线之上的社会品德,社会也不可能正常地运转。"③基于此,美国学者理查德·道格(Richard Dagger)认为权利与义务之间存在相互

---

① [加]威尔·金里卡.当代政治哲学(下)[M].刘莘译.上海:上海三联书店,2004:376.

② 马克思恩格斯文集(第一卷)[M].北京:人民出版社,2009:607-608.

③ [加]威尔·金里卡.当代政治哲学(下)[M].刘莘译.上海:上海三联书店,2004:543.

依赖的关系。他在其著作 *Civic Virtues*：*Rights*，*Citizenship*，*and Republican Liberalism* 中，主张构建共和主义的自由主义的个体品德。①

(二)人的现代化品格培育中个人与集体的矛盾

人的现代化品格培育中个人与集体的矛盾表现在个人利益与集体利益间的矛盾、个人人格自主性与集体对个人主体性、自主性压抑的矛盾、个人与个人之间的平等关系与对他人依赖关系的矛盾。具体来说：

第一，个人利益与集体利益的矛盾。个人的正当权利与对集体的利益何者为先？个体自由主义强调个人正当权利为先，所以其必然倾向于形成以保护和捍卫个人权利为中心的人的现代化品格。共和主义强调集体(共同体)的利益为先，则其必然倾向于形成以个体对集体的责任义务为核心的人的现代化品格。西方共和主义与自由主义主题的转换和争论反映了西方人的现代化品格主题变化的趋势，从关注集体利益到保护个人权利的转换。正如美国学者福特(Richard Thompson Ford)在其论文中所描述的："在古罗马时代，大城邦激发了个体的集体骄傲感，城邦政府出于使所有人都受益的目的，鼓励个体参与到许多大的公共事务中。于是，公民们怀着对公共事务的敬畏之情，参与公共设施的讨论和建设如桥梁、地铁、公园、航路、港口和公共建筑等。公民们为他们的公共文化所骄傲：博物馆、公共设施、鲜活的艺术。但是今天，建设任何公共设施立刻会深陷于意识形态冲突的泥沼之中。如你怎么能够为哥伦布庆祝？他是一个专制主义者。你怎么能骄傲地摧毁自然景观来建立水库、桥梁或者高速公路？你怎么能作出把公共的钱花在建造歌剧院或者建造陈设精美艺术品的博物馆上的决定，然而草根音

---

① Richard Dagger. *Civic Virtues*：*Rights*，*Citizenship*，*and Republican Liberalism*，Oxford University Press，1997，p.24.

乐、性别平等主义的诗、种族主义诠释性舞蹈却因为缺少支持而凋谢？这种争论通常是致命性的,使得很多公共事务瘫痪,最终所有人利益受损。"①人的现代化品格中个人利益与集体利益的冲突表现出来,就变成了强调个体的权利还是强调对集体的责任义务间的品格冲突。

第二,个人人格自主性与集体对个人主体性、自主性压抑的矛盾。以个人为本位的观点认为,个人是实实在在的实体,集体是一种虚幻的存在。个体的人格具有自我的独立性和自主性,个人才是主体,应从自我和个人出发,个人成为分析社会问题的视角。"一切复杂的历史事件、社会制度和政治运动等等,最终都被约简为个人行为。"②个人本位的观点坚持个人的权利具有至上性,要尊重个体的主体性,强调个体的能动性、创造性、积极性、开拓性和崇尚个人自由、不向权威屈服的精神。对虚幻集体的服从会压抑和抹杀自我的个性。以集体为本位的观点却认为,个体是集体中的一员,个体离不开集体,只有在集体中,个体才能够得到个性的成长、潜力的发挥和个人利益的实现,当集体利益得到维护的时候,个人利益也得到了实现,因此要塑造维持关心和积极参与公共事务的人的现代化品格。正如马克思在《德意志意识形态》中所强调的,共同体为个人利益的实现提供保障。"只有在共同体中,个人才能获得全面发展其才能的手段,也就是说,只有在共同体中才可能有个人自由。……在真正的共同体的条件下,各个人在自己的联合中并通过这种联合获得自己的自由"。③ 两种不同的观点形成不同的人的现代化品格,形成以捍卫个体主体性、自主性为核心的人的现代化品格和以维护他人、集体的利益为核心的人的现代化品格间的矛盾。

第三,个人与个人之间的平等关系与对他人依赖关系的矛盾。平等观

---

① Richard Thompson Ford. Cultural Rights Versus Civic Virtue, *The Monist*, No. 1, 2012, p. 151.

② 张红、刘斌:中美价值观教育比较——集体主义与个人主义的对照[J].教学与管理,2004.5.

③ 马克思恩格斯文选(第一卷)[M].北京:人民出版社,2012:199.

念是以个人为本位观点的必然要求,每个个体都是拥有同等权利的主体,每个人都不能侵犯别人的权利,所有人在地位上是平等的。以集体为本位的观点认为个人的权利虽然重要,但个人的自由选择能力、个人的各种权利的实现都要在个人所在的集体中实现,个人自我权利的实现并不意味着公共权利和共同善的实现。出于维护所有人权利和利益的必要性,共同的善和公共利益应成为比个人权利更高的利益。个人要努力促成共同善和公共利益的实现,个人对他人和集体存在依赖关系。因而人的现代化品格中个人与集体的矛盾还会体现在强调平等、自由、独立等的人的现代化品格与强调合作、和睦相处等人的现代化品格间的矛盾。

显然,人的现代化品格中个人与集体间的矛盾在现实生活中确实存在,西方个人主义高涨之后对共同善的呼吁与我国长期强调集体利益的至上性所造成的个性的压抑的矛盾现象,都启示着我们把个人权利与集体利益任何一方绝对化都不符合人的现代化品格发展的要求。个人与集体的统一,才是人的现代化品格合理发展、社会良性运转的保障和趋势。从系统论的观点来看,个人与集体的关系是系统内各要素与整个系统整体间的关系。在系统中,各个要素构成了整个系统。各个要素自身存在的相互区别的特殊性,使得各要素成为自身,这种特殊性又是造成系统特殊性的源泉。整个系统又会对各要素形成制约和整合,整个系统功能的发挥有利于保持要素特殊性的继续发展和活力,也会要求各个要素朝着系统发展的轨道上前行。从个人与集体本身来说,个人是社会系统中的各个要素,是系统中一个个具有其自身特点和功能的要素,每个个体不同的个性、特征都会形塑出社会鲜活的个性。多种多样的特殊性的个体存在,是形成社会活力的源泉。

一个民族中的每个个体,充满着自我的个性、主体性和创造性,则这样的集体必然充满着勃勃生机,这样的民族必然会充满着巨大的创造力。一个民族中的个体,充满着奴性的结果必然导致个人主体性被压抑,创造力被扼制,这个社会发展就会缓慢,民族就会落后。因此,正如马克思所说的:每个个体的存在是社会存在的前提条件。"全部人类历史的第一个前提无疑是有生命的个人的存在。"①"人们的社会历史始终只是他们的个体发展的历史。……任何历史记载都应从这些自然基础以及它们在历史进程中由于人们的活动而发生的变更出发。"②反之,社会系统也会对个体的发展形成影响和制约。整个社会系统所形成的政治、经济、文化环境,会为生活于这个社会系统中的个人深深打上烙印,也会制约和限制着个体的人格发展。一个充满民主、活力的环境,会激发个体的创造性、主体性。马克思在《政治经济学批判 1857—1858 年手稿》中指出社会关系对个人发展的预制性。"全面发展的个人——他们的社会关系作为他们自己的共同的关系,也是服从于他们自己的共同的控制的——不是自然的产物,而是历史的产物。要使这种个性成为可能,能力的发展就要达到一定的程度和全面性,这正是以建立在交换价值基础上的生产为前提的,这种生产才在产出个人同自己同别人相异化的普遍性的同时,也产生出个人关系和个人能力的普遍性和全面性。"③特别是在现代工业文明飞速发展的条件下,个人越来越深入地嵌入社会化的过程,个人与集体的相互依赖程度、共生共长的特性日益突出,集体与个人互为依存条件,互为实现手段。人的现代化品格中个人与集体的矛盾性之根源在于采用了二元分析法,缺乏马克思主义的辩证统一方法,把个人与集体、个人的利益与集体的利益,个人权利与个人对集体的责任义务割裂并绝对地对立起来。当代中国人的现代化品格的培育要做到个人与集体的统一。

---

① 马克思恩格斯文集(第一卷)[M].北京:人民出版社,2009:519.
② 马克思恩格斯选集(第四卷)[M].北京:人民出版社,1995:532.
③ 马克思恩格斯全集(第30卷)[M].北京:人民出版社,1995:112.

(三)中国人的现代化品格培育中个人与集体的统一

中国绵延几千年的封建专制制度导致中国人的个体权利意识缺乏,臣服、顺从意识深厚,当代中国人的现代化品格的构建需要加强个体权利意识的培养,但从西方自由主义所产生的问题也应看到,过度盲目强调个体权利会使得社会无法正常运转。因而如何把握个体权利与个体责任之间的张力是培育当代中国人的现代化品格需要注意的问题。

1.强调个体对集体的责任

强调个体对集体的责任,可以增加社会的团结和凝聚力,可以集中各种优势资源办好公共事务。西方过度强调个体权利所带来的社会"原子化""碎片化"社会效率低下的弊端,都在启示着我们要培育人的现代化品格中的个体责任和义务感。毋庸置疑的是,中国长期以来形成的以家族本位为基础的整体主义传统,对于集体利益的肯定,强调个体对家族、国家的责任义务,对于维系中国传统社会的稳定发挥了巨大作用。我国具有强调个体对集体的责任和义务感的历史传统,当代中国人的现代化品格的培育要尊重这种传统。我国社会主义事业的蓬勃发展,改革开放事业的大力推进,社会现代化进程的加快,都在说明社会主义制度集中力量办大事的优势,都在说明个体对社会、集体利益的责任感和奉献精神对社会的快速发展起到了巨大的促进作用,维护了社会的稳定发展。

当然,强调个体对集体的责任义务要与当今工业文明、市场经济对个人主体性培育的需求结合起来,以进行创造性转化,实现个体权利与义务的辩证统一。即强调个体对集体利益的责任义务的同时,必须尊重个体的正当权利,实现人的现代化品格中个人与集体的辩证统一。罗国杰先生早在20世纪末就提出社会主义集体主义原则,要实现个人利益与集体利益的辩证统一。"社会主义集体主义在强调集体利益高于个人利益的前提下,同时强调集体必须尽力保障个人正当利益得到满足,促进个人价值的实现,并力求使个人的个性和才能得到最好的发展。重视个人的正当利益,维护个人的尊严和价值,并使每个人的个性能够充分发展,是集体主义的一个重要方面,本来就属于集体主义题中应有之义。"①既要维护个人利益,又要采取共同行动来维护集体利益。既要尊重个体平等、自由的权利,尊重个体的个性和价值取向的多样性,又要重视集体利益和公共利益,实现个人与集体,个体权利与个体义务的相互结合和辩证统一。强调个体对集体的责任和义务,必须在保护个人正当利益的前提之下,不抹杀个体的个性,使得每个个体的才能、个性得到创造性的发挥。正如马克思所说的,要使集体成为自由人的联合体。"代替那存在有阶级和阶级对立的资产阶级旧社会的,将是这样一个联合体,在那里,每个人的自由发展是一切人的自由发展的条件。"②

2. 尊重个人的正当权利

传统封建社会是以小农自然经济为基础的宗法等级社会,在个人与集体的关系上,形成以家族为本位的社会。个体不是自由、自主的主体,而是依赖于家族的依附性存在。一个人从一出生就决定了他的社会身份地位,个人依附于集体的状况形成了以群体为本位的整体主义价值观。个体的正当权利让渡给了家族、国家等集体利益,也形塑出依赖的臣民品格,个体的自主性、能动性、权利意识被压抑,个人只有对家族、国家的义务和责任。传统的礼制文化更进一步地消融了个体的自主意识,通过个体反躬自省的道德修养方式,强化了个体的依附性和个性的压抑。在礼制之下,每个个体处于社会关系网络中的一个个小结点,个体的主体性消融在贵贱有别、尊卑有序的等级秩序之中,从而形成了中国传统根深蒂固的依赖品格。正如黑格

---

① 罗国杰.坚持集体主义 还是"提倡个人主义"?[J].求是,1996.14.
② 马克思恩格斯文集(第二卷)[M].北京:人民出版社,2009:53.

尔所说:"在东方的国家生活里,我们看到一种实现了的理性的自由,逐渐发展而没有进展成为主观的自由,这是'历史的幼年时期'。客观的种种形式构成了东方各帝国的堂皇建筑,其中虽然具有一切理性的律令和布置,但是个人仍然被看作是无足轻重的。他们围绕着一个中心,围绕着那位元首……东方观念的光荣在于'唯一的个人'一个实体,一切皆隶属于它,以致任何其他个人都没有单独的存在,并且在他的主观的自由里照不见他自己。"①

改革开放以来,社会主义市场经济的建立和逐步完善,商品经济以个人的独立性、自由性、个人对自己财产的追求为核心价值。这种经济形式强化了个体的利益,宣扬了个人的正当权利,凸显了个体的主体性。个人作为自己的主人,为自己做决定,自我选择、自我行动,个体的积极性迸发,社会焕发出巨大的活力。因而,培育当代中国人的现代化品格过程中强调对个人的正当权利的尊重是当今社会经济、政治等社会条件发展的必然要求和结果。托克维尔在《论美国的民主》中指出,随着生产力的发展、经济的进步,社会平等观念的普及和实践的推进,个体的自主性得到增强。"随着身份日趋平等,大量的个人便出现了。这些人的财富和权力虽然不足以对其同胞的命运发生重大影响,但他们拥有或保有的知识和财力,却可以满足自己的需要。这些人无所负于人,也可以说无所求于人。他们习惯于独立思考,认为自己的命运只操于自己手里。"②"当不再存在世袭的财产、阶级的特权、门第的优越性,而每个人只靠自己的努力前进时,则财富方面的高下之分,显然将取决于人的智力。凡是可以激励、扩大和发挥智力的东西,都将立即身价倍增。"③

当代中国人的现代化品格的培育中,要强调尊重个人的正当权利,既包

---

① [德]黑格尔.历史哲学[M].王造时译.北京:生活·读书·新知三联书店,1956:150.
② [法]托克维尔.论美国的民主[M].董果良译,北京:商务印书馆,1988:124.
③ [法]托克维尔.论美国的民主[M].董果良译,北京:商务印书馆,1988:47-48.

括保护个人的合法权利,又包括尊重他人的合法权利;既包括摆脱门第、身份地位观念,又包括强调个人平等、努力奋斗的精神;既包括摆脱对绝对权威的依附,又包括强调个人的自主性、创造性的发挥和培育。

因此,在人的现代化品格的培育中绝对地强调要尊重个体权利、个体利益或者又绝对地夸大个体的责任、集体利益的至上性,都不符合辩证法。当代中国人的现代化品格的培育要实现尊重个体正当权利与强调个体责任义务的辩证统一。

二、普遍与特殊

(一)人的现代化品格培育中的普遍性与特殊性

在人的现代化品格普遍性与特殊性的关系中,是否要坚持人的现代化品格的共通性?还是要强调人的现代化品格也有其特殊性所在?是否能够构建具有通用性的世界性品格?还是仍需要带有各自民族文化特性的人的现代化品格?无疑,人的现代化品格具有其普遍性的一面,又会因各个国家历史文化传统的不同、现实的国情不同而有所区别。美国著名政治哲学家威廉·甘斯通在对多元主义和个体美德的分析,认为个体美德会因共同体的不同而不同。他认为人类美德和个体美德这两种美德间存在紧张状态,无法理所当然地认为谁更有优先权,人类美德优先于个体美德,或者个体美德优先于人类美德,二者间相互区别、相互联系。人类美德是一种普遍美德,对于所有人来说,人类美德是因其自身之故而被需求。

人类美德在不同文化间会存在反应模式的差异,但它的基本内容并不会随着个体的变化有差异,而不论他们的时间、地点或者环境。相较起来,个体美德被认为是有益的,因为它能够维护一个社群的存在。但会因为共同体之间存在原则、目标、制度、历史等而存在差异。"因为共同体会在原则、目标历史、制度上有差别,因而公民美德的实质会因共同体的不同而存在着差异。"①威廉·甘斯通这段话,揭示出一个朴素的原理:人的现代化品格会因共同体间不同的历史文化制度传统等而有差异性和特殊性。以麦金太尔为代表的社群主义者同样坚定地认为,社群(共同体)的历史传统是一个社群成员共同拥有的历史,社群的历史和传统为道德提供了统一的框架或基础。麦金太尔认为美德不仅要维持实践所需的关系,不仅要面对现在的关系,还要面对过去和将来的关系。正是通过传统,即许多代人的传承,那些具体的实践才得以传递和产生新的形式,并且成为更大社会传统的组成部分。② 美国品格教育家贝蒂·西奇尔也认可这一点,美德和品格的选择应该以社群的价值为标准:"美德和品格不能根据初始逻辑范畴或形式原则来评价。美德和品格不存在于自身,而是始终镶嵌在某一社群的某一历史时刻,把道德理想转换为实际的、具体的生活方式。"③故而当代中国人的现代化品格的构建不能盲目照搬西方人的现代化品格的模式,而只能在借鉴西方人的现代化品格相关理念的基础上,探索出适合中国国情、符合中国历史传统的人的现代化品格。

世界各国都根据自己的国家历史文化传统和国家的需要,致力于培养符合自己国家需要的个体及其品格。在培养既能继承本国文化传统又能符合当代社会发展变迁的个体及其品格的国家中,德国和新加坡颇具特色。德国具有灿烂的历史文化资源,众星熠熠,出现了许多位对世界文化影响深远的大理论家。因此,德国特别强调要培养在继承文化传统和民族精神基础上爱国的现代化品格。德国著名教育家凯兴斯泰纳认为,民族特色的东西

---

① William A. Galston. Pluralism and Civic Virtue, *Social Theory and Practice*. No. 33(4),2007,pp. 625 – 635.

② A. MacIntyre, *After Virtue*. Notre Dame (ed.), University of Notre Dame Press,1984,p. 222.

③ B. A. Siche (ed.), *Moral Education:Character,Community,and Ideals*, Temple University Press, 1988,p.114.

就应该得到精心的培育。"真正代表民族特色的东西,那些出现在我们的歌颂伟大祖国的歌曲与诗作,出现在我们为表现伟大男性或女性人物……而创作的书画与戏剧中的真正代表民族特色的东西,必须得到最精心的培育。"①教育的目的就在于培养对国家有用的个体,要让青年经过学习和教育的熏陶,通过对历史和文化的探讨,掌握有效的国家观念,培养具有爱国理想的主动而有负责精神的个体。"获得国家意识不外乎是兑现道德的国家理想,时刻准备着,用自己的行为参与发展现有国家,使其向着道德的国家理想迈进。"②两次危害巨大、荼毒世界人民的世界大战均因德国而起,又以德国的失败而告终,因此德国特别注重人民热爱和平观念教育。

第二次世界大战后,经历过大战带来的国家萧条、失去亲人的苦痛之后,德国政府和人民痛定思痛,勇于承认战争的错误,并反思发生战争的原因和教训。认为要想享受和平就必须杜绝战争,要不重蹈覆辙,就必须对人民进行和平教育,培养人民的和平观念和品格,这是由德国的历史传统所规制的。因而德国把对人民开展的和平教育内容包含在公民教育内容之中,和平教育的内容包括对国内外武力使用的形式、战争存在的原因进行分析。通过对个体开展和平教育,培养出个体热爱和平的品格,为世界和平发展作出自己的贡献。从性质来说,和平可分为消极的和平和积极的和平,消极的和平是指自己不使用武力,积极的和平是去维护世界社会的公平正义,和平教育要做的是从根本上消除武力的和平,是维护世界社会公平正义的和平。第二次世界大战结束后,德国分裂为东、西德。因此二战后,德国政府还希望培养具有统一意识的德国人。在德国的教育内容中还包括了统一意识的教育。由此可见,德国对个体及其品格的培养具有自己的历史文化传统和

---

① [德]乔治·凯兴斯泰纳.凯兴斯泰纳教育论著选[M].郑惠卿译.北京:人民出版社,1993.191.
② [德]乔治·凯兴斯泰纳.凯兴斯泰纳教育论著选[M].郑惠卿译.北京:人民出版社,1993.243.

民族色彩。

　　新加坡具有特殊的地理环境和历史文化背景,对人的现代化品格的要求和培育也深深地镶嵌上了这种多元文化的特色,新加坡对人的现代化品格培育方式兼具东西方文化特点,是东西方文化绚丽交融的结晶。1965年8月,新加坡从马来西亚独立出来,经济快速腾飞,迅速崛起成为一个经济发达的工业文明国家,同时又特别重视对新加坡国人的儒家伦理品格的培育,这也使得新加坡的现代化品格培育成效显著且独具特色,值得当代中国借鉴。"在其成功的诸多原因中,一个不容忽视的重要因素是它对公民道德教育一以贯之的重视,特别是对儒家伦理道德的大力倡导和弘扬。"①新加坡独立伊始,面临殖民时期遗留下来的种种社会问题,价值观念混乱,社会凝聚力弱,新加坡政府从当时实际出发,提出要构建共同的价值观念,以凝聚个体力量。为了避免消极因素的影响,新加坡在向西方工业文明学习的过程中,特别强调东方儒家伦理文化的作用。当时的新政府认为要培养一个好国民,首先就是要坚持儒家的伦理文化。

　　新加坡是世界上第一个正式编写儒家伦理的教材,并在学校正式开设"儒家伦理"课的国家,还出版了一系列道德文明教育的通俗读物,如《道德教育文选》丛书,收录了中国古代的"劝学""孔融让梨""愚公移山""大禹治水"等著名道德教育故事。同时,新加坡为了适应多元文化的需要,教材、丛书都配以英文翻译。1990年,新加坡又出版了第一部英译版的《三字经》,后被联合国教科文组织《儿童道德丛书》收录。在对国民进行儒家伦理文化教育的同时,新加坡政府又在倡导儒家伦理文化的基础上提出了构建共同价值观。1991年1月,新加坡政府正式发表了《共同价值观白皮书》,提出了"国家至上,社会为先;家庭为根,社会为本;求同存异,协商共识;关怀扶持,

---

① 张鸿燕.儒家伦理与新加坡的个体道德教育[J].外国教育研究,2003.4.

同舟共济;种族和谐,宗教宽容"的五大共同价值观。后来又将"关怀扶持,同舟共济"修改为"社会关怀,尊重个人";"求同存异,协商共识"改为"求同存异,避免冲突"。这些价值观念既具有浓厚的儒家伦理文化鲜明特色,强调国家至上、社会为先,家庭是国家和社会的根源;又具有西方强调个体权利的品质,强调社会为本,关怀社会,尊重个人。这些共同价值观念作为全国人民共同遵守的准则规范,在全社会加以积极倡导。为了更好地培育人的现代化品格,新加坡在学校中推广《好公民》的教材,在《好公民》书中罗列了35个德目,涉及五个篇章:个人修养、个人与家庭、个人与学校、个人与社会、个人与国家。低年级学生开展个人修养、个人与家庭、个人与学校篇目的学习,高年级则扩展到对个人与社会和个人与国家篇章的学习。通过这些篇章的教育,新加坡倡导学生对社会共同价值观念的理解,培育了孝顺、尊老爱幼、守法、责任感、公德心、爱校、爱国、协作精神、种族和谐等人的现代化品格。

因此,当代中国人的现代化品格的构建需要看到人的现代化品格背后的理论传统和文化特殊性,更不能盲目照搬西方的现代化品格培育的内容、方式、方法,只有探索出适合中国国情和文化传统的人的现代化品格才更具有生命力和活力。

(二)人的现代化品格培育中普遍与特殊的矛盾

顺应社会政治、经济发展的具有独立人格的主体,其身上所具有的品格有共通性的一面。我国著名现代化研究学者罗荣渠认为在某种程度上是工业化的发展造成了人的现代化品格具有共通性的一面。"工业化使个人逐渐摆脱传统的家族、乡里、行会等的束缚和身份等级制的限制,加速了社会成员的平等化、自主化、流动化。作为工业社会中现代人的价值观,诸如平等化、合理化、效益化、技术化、专门化、成就取向等,渗透到社会生活的各个方面。在发达的工业化国家,社会自治与自我调节机能,民主化程序,法治原则,科层制度,大众参与水平,都取得不同程度的发展。"[1]但人的现代化品格的具体内涵仍会因各国历史文化传统和现代化进程的不同而有所区别,个体自身的特点不同也会使得人的现代化品格具有不同的特性。因此,人的现代化品格培育中存在普遍与特殊的矛盾。这种矛盾性主要体现在:人的现代化品格的共同特征与国家文化传统的差异性间的矛盾,人的现代化品格的共同特征与各国现代化进程差异性的矛盾,人的现代化品格的共同特征与个体性的差异的矛盾等。

在现代化社会条件下,个体作为一个共同体成员的身份,仍具有一些共同的特质,其人的现代化品格也具有共同性、普遍性的一面。这些稳定的要素包括:国家是个体身份存在的前提,国家是个体身份存在的基础和活动平台;个体本质上是平等的。因此,对于人的现代化品格的培育,也必然有普遍性和共同性的一面。人的现代化品格教育应是主体性教育,主体的本质决定了品格教育要以培育个体的独立人格为前提。品格教育是以个体权利与义务相统一为基本取向的教育,个体是权利与义务的统一体,权利与义务是一个社会共同体生活的规范体系,是个体之间相互关系的要求和组织需要,也是保障公正性的前提,只有权利而无义务的社会是无政府社会,只有义务而无权利的社会是"原始和谐"的社会,或者集权社会。[2] 因而人的现代化品格的培育应以平等、独立、权利与义务统一为其基本内容。

此外,人的现代化品格除具有共同性的一面,还具有差异性的一面,会因为不同国家历史文化传统的差异而有所区别。美国著名现代化研究学者阿历克斯·英格尔斯等人对阿根廷、智利、印度、以色列、尼日利亚、孟加拉

---

① 罗荣渠. 现代化新论——世界与中国的现代化进程(增)[M]. 北京:商务印书馆,2014:160.
② 李萍、钟明华.公民教育——传统德育的历史性转型[J].教育研究,2002.10.

国六个发展中国家的个人现代化情况进行调查,认为不同文化背景下的个人现代性存在着很大不同,"既然在相同的教育和职业经验等条件下,不同文化背景下的人们的个人现代性仍存在有差别,我们可以作结论说,某些国家的人们确实比另一些国家的要现代些,这种差别也许来自为某些国家的人民所享有的独特文化体系"①。美国著名的政治学家加布里埃尔·阿尔蒙德等在对各国的政治民主情况进行调查的基础上,则更为直接地指出历史文化传统影响了这些国家的文化。他们对英国、美国、德国、意大利、墨西哥五个国家的政治民主状况进行调查,得出了国家的历史文化传统深深地影响了他们的政治文化。如意大利的政治文化表现为意大利人相对地疏远政治,与社会隔离和互不信任。

意大利人没有强烈的民族自豪感和坚定的公开适度的党派信仰,他们很少承认有责任主动地参与地方社会事务,他们在政治压迫的形势下联合其他人的能力意识很低,很少选择业余活动的社会形式,对社会互不干涉缺乏信心。② 阿尔蒙德等认为应从意大利的政治历史,从历史文化传统的角度来找寻答案。"如果我们考虑到意大利的政治历史,这些趋势就不足为怪了。在统一以前,意大利经历了几个世纪的分裂和外来统治,因而不可能出现忠实的臣民和公民。在她的国家历史的短短的时期内,意大利人习惯于将民族主义同屈辱联在一起,将立宪政体和民主政治与无效能联系起来。她的解放历程——复兴运动(the Risozgimento),第二次世界大战的抵抗法西斯运动,是不完全的,影响是复杂的。所以,意大利人容易把政府和政治看作变化莫测的、危险的力量,而不是屈从他们的影响的社会组织制度。意大

---

① [美]阿历克斯·英格尔斯等.人的现代化——心理·思想·态度·行为[M].殷陆君译.成都:四川人民出版社,1985:172.

② [美]加布里埃尔·阿尔蒙德、西德尼·维巴.个体文化——五国的政治态度和民主[M].马殷君等译.杭州:浙江人民出版社,1989:482-483.

利的政治文化并不维护一个稳定的、有效的民主系统。但这些特征从她的政治历史的角度来看，是完全可以理解的。"①德国同样如此，它的国民的政治态度也同样带有其国家政治历史的痕迹。"德国是五个国家中，行政意识比政治能力意识更为经常的国家……德国的创伤的政治历史影响了政治文化的其他的重要特征……公民对其同胞的政治角色的态度可能显著地染上了国家政治历史的痕迹。"②

　　除了各个国家的历史文化传统会造成各国人的现代化品格的差异性之外，各个国家现代化进程的程度不同，受现代化大生产方式、现代经济制度影响的程度不同，人的现代化程度也就不同，也会造成各国人的现代化品格的差异性。英格尔斯在对阿根廷、智利、印度、以色列、尼日利亚、孟加拉国六个发展中国家的个人现代化情况调查的基础上，认为人的现代化水平确实存在明显的国家差异。"我们发现无法回避这样一个事实：来自某些国家的人确实比来自另一些国家的人的个人现代性要高。一个没有受过学校教育的阿根廷公民，居然同一个受过八年教育的孟加拉国公民具有同样高的现代性分数，即使这些人都显然处在同样的某些决定现代性的条件下，情况也还是这样。"③英格尔斯认为这些不同的根源在于各个国家受到现代性的因素影响不同，这些现代性的因素是现代生产方式和现代经济制度。"但阿根廷的'西方化'给予人们的启示是，正是这些所有权似乎是属于西方的现代机构在阿根廷较多地存在着，给了阿根廷国民较大的现代化影响，产生出

---

①　［美］加布里埃尔·阿尔蒙德、西德尼·维巴.公民文化——五国的政治态度和民主［M］.马殿君等译.杭州：浙江人民出版社，1989：483.

②　［美］加布里埃尔·阿尔蒙德、西德尼·维巴.公民文化——五国的政治态度和民主［M］.马殿君等译.杭州：浙江人民出版社，1989：512－513.

③　［美］阿历克斯·英格尔斯等.人的现代化——心理·思想·态度·行为［M］.殷陆君译.成都：四川人民出版社，1985：174.

孟加拉国那样的还大部分处在传统生产方式下的人民更大的现代性。"①

人的现代化品格的差异性还会受到各种因素的影响,如职业、受教育程度、家庭经济基础、父母的教育水平、个性特点、社会工作经历等的影响。人的现代化品格培育必然要求普遍性与特殊性的辩证统一。因而在人的现代化品格的培育中,要注重人的现代化品格培育中的普遍性与特殊性的矛盾问题,做到普遍与特殊的统一。

(三)中国人的现代化品格培育中普遍性与特殊性的统一

人的现代化品格培育中普遍性与特殊性矛盾的辩证统一性决定着当代中国人的现代化品格培育中要实现普遍与特殊性的统一。既要关注到人的现代化品格的普遍性内涵方面,又要注意中国本身的文化传统特殊性和国家现代化进程的差异性问题。罗荣渠也认为各国现代化的客观经济内容具有普遍性和相似性。尽管不同的国家,在不同的时代具有不同的现代化的内部条件、外部条件和动力机制,但相对地现代化具有相对客观的社会经济内容。"但不管现代化可能出现多少新形式,它的客观社会经济内容:从农业社会(经济)向现代工业社会(经济)过渡,则是基本相同的。它的客观衡量标准最终取决于它是否能提高现代生产力的水平、适应现代国际社会的生存和发展条件与提高现代生活福利。在各国发展方式的多样性中,体现出人类发展的客观物质内容的统一性。"②但他也同样指出中国为探索自己的现代化道路进行了100多年的艰苦努力,具有自己的特色。"我国走过曲折而漫长的现代化道路……我们既要坚持社会主义道路,又要按照自己的特点走自己的路,不照搬外国模式,不丢掉自己的优越性。这样,单是中国

① [美]阿历克斯·英格尔斯等.人的现代化——心理·思想·态度·行为[M].殷陆君译.成都:四川人民出版社,1985:175.
② 罗荣渠.现代化新论——世界与中国的现代化进程(增)[M].北京:商务印书馆,2014:115.

的发展经验就可以形成一个现代化研究的中国学派,这既可加速我国社会主义改革运动的步伐,也可推动当前第三世界发展中国家现代化的新浪潮。"①因此,要实现当代中国人的现代化品格培育普遍性与特殊性的辩证统一,就要做到既培育人的现代化品格共通性的内容,又要培育中国自身文化特色的内容。

既然现代化的客观经济内容是有一致性,那么人的现代化品格必然就要涉及如何看待个人与社会的关系问题。这体现出个人与集体、权利与义务、个人利益与集体利益等何者为重的本质性差异。中西方对于个人与社会关系的认识是截然不同的,我国社会学者杨中芳、高尚仁曾总结了中西方价值体系在个人与社会关系上的根本性差别,认为西方是"个人定向"的社会结构,中国是"社会定向"的社会结构;西方是以一个个独立自主的个体为单位,而中国是以人伦关系为主的社会;西方着重的是个人的自由、权利及成就,中国着重个人对社会的责任与义务。具体如下表。

中西方价值体系在个人与社会关系上的差别②

西方"个人定向"社会结构	中国"社会定向"社会结构
1. 以一个个独立自主的个体为单位	1. 以"人伦"为经、"关系"为纬组成上下次序紧密的社会
2. 着重个人的自由、权利及成就	2. 着重个人对社会的责任与义务
3. 着重个人独立、自主的培养,"小我"幸福是社会幸福的基础	3. 着重"大我"概念的培养,"大我"幸福是"小我"幸福的先决条件
4. 追求个人利益是被鼓励及许以重赏的	4. 服从规范、"牺牲小我""完成大我"是被鼓励和许以重赏的
5. 社会的运作靠法律来维系	5. 社会的运作靠个人自律及舆论来维系
6. 社会公正:使绝大多数的人得到最大利益	6. 社会公正:对遵守规范者的奖赏,对违反者的惩罚

---

① 罗荣渠. 现代化新论——世界与中国的现代化进程(增)[M].北京:商务印书馆,2014:119.

② 杨中芳、高尚仁. 中国人·中国心——人格与社会篇[M].台北:远流出版事业股份有限公司,1991:99.

　　基于此,当代中国人的现代化品格培育有其普遍性与特殊性。

　　首先,市场经济孕育了自主、自由、民主、平等、公正等品质,因此,当代中国人的现代化品格要培育个体的独立、平等、权利与义务统一等共通性品格。正如鲁洁所说:"市场经济孕育了新的人与人的关系,它为独立人格的发展开拓出了新的空间,这也是当代道德教育所面临的可能空间,在这样的空间中为道德教育培养出一代具有独立人格的个体,形成这种人格各种内在道德属性,诸如自主、自由、民主、平等、公正等品质,提供了它的选择的可能。"[1]

　　其次,中国是以"人伦"为经,"关系"为纬的上下次序结构,着重强调个体对社会的责任和义务,决定了中国人的现代化品格必然会偏重个体的责任和义务,对人的现代化品格的培育脱离不开家庭关系。对于这个观点,朱小蔓和李荣安进行了更为深入浅出的阐述。他认为西方的公民观是西方公民社会的文化产物,东方有其自身的文化要素,西方公民观不适合东方社会。"西方的公民观是西方公民社会的文化产物,是以西方历史发展为背景的公民观,它对东方社会不适用。因此,一定要发展亚洲的公民观,要将亚洲文化变成公民教育的元素。"[2]这是因为,西方的历史是政治斗争的历史,是争取人权的斗争的历史,所以西方人谈人权是比较容易接受的事,谈关系是难以理解的事;而亚洲人讲究和谐,讲究家庭的人伦关系,而要讲争取人权却是比较难以接受的事。"亚洲公民观与西方公民观有什么分别呢?……从这个角度讲,西方公民观是以个人主义、政治权利为起点的,东方公民观是以关系为起点,是关系性的公民观……我们是谈公民道德,谈公民关系,却不太关心政治权利、政治义务。我们最大的关注就是如何在一个比较稳定

---

　　① 鲁洁.转型期中国(大陆)道德教育所面临的选择[Z].21世纪价值教育与个体教育国际学术研讨会,2000:6.
　　② 朱小蔓、李荣安.关于公民道德教育的对话[J].中国德育,2006.5.

的政治条件下生活,谁当权根本没有关系。在生活中有好的人际关系,有利于公民发展,就满足了公民期望。但西方不同,他们的个人权利跟政治权利挂钩。这就是我提出的东西方公民观的根本区别。"①因此,中国人的现代化品格的培育离不开家庭伦理的教育和熏陶,并逐步扩展到邻里、社群、国家、国际,学习社会伦理、民族、国家伦理、人类的普世伦理。也只有从个体所处的社会关系出发,开展品格教育,才可能使个体容易接受。"谈公民教育或者公民身份教育的时候,必须从公民置身社会中多重关系的层次性出发……如果从家庭伦理、从社区的角度一层一层向外扩展,人们就容易明白。如果在家庭关系中需要有一些互相迁就、理解、信任等基本的相处要求,那么与国家的关系也同样需要这些基本要求,这样公民就容易明白、接受。这也是中国传统的伦理关系,即修身、齐家、治国、平天下。"②

最后,中国社会的运作要靠个人自律及社会舆论来维系的特点,也决定着我国人的现代化品格的培育方式和路径更为强调个人自律、修身养性的内在化的道德途径。西方奉行价值无涉的自由主义价值观,社会的运作靠法律来执行,有其积极的一面,使得个体的守法、规则意识较强。反之,这种价值无涉的自由主义价值观、缺乏自律的方式也在一定程度上产生社会道德水平下滑的现象。"他们的学生在社会行为方面和我们东方社会相比一塌糊涂,我们在道德教育方面胜过了西方。我们其实没什么本事,就是有一个基本的道德规范,人人自律,而他们过于自我放纵。后来美国、英国等在20世纪80年代有很多的反省。20世纪80年代美国推出了一些公民道德标准。英国1987年推出《公民教育报告书》,提到共享价值(shared values)的理念,就是说,无论个人价值观有多么重要,也要谈社会共同的价值观。约

①　朱小蔓、李荣安. 关于公民道德教育的对话[J]. 中国德育,2006.5.
②　朱小蔓、李荣安. 关于公民道德教育的对话[J]. 中国德育,2006.5.

翰·怀特在他的 *Good Life* 这本著作里强调,不能对孩子放任自流,孩子只有长大以后才有能力进行自主选择,教导孩子选择价值观是成人的责任。"[①]

我国伦理学者何怀宏在其著作《新纲常:探讨中国社会的道德根基》引言中指出,中国是一个有着几千年独立演进文化传统的社会,又是一个正在现代化进程中的社会,这种传统与现代的结合在道德上必然会体现出。"因其是有悠久历史文化的社会,作为一种必要的传承,所以以昔日'纲常'为名来重建社会的道德基础;因其是必不可免、且正在大步走向现代的社会,所以提出'新'的'纲常'。"[②]因此,当代中国人的现代化品格的培育需看到人的现代化品格背后的理论传统和文化特殊性,进而培育出适合中国国情和文化传统的人的现代化品格。

三、目标与过程

(一)人的现代化品格培育中的目标与过程

要达成人的现代化品格的培育目标,是否可以照搬他国经验? 人的现代化品格的培育是否要把握自身发展的阶段性问题? 英国著名社会学家T. H. 马歇尔在其著作《公民身份与社会阶级》中描述了个体权利的历史发展过程,认为个体权利的发展经历了 18 世纪、19 世纪和 20 世纪三个阶段。"公民权利归于 18 世纪,政治权利归于 19 世纪,社会权利归于 20 世纪。"[③]18 世纪主要发展作为公民的个体权利,与之对应的机构是法院,法院通过立法的形式强有力地确立和保护了作为公民的个体权利。18 世纪个体的政治权利乏善可陈,而且人数非常有限,因而 19 世纪主要发展政治权利,越来越

---

① 朱小蔓、李荣安.关于公民道德教育的对话[J].中国德育,2006.5.
② 何怀宏.新纲常:探讨中国社会的道德根基[M].成都:四川人民出版社,2013:1.
③ 郭忠华、刘训练主编.公民身份与社会阶级[M].南京:江苏人民出版社,2008:14.

多的人被授予了政治权利,与之对应的机构是国会和地方议会。社会保障的观念和权利在 18 世纪、19 世纪的发展停滞不前,20 世纪主要发展社会权利,与之对应的是教育及社会公共服务系统。马歇尔的观点引起了热烈的讨论,也受到许多质疑,认为他的观点并没有事实的依据,而且也不够准确。但人们基本上认可由于社会历史发展的侧重点和完善程度不同,个体权利的发展具有历史阶段性的特征。因而当代中国人的现代化品格的构建仍要坚持历史的辩证法。离开社会历史发展诸多条件去谈论人的现代化品格的构建都无异是在建空中楼阁。

美国作为一个摆脱宗主国而成立的国家,其对人的现代化品格培养的变迁过程非常好地说明了人的现代化品格发展有其历史阶段性。在北美移民建设新大陆并逐渐获得独立的时期,其最大的特色是社会注重培养宗教式的品格。美国的创始者认为要通过宗教教学铸造清教徒伦理的品格,特别是新英格兰的殖民地,是信仰加尔文主义的清教徒为逃避政治和宗教压迫移居美洲而建立的,他们担心下一代会偏离他们的信仰和文化,因此家长们着重致力于培养儿童形成虔诚、忠诚、勤奋和节制等清教徒伦理的品格。认为儿童的心灵容易被邪恶所控制,家长作为上帝权威的体现者,中心任务就是控制儿童向邪恶倾斜的倾向。例如,1690 年在公立学校首次出现的《新英格兰读本》(New England Primer)主张"亚当堕落了,我们所有人都是有罪的",强调为宗教献身和遵从权威的美德。独立战争以后,一些知识分子和议员鉴于新的教派主义和党派之争威胁着国家的生存,大力倡导建立公共教育体系,培养人的主体性品格,促进新移民对国家的忠诚,代表人物为本杰明·富兰克林和托马斯·杰斐逊。

富兰克林在《可怜的理查德年表》中主张人人都应有良好品格,而且人人都能成为自己行为的判断者和衡量者,不需要借助上帝来判断。他根据当时的社会需要列举了 13 项德目:节制、沉静、有序、坚决、俭约、勤奋、忠诚、正义、适度、整洁、宁静、贞洁、谦让。富兰克林的道德训练方法是"行为检查表格法"：每周选择一个德目为主题，每天检查和记录，并在每一空格中记载行为的缺失和不足，周而复始，当表格中所记的缺失和不足日渐减少，品德得以不断巩固和改进，最终达到行为完善的目标。① 杰斐逊认为民主是由民众治理的政府，人们自己要对保持一个自由和公正的社会负责，因而要求人们具有尊重个人权利、尊重法律、自愿参与公共生活、关心共同利益的人的现代化品格。

19 世纪中期至后期，美国公民教育运动开始勃然兴起，更进一步地促成美国对人的现代化品格的培养和教育的世俗化过程。美国作为一个移民国家，极力渴求塑造自己独特的民族性。建国后，大量追寻"美国梦"的新移民涌入，产生了对他们进行美国化的需要。为了把不同种族、宗教和文化的移民都同化为美利坚民族，需要实施一种统一的教育，即"公共学校运动"，进行爱国主义和人的主体性品格培养教育，灌输平等主义和尊重多数的德性观。"在贺拉斯·曼（Horace Mann）的领导下，学校确立了将来自所有社会经济阶层和种族群体的孩子融合到一起的使命。"②19 世纪末，都市化和工业化快速发展，彻底改变了美国人传统的小城镇生活方式，削弱了美国传统家庭和乡镇生活的稳定性，越来越多的年轻人逐渐背井离乡去城镇和大都市寻找自己的发展机会，加速了人口从乡村到城市的迁移。③ 他们脱离了熟悉的生活环境，进入充满不确定性的陌生人社会。这种存在方式的变迁使美国人产生了追求自由、独立、摆脱外在的宗教约束的意识。技术进步和经济富足给美国人提供了许多享受和娱乐的机会，汽车的大众化生产打破了

---

① 滕大春.美国教育史[M].北京:人民教育出版社,1994:13.
② [美]罗伯特·纳什.德性的探询:关于品德教育的道德对话[M].李菲译.北京:教育科学出版社,2007:8.
③ [美]丹尼尔·贝尔.资本主义文化矛盾[M].赵一凡等译.北京:生活·读书·新知三联书店,1989:16.

乡镇的闭塞,加强了人们生活的流动性,许多妇女走上工作岗位,争取了平等的政治权利,家庭的品格教育功能逐渐转移到学校。美国出现了第二次移民大潮,带来了多族群、多元文化的冲突。这些转变使得美国社会从建国初期富兰克林式的节制、自制的生活方式向个人享受的消费生活方式的转变,传统的道德观念受到冲击,价值更加多元化、个人化和相对化。

在此社会背景下,19 世纪末 20 世纪初美国兴起了"进步主义教育运动"。以约翰·杜威为代表的进步主义教育运动者拒斥清教徒式的品德,支持社会性、工具性、实用性等民主品格。反对教授特定美德,认为当孩子们在一起共同劳动、共同解决问题和参与民主的过程中,实际上就已理性地学习了品德。20 世纪的前 50 年时间里,杜威的道德教育方法占据了主导地位,通过小组合作、实验、项目实施和社区参与等方式,在全国范围内的学校中刮起了一股试验风潮。20 世纪 50 年代后,随着苏联第一颗人造卫星的发射,大大地震惊了美国社会各界。美国意识到要重建经济和军事霸权,严谨、纪律和掌握科学知识的理念成为社会主导的价值观,技术和科学的训练代替了品格教育。20 世纪 60 年代,旷日持久的越南战争以美国的失败告终,在美国社会引起了一系列的震动。加之美国政府丑闻不断,政府权威受到挑战,种族冲突不断。美国的经济从二战后到 20 世纪 80 年代共发生了七次经济危机,20 世纪 70 年代更陷入长达数年的"滞胀状态",综合国力因日本和西欧的崛起而呈现相对衰落的态势。经济的衰退导致失业率和犯罪率上升、贫富两极分化严重等社会问题,引发了反传统的公民权利运动和女权运动。这种社会的剧烈变迁使得极端个人主义的价值观张扬,取代了传统的清教徒式个人主义。宽容、社会正义、公正、多元和相互依存成为社会所倡导的人的现代化品格。20 世纪 80 年代以来,社会道德的危机和衰退使得美国社会呼吁传统价值如尊重、责任、勤奋、审慎等个体美德的培育,新品格教育运动开始回归。考察美国社会人的现代化品格发展的不同历史阶段的变迁,可以看到社会的剧烈变迁会带来社会对人的现代化品格要求的不同,人的现代化品格在不同的历史阶段具有不同的内涵。

(二)人的现代化品格培育中目标与过程的矛盾

不同历史时代下,社会发展的条件各不相同。在人的现代化品格培育的过程中,其培育的目标必然会因时代条件的影响而具有发展的不同阶段性。从马克思主义的辩证观点来看,一方面,人的现代化品格培育的过程中需要适应时代条件的发展;另一方面,人的现代化品格教育的目标又不能仅仅满足于当时社会发展的需求。若人的现代化品格培育的目标过于囿于社会发展的需求,则会造成人的现代化品格培育目标的短期性和功利性,偏离人的现代化品格培育自身的终极目标,不利于人的现代化品格培育目标的最终实现。人的现代化品格培育目标与过程在某种意义上存在矛盾关系,人的现代化品格的培育要注意目标与过程的辩证统一问题。

在人的现代化品格培育过程中,人的现代化品格培育的目标会受到社会条件的影响。英国学者杰拉德·德兰迪(Gerard Delanty)就曾指出"社会性质的变迁迫使我们重新思考公民身份的含义"[1]。美国著名教育家、进步主义教育运动的代表人物约翰·杜威提出了教育即生长、生活和经验改造的著名论断,他猛烈抨击美国传统的教育脱离社会,脱离儿童的实际的现状,特别强调教育要适应社会生活发展的需要。提倡美国学校要和美国社会发展的需要合拍,美国学校要与儿童以及青少年的身心发育的规律合拍。社会的各种条件决定着受教育者的未来,决定着教育的定位。"社会在指导青少年活动的过程中决定青少年的未来,也因而决定社会自己的未来。由于特定时代的青少年在今后某一时间将组成那个时代的社会,所以,那个时

---

[1] Gerard Delanty. Citizenship In a Global Age, *Open University Press*. 2000, p.Ⅷ.

代社会的性质,基本将取决于前一时代给予儿童活动的指导。"①人的现代化品格培育的目标受着社会历史条件的影响,具有发展的阶段性特征。古希腊时期的公民是一个特权阶级,社会中只有 1/3 的人是公民。公民积极参与城邦的政治生活和公共事务,个体的政治生活和社会生活融为一体。卢梭曾举了一个生动、形象的例子,表达出古希腊时期对公民观念的理解。这种公民观念的理解与现在的公民观有着很大的不同。"有一个斯巴达妇女的五个儿子都在军队里,她等待着战事的消息。一个奴隶来了,她战栗着向奴隶打探消息。'你的五个儿子都战死了。''贱奴,谁问你这个?''我们已经胜利了!'于是,这位母亲便跑到庙中去感谢神灵。这样的人就是公民。"②在这段话中卢梭表达出古希腊时期公民的精神是以城邦的利益为最高利益的特点,卢梭因此认为对个体的教育也应该是不能仅仅针对自我的教育。"如果一个人唯一无二地只是为了他自己而受教育,那么,他对别人有什么意义呢?"③

古希腊时期,城邦与城邦之间战争不断,因此战争是政治生活的主旋律,这一时期对人的品格的培育内容会围绕四主德——勇敢、公正、节制、正义来开展,勇敢成为四主德之一的原因也在于此。我国著名伦理学者周辅成就曾指出古希腊的战争与培养人的勇敢德性之间的关系。"里面仍保存有氏族生活的痕迹,仍以战争与勇敢为生活中心。希腊人曾为这种生活创造了一个词,即'全德'也即'健美的灵魂寓于健美的身体内'之意。"④随着社会条件的不断变化,人的品格的内涵不断变化。从主张城邦的利益高于一切利益到主张个体的权利高于一切利益的转换。英国政治学者 T. H. 马

---

①　[美]约翰·杜威.民主主义与教育[M].王承绪译.北京:人民教育出版社,1990:45.

②　[法]卢梭.爱弥儿[M].李平沤译.北京:商务印书馆,2013:12.

③　[法]卢梭.爱弥儿[M].李平沤译.北京:商务印书馆,2013:14.

④　周辅成.论人和人的解放[M].上海:华东师范大学出版社,1997:87.

歇尔提出著名的公民身份"三要素"说，即"公民的要素""政治的要素"和"社会的要素"。这三要素实则就是个体的三种权利，"公民的要素"是个人自由所必需的权利，包括人身自由权、言论自由权、思想和信仰自由权、财产权、订立契约权、获得公正审判权；"政治的要素"是个体参与政治生活所需要的权利，包括选举权、被选举权等；"社会的要素"是个体享有社会福利与安全的权利，包括充分享有社会遗产、享受文明生活的权利等。我国学者郭忠华指出这种公民身份主题的转换，"纵观公民身份在过去 2000 多年的发展史，期间一共发生过两次大的转型，表现为三种概念形态：一是 17—18 世纪从共和主义公民身份向自由主义公民身份的转型；二是 20 世纪中后期以自由主义为主导、多元公民身份并存的格局。每一次转型都意味着公民身份的内涵更迭和外延扩展"①。因此人的现代化品格受着社会条件的影响，其培育目标会随着社会条件的变化而发生阶段性的变化。这种社会条件既包括马克思主义所主张的经济因素，商品经济的发达促进了个体权利的伸张。"封建、半封建社会建立在小农经济之上，强调个人对于共同体的服从和忠诚，这与共和主义的解释多少有些合拍。资本主义社会则建立在自由市场经济之上，它要求所有公民都能自由、平等地参与市场竞争。表现在公民身份上，那就是 18 世纪以个人自由、个人平等、财产权利等为表现形式的公民权利的发展，自由主义公民身份开始取代共和主义公民身份成为主流解释范式。"②还包括安东尼·吉登斯所认为的法国大革命和工业革命所带来的政治制度的变迁提供的条件，马克斯·韦伯认为的宗教文化世俗化下的文化发展的因素等综合条件。

---

① 郭忠华.变动社会中的公民身份——概念内涵与变迁机制的解析[J].武汉大学学报（哲学社会科学版）,2012.1.

② [英]布赖恩·特纳.公民身份与社会理论[M].郭忠华、蒋红军译.长春:吉林出版集团责任公司,2007;"代译序"10 – 11.

但是人的现代化品格培育的目标局限于社会政治、经济、文化发展条件,则会使人的现代化品格培育偏离其根本性目标,使得人的现代化品格阶段性目标带有短期性、狭隘性和功利性的特点。我国学者滕大春针对杜威的教育要满足社会需求的观点时,通过"要素教育论"者和"永恒教育论"者的分析,指出这种观点的不足之处,教育如果过于注重时代的需求,会导致文明社会的崩溃。"要素教育论者倡说文化遗产构成文明的人类社会,教育不能徒重一时性的生活之需,消弱吸取文化财富的努力,导致文明社会的崩溃。永恒教育论者说真理是亘古不朽而不随时间、空间幻变的,教育昧于满足当前需求而忽略培养热爱真理的美德,是因小失大,因为'由理智美德的培养所构成的教育是最有远大之用的教育'。"①现代社会市场经济的逐利性所引发的社会危机、道德困境,个体权利的过度伸张等都在要求人的现代化品格的培育要具有一定的超越性,超越现实社会的需求和阶段性目标,坚持自己的最终目标,实现目标与过程的辩证统一。正因为此,我国学者檀传宝主张现代公民教育要以公民行动能力为其核心培育目标。"公民概念具有历史特殊性和文化特殊性,同时公民身份、公民教育内涵的普适性也是毋庸置疑的。公民教育只能是造就积极的现代公民的教育。各国公民教育固然应该依据自己的实际情况去设计,但是以公民行动能力培育为核心目标的现代公民教育设计应该成为公民教育的共识。"②

(三)人的现代化品格培育中目标与过程的统一

人的现代化品格培育中目标与过程的统一要求我们构建当代中国人的现代化品格必然要依据当代社会的客观条件,具体体现于政治、经济、文化

---

① 　[美]约翰·杜威.民主主义与教育[M].王承绪译.北京:人民教育出版社,1990:"译序"36.
② 　檀传宝.论"公民概念"的特殊性与普适性——兼论公民教育概念的基本内涵[J].教育研究,2010.5.

等社会条件。但又不应囿于此,要培育出既带有时代特性又具有一定超越性的人的现代化品格。

　　首先,对我国历史文化传统的继承与扬弃要求我们要培养以爱国、平等、主体、权利意识为核心的人的现代化品格。"在社会中每个合格的公民不仅是政治公民,更是社会个人。作为和谐社会中的主体,公民应当具有强烈的公民情感,如民族自豪感、爱国主义情怀、热爱中华博大精深的文化等。"①千百年来,中华民族具有灿烂悠久的历史文化,这种对民族文化的自豪感是当代中国每个人所应具备的品格。中华民族也具有深厚的爱国传统和情感,爱国主义也成为凝聚民族向心力的旗帜和强大的精神动力,在历次民族危亡之际,爱国都成为号召全国人民的重要动力。中华民国时期著名的爱国主义教育家余家菊、李璜指出,教育更为重要的宗旨是国家主义的教育。"用教育确定国体,是教育中固有之一义。然而,教育之功用,有更重要于此者则是用教育绵延国家……特重提十年来国人因内乱而遗忘之教育救国论。"②"国字取人执戈以守土国圉义。"③"国"的原始意义即为取干戈以守国土之义。我们也应看到,封建社会的爱国与忠君联系在一起,带有浓厚的封建家族伦理主义色彩和时代的局限性,因此培育当代中国人民爱国的品格,意味着人民知道国家于个体的重要意义,个体要把祖国利益放在首位,忠诚于国家,为了维护国家利益而不懈努力。还要培养热情奉献,自强不息、艰苦奋斗的精神,以便能投身社会主义现代化的建设中。最后要从行动上做起,把爱国之志转为爱国的行动,以国家兴亡、振兴中华为己任,维护国家的核心利益,促进社会主义和谐社会的建设。

---

　　① 李文娟.杜威的"公民训练"思想及对和谐社会道德公民教育的启示[J].学校党建与思想教育,2013.1.
　　② 余家菊、李璜.国家主义的教育[M].上海:中华书局,1923:"序言"1.
　　③ 余家菊、李璜.国家主义的教育[M].上海:中华书局,1923:45.

我国传统社会是一个高度集权的封建专制统治的社会,以宗法等级制为其核心的社会结构模式,臣民对君主权威的绝对服从和义务的权力结构决定着我国传统社会等级观念深厚,根本没有权利和自由的内容,"忠孝仁义"观念的灌输使得我国国民平等意识、主体意识、权利意识极度欠缺。因此,当代中国人的现代化品格的培育必然要超越传统历史文化中臣民意识、服从意识的局限性,培育具有平等、独立的主体和权利意识。"现代社会要求普遍的政治参与权利的平等,分享政治权力的平等,以至经济财富的平等。这样,所有的社会成员就都相应地要负有平等的公民义务。"① "新社会的伦理纲常不应再有等级服从的含义,而是平等地面向所有人,也要求所有人。没有哪一个人能够例外,包括类似过去'君主'地位的最高统治者也是如此,因为今天人们也已找到了民主共和的政治形式,不再需要将一般的政治秩序寓于此前似乎是唯一可能选择的君主政体的形式了。"②

其次,对我国社会主义市场经济优缺点的扬弃要求我们培养具有守法、责任义务感的现代化品格。当代中国社会是一个以市场经济为基础的社会,市场经济社会本质上是一个以法治为基础的社会。市场经济以契约为基本形式,调节和控制经济生活的主要形式和手段就是法律。法律规定了市场经济社会运作的准则和规范,市场经济活动中的社会关系主体也必然要以法律这种准则和规范作为行动准则。所有的市场主体在法律面前一律平等,市场主体的行为都要受到法律的规范制约。因此,市场经济社会也必然形塑出一个法制的社会,现代市场经济从本质上来说也必然是一种法制型经济。现代市场经济以法制为基础,法制又为市场经济的良性运转提供充分的制度保障。现代意义上的法治,要求法律的权威高于任何其他一切

---

① 何怀宏.新纲常:探讨中国社会的道德根基[M].成都:四川人民出版社,2013:83.
② 何怀宏.新纲常:探讨中国社会的道德根基[M].成都:四川人民出版社,2013:84.

个人的权威,以法律为准绳处理和治理国家事务,又通过法律确保个体的基本权利,使个人合法的权益和尊严得以实现。社会主义法制是社会主义市场经济和社会主义民主政治建设的必然需要。社会主义法制的推进和法律思维的形成,离不开个体对法制的理性认可和自觉遵守法律的习惯、品格的养成,因此当代社会主义市场经济的不断发展要求个体具备守法这一基本人的现代化品格。

随着社会主义市场经济的发展,以逐利为根本目的的经济人大行其道,个体维护自我权利的意识高涨,对社会和他人的责任感有所减弱。市场经济的兴起,使长期压抑的人们格外重视权利,而对义务则抱有警惕甚至是反感。但是权利义务是一个统一体,挥动手臂的自由,止于别人的鼻子前面。对于公民身份而言,个体最重要的身份是国家、社会中的成员,是一定社会共同体和团体的一分子,他要依赖社会而生存,也要通过社会才能实现其自身价值。正如马克思所说的人的本质在其现实性上,它是一切社会关系的总和。因而个体必然要承担起对他人、对社会共同体的义务,是一个具有社会公共精神、责任和义务感的个体。当代中国人的现代化品格的培育要警惕个人权利的过度伸张,加强权利义务统一的教育。在强调自我权利的同时,也要强调对他人、社会同样具有相应的责任和义务。

最后,我国社会主义民主政治的不断发展要求我们培育理性的、积极的政治参与能力的现代化品格。党的二十大报告指出:发展全过程人民民主,保障人民当家作主,要健全人民当家作主制度体系,扩大人民有序政治参与,保证人民依法行使民主选举、民主协商、民主决策、民主管理、民主监督的权利,发挥人民群众积极性、主动性、创造性。① 党的二十大报告关于全过

---

① 高举中国特色社会主义伟大旗帜 为全面建设社会主义现代化国家而团结奋斗——在中国共产党第二十次全国代表大会上的报告[N].人民日报,2022.10.26.

程人民民主与人民有序政治参与的表述意味着我们国家认识到人民政治参与的重要性,我们要培育人民理性的积极的政治参与品格。个体的有序政治参与是社会民主政治发展的必然要求,是社会主义民主政治制度的标志之一。社会主义民主政治制度赖以存在的基础是个体政治参与,个体政治参与有助于政治决策制定的民主性、科学性和执行的有效性,也有助于个体自我利益和需求的合理表达及合理实现,也是个体行动的实践形式和个体自我教育的重要手段,因而要培养个体积极的政治参与能力。

综上所述,人的现代化品格中个人与集体的关系的矛盾、人的现代化品格中的平等独立等共性的一面与国家历史文化传统差异性造成的特殊性间的矛盾、个体培育目标与培育过程中受历史社会条件影响而带来的阶段性特征的矛盾,成为当代中国人的现代化品格培育应辩证思考和把握的问题,实现个人与集体、普遍与特征、过程与目标的辩证统一。

第五章　当代中国人的现代化品格培育的实践路径

如何实现当代中国人的现代化品格培育呢？人的现代化品格主要是建立在个体与国家关系基础上的政治身份认同和权利义务等，当代中国人的现代化品格的培育内容要依据个体在国家政治生活中所扮演的政治角色而定，国家所确定的核心价值观必然是个体所应掌握的核心价值，社会主义核心价值观是当代中国人的现代化品格中的核心价值。当代中国人的现代化品格的培育要依据"知识、观念、行动"的模式开展，又要把握路径、方法等重要维度。

一、当代中国人的现代化品格确立的原则

要培育人的现代化品格，首要的问题便是以什么样的原则确立人的现代化品格。因此，我们需明确以什么为解释依据确立人的现代化品格。这种解释能够阐释、捍卫和界定人的现代化品格，也能够为如何培育人的现代化品格提供依据。确立人的现代化品格的原则不同，人的现代化品格的内

容就不同,这也成为学术界讨论人的现代化品格理论的重要焦点。许多学者界定了众多的类目,似乎也无法穷尽。而如前所述,人的现代化品格是历史的,随着时间、地点、文化的差异,人的现代化品格的类目也不同。因此,当代中国人的现代化品格培育的内容,既要借鉴西方人的现代化品格的理论,更要立足本国的历史文化传统和当代中国的社会环境来确立自己的解释原则。

(一) 角色与人的现代化品格

柏拉图是最早从个体所扮演的社会角色的原则来确定人应具备的品格的思想家。他在《理想国》一书中,根据个体在共同体中所起的作用、扮演的角色来界定个体所需要的具体美德。按照金属的三个等级,铜铁、银质和金质可以把个体主要分成三类角色,即生产者、护卫者、哲学王。生产者是铜铁质者,他们的职能就是勤于生产;护卫者是银质的人,他们要凭借勇敢等美德成为执干戈保卫疆土的战士;哲学王是金质的人,他们要凭正义和智慧来治理国家,节制是所有个体都需要培育的品格。柏拉图沿着古希腊倡导的智慧、正义、勇敢、节制四主德继续前行,认为三类人恪守本职,各自培养所需的美德,这样的国家就是一个充满正义的国家,也是一个令人安定的、幸福的乌托邦。而若三种人互相僭越本职,就会破坏国家的正义和安定。"三种人互相干涉、互相代替对于国家是有最大害处的。"①进而柏拉图认为要根据人的禀赋和表现为分工依据进行划分,接受不同的教育,培养不同的人的品格。生产者接受初级教育,大部分人成为勤劳的劳动者。初级教育之后,从中挑选出禀赋优秀的进入护卫者队列,接受护卫者的教育,成为护卫者。护卫者教育之后,再根据禀赋,从中挑选出统治者哲学王,哲学王接

———————

① ［古希腊］柏拉图.理想国［M］.郭斌和、张竹明译.北京:商务印书馆,1986:156.

受最高级别的哲学王教育。这三类教育培养的人的品格侧重点也不同。

　　而作为古希腊哲学集大成者的亚里士多德并没有沿着柏拉图的个体角色的路线去区分个体所应具备美德的具体内容,他开辟了另外一条路径,从目的论角度出发,对个体美德(德性)作了更为细致而严谨的区分,把美德分为理智德性和道德德性。亚里士多德秉承古希腊哲学目的论观点,认为任何事物包括技艺、学科、行为和志趣都是以某种善为其目的。如医术的目的在于健康,造船的目的在于船舶,战略的目的在于战胜,经济的目的在于财富。人做任何事情都有其最终目的,达致至善。人发挥其功能才能实现目的,并要将人的功能发挥得优秀、卓越才能达致。人所具有的美德就是能让人卓越地实现其功能达致目的,美德就是人实现其功能的卓越。如奏笛者、雕刻家或任何技艺家,他能实现他的至善和优点,就在于他的功能发挥。亚里士多德认为任何事物的自然本性决定着事物的目的,也决定着事物的特有功能。那么对人而言,人特有的功能和德性是什么呢?亚里士多德排除了生长养育的生命功能,因为植物也有生命;也否定了感觉生命的功能,因为牛、马及一切动物也都具有这一功能。据此,亚里士多德找到了人的特有功能,那就是理性或逻各斯。理性功能发挥到极致也就是美德,是合于最好的、最完全的。"那末,人类的善,就应该是心灵合于德行的活动;假如德行不止一种,那末,人类的善就应该是合于最好的和最完全的德行的活动。"①亚里士多德认为具有美德的人也是幸福之人。为了更清楚地理解幸福的含义,他由此进一步去研究美德的性质。"幸福既是心灵合于完全德行的活动,所以我必须研究德行的性质。"②

　　在他看来,美德不是指属于身体的美德,而是属于心灵的美德。心灵分

① 周辅成.西方伦理学名著选辑(上卷)[M].北京:商务印书馆,1964:287.
② 周辅成.西方伦理学名著选辑(上卷)[M].北京:商务印书馆,1964:288.

为两部分,一部分是理性的部分,一部分是非理性的部分。在非理性部分中,养育和生长的元素是一切生物包括动植物所共有的,在人的品德中没有地位。在非理性部分中还有另一种原则,虽然是非理性的,但是多少有些理性,如克欲者和纵欲者,一为理性原则克制了欲望,另一为和理性相反相争的原则。因此,亚里士多德认为这部分是分有理性原则。"这一部分,似乎也分有理性原则:至少在克欲的人中,它是服从理性的原则;同时,在节制和勇敢的人中,我们可以说这一部分非理性的心灵更服从理性些;因为这种人里,非理性的心灵和理性和谐无间。"①也即是说,非理性的部分分为两种,生长的生命这一部分没有理性,欲望的部分微微分有理性。对于理性部分来说,也似乎可以分成两类,一类是完全的理性,具有严格的理性意义,另一部分是听从理性。因此,亚里士多德根据心灵的这种特点,把心灵的德性分为有理智的德性和道德的德性。理智的德性包括智慧、理解和明智等,道德的德性包括宽大、节制等。"有理智的德性和道德的德性;如智慧,理解和明智是理智的德性;宽大和节制,我们叫做道德的德性。当我们说一个人的道德的性质时,我们决不说他是智慧的或通达的,而是指他是文雅的或节制的。"②而对于德性的培育,亚里士多德认为因为这两种德性的性质不同,培育方式也是不同的。理智的德性只能通过时间和经验,长期训练而产生和增长;道德的德性则是习惯的结果,没有天赋的因素,只是做得多了,才形成了。"我们由于从事建筑而变成建筑师,由于奏竖琴而变成为竖琴演奏者。同样,由于实行公正,而变为公正的人,由于实行节制和勇敢而变为节制的、勇敢的人。"③亚里士多德认为美德和邪恶不是情感,也不是官能,而是习惯或品性,美德是使人能圆满地完成其功能的品性。"人的德性,就一定是那

---

① 周辅成. 西方伦理学名著选辑(上卷)[M]. 北京:商务印书馆,1964:290.
② 周辅成. 西方伦理学名著选辑(上卷)[M]. 北京:商务印书馆,1964:291.
③ 周辅成. 西方伦理学名著选辑(上卷)[M]. 北京:商务印书馆,1964:292.

种既能使人成为善人，又能使人能圆满地完成其功能的品性。"①

由此可见，亚里士多德是从伦理学功能论的角度对美德的性质作出界定，柏拉图是从城邦中的个体所承担的角色功能来界定的美德性质，这两种美德观截然不同。之后的许多哲学家或以柏拉图的个体角色观来界定个体德性的内容，如威廉·甘斯通等；或者以亚里士多德的目的论美德观来界定德性的内容，如托马斯·阿奎那、麦金太尔、包尔生等。

要培育当代中国人的现代化品格，该以什么为标准确立内容呢？本书认为应以角色功能论来界定。因为，个体在政治生活中扮演着的一定的身份和角色，那么现代化社会下个体该具有什么样的品格自然首先要依据个体在政治生活中所承担的角色来决定。但个体在政治生活中所承担的角色是多种多样的，所以人的现代化品格必须根据个体在政治生活中的角色的特质进行相应的培育。如美国自由多元主义的奠基人和创始者威廉姆·高尔斯（William A. Galston）就是持此观点。他认为现代社会是一个多元主义的社会。在多元主义社会中，并存着多元主义文化和多种价值观，社会的差异性比共性多，因此在这种多元社会文化中其人的品格的特征自然就是差异性而不是统一性。"许多公民美德之间会相互交叉，公民美德的范围的特征是差异性而不是统一性。假设从概念层面来看，一种公民美德就是一种公民品质，使它的拥有者致力于成为共同体中的好人和提高他们这样做的能力。即使最简单的共同体，也会包括不同的角色——公民致力于公共善的不同方式——每一种方式都会呼唤一种与众不同的公民品质的集合体。"②个体因为其角色不同，其现代化品格也不同，比如，要达至军事的有效性需各种角色的人，既需要有能力的指挥者，也需要有技术的军官和其他

---

① 周辅成.西方伦理学名著选辑(上卷)[M].北京:商务印书馆,1964:295.
② William A. Galston. Pluralism and Civic Virtue. *Social Theory and Practice*. No. 33(4) , 2007, pp. 625 –635.

数以百计的专业人士。

每种角色所需要的美德是不同的,有时甚至是不能相互转化的。战场上的指挥者需要的美德是勇敢、快速的判断和其他即兴的美德,与那些在军部行政部门的人是截然不同的。因此,如何确定人的现代化品格呢?威廉·甘斯通认为可以根据个体对社会的贡献、角色追求不同而划分出不同层次的个体和人的现代化品格。他认同祖尔·韦斯特海默尔(Joel Westheimer)和约瑟夫·卡恩(Joseph Kahne)的三种不同定位的个体角色的区分。祖尔·韦斯特海默尔和约瑟夫·卡恩认为在政治生活中存在三类"好公民"的标准,他们分别是"对自己负责的公民""参与式的公民"和"以正义为导向的公民"。"对自己负责"的个体是以遵守法律,提高公共的空间(例如通过捡垃圾),当志愿者去帮助他人为特征,要培育这类个体就需要强调诚实、正直、自律和努力工作的美德。"参与式的公民"是指他们能积极参与当地的、州的和国家的公共事务的个体。培养这类个体就需要强调有效参与所需要具备的知识、技能和品格特征,同时也要尊重其他同胞个体的平等权利。最后,"以正义为导向的公民",他们关心的是会创造出不平等和压迫的结构性的、社会的、经济的和政治的力量。培育这些个体就需要强调分析能力,参与有力的主张和集体的行动的倾向,和有效地处理冲突的能力和改变社会的能力。[①] 威廉姆·高尔斯顿在 Liberal Purposes:Goods,Virtues,and Duties in the Liberal State 一文中,提出负责任的个体需要具备四种类型的品德。第一,是一般性的品德,包括勇气、守法、诚信;第二,社会品德,包括独立、思想开通;第三,经济品德,包括工作伦理,有能力约束自我满足,有能力适应经济和技术变迁;第四,政治品德:要有能力弄清和尊重他人的权利,要有提

---

① William A. Galston. Pluralism and Civic Virtue. *Social Theory and Practice*. No.33(4),2007,pp. 625 – 635.

出适度要求的意愿,要有能力评价官员的表现,要有从事公共讨论的意愿。①

毋庸置疑,确立当代中国人的现代化品格培育的内容同样要关注到当代社会的特征,在多元主义价值观并存的前提之下,要以个体在社会中所承担的角色为依据来确立人的现代化品格。

(二)核心价值与人的现代化品格

如果说关注到个体在政治生活中的角色的依据确立其品格内容是关注到人的现代化品格差异性的话,那么以核心价值为依据确立人的现代化品格则是关注到人的现代化品格共性的一面。品格与价值之间具有紧密的联系,价值是品格的基础,品格包含了价值。"价值(价值观)是一种倾向或气质,品格则包含了行为,或知识和价值上的激活,所以价值观是品格的基础之一,包括认知成分和情感成分,但并不必然有意动成分或行为成分,而品格包括了这四种成分。"②美国著名的品格教育家利考纳认为品格是由行为中的价值、操作性价值构成的,包括三个相互联系的部分:道德认识(moral knowing)、道德情感(moral feeling)和道德行为(moral behavior)。好的品格由知善(knowing good)、欲善(desiring good)和为善(doing good)构成,即精神的习惯、心灵的习惯和行为的习惯。道德认知包括道德意识、认知道德价值、设身处地、道德推理、道德决断、自知之明;道德体验包括良知、自爱、同情、崇尚善、自制、谦虚;道德行为包括能力、意志、习惯。③ 所以,很多理论家和教育家在谈到对人的现代化品格培育内容时,都必然会回归到核心价值

---

① [加]威尔·金里卡. 当代政治哲学(下)[M]. 刘莘译. 上海:上海三联书店,2004:519.

② W. Huitt. Moral and Character Development. http://www. valdostn. peachnet. edu /whuitt/psy702/morchr/ – morchr. html,1998/1999,转引自郑富兴. 现代性视角下的美国新品格教育[M]. 北京:人民出版社,2006:37.

③ T. Lickona (ed.),*Educating for Character. How Our Schools Can Teach Respect and Responsibility*,Bantam. 1991,p. 51.

的基础内容之上。

麦金太尔和利考纳等人认为现代性变迁使人类的生存方式和生存范围从社群转向了社会,随之而来的是现代自我的"脱域性",即自我摆脱了身份、等级、出身等对个人的限制,带来了自我的解放。但这种现代自我的出现,并不是历史的进步,而是造成当代道德困境的深刻根源。麦金太尔认为现代自我丧失了人类传统美德的基础,即一种客观的和非个人的道德标准,只取决于个体的好恶,每个人都从自我的立场出来认识和评价事物,每个人都可以自由地成为他想成为的人,自由地选择他所喜欢的生活方式,最终导致了社会道德共识的瓦解和道德相对主义。[①] 麦金太尔还认为,现代启蒙思想家抛弃了亚里士多德的目的论伦理学,他们主张理性绝对不能为认识的价值目的提供知识,割裂了人性和道德律令间的内在联系,使得现代社会里的人们不再有任何充足的理由和权威让个体接受这些道德规范,从而产生了现代社会的道德相对主义和情感主义。

在现代自由国家,由于其强调宽容和多元主义,使得道德的可通约性成为不可能,也造成了个体对自己行为的目的和意义的迷茫。利考纳认为现代人崇尚个体的价值、尊严和自主,强调权利而不是责任,强调个人自由而不是相互承诺,带来了许多社会问题。如自私的盛行、自我实现重于为了孩子而自我牺牲,性解放带来的及时享受高于道德束缚和长远奉献。因此,麦金太尔和利考纳主张回归传统,强调品格和美德在现代人生活中具有重要作用。西奇尔认为"品格和美德不是过时的道德残余,应该是道德和道德教育整体的一部分。品格和美德是早期前理性道德教育的必要因素,是个人道德能动性的基础,并且将不断成为他的成人生活里的独立力量"[②]。麦金

---

① A. MacIntyre, *After Virtue*, Notre Dame. Ind.: University of Notre Dame Press, 1984, p. 68.
② B. A. Sichel (ed.), *Moral Education: Character, Community, and Ideals*, Temple University Press, 1988, pp. 41 −42.

太尔强调从现代生活中去培育人的现代化品格或美德,强调亚里士多德的"城邦之外无美德"的观点,主张社群、家庭、学校在培育人的现代化品格中具有重要作用。要摆脱现代社会的个人主义困境和道德共识的困境,就必需有一套普遍有效的道德内容,教育人们以这些道德内容为标准去践行。

帕特丽夏·怀特在《公民品德与公共教育》一书中就着重探索了文明社会中维系人们的民主生活方式所需要的品德和素质,确立了九项重要的价值(品德)和相应培育方法。"制度必须由具有健全精神的公民来管理和使用。要适应民主制度下的生活,公民的确需要丰富的知识和技能,但是,他们也需要培养怎样民主地使用他们的知识和技能。他们需要民主的素质。"①她认为应包括希望、信任、勇敢、自尊、自爱、友谊、依赖、诚实和正派或礼仪(decent)这些品格。为什么要具备这些品格呢?怀特认为,首先就是个体具有一种社会信念,对民主制度充满希望和信任的信念,相信在开放和自由的民主制度下,可以允许他们成为他们有能力成就的人。只有勇敢才能让他们相信自己的能力和民主制度。自尊是成功的动力,自尊的前提是尊重他人。把所有人联系起来的特殊方式就是建立起友谊。友谊是建立在依赖的基础之上,依赖于民主制的公正性和开放性。诚实是民主社会的组成部分,违背诚实将会带来民主的衰弱,正派(礼仪)就指我们相互之间对待的方式,它会直接体现和影响着我们关于平等、宽容和其他民主价值的信念。②

围绕这些品德,怀特谈了教师、父母、个人要如何去培育的方法。如发展勇敢的个体,"教育者在发展勇敢的公民这一问题上的任务,包括两个方面。否定的方面在于去除年轻人把勇敢的行动看作狭义的、局限于就那么几种行为的错误想法。肯定的方面在于促进年轻人对民主价值的信仰,鼓

① 何怀宏.新纲常:探讨中国社会的道德根基[M].成都:四川人民出版社,2013:832.
② [英]帕特丽夏·怀特.公民品德与公共教育[M].朱红文译.北京:教育科学出版社,1998:1.

励他们思考怎样优先关心民主的价值,通过大量的课程帮助他们获得相关的知识,鼓励年轻人通过在民主的教育机构中的生活经验,主动地发展民主主义者的素质和技能,从而为年轻人作为一个民主的公民而生活做好准备"①。要培养友谊,怀特认为教育者包括教师和父母要关注到许多条件,学校要创造条件。"教育者,包括教师和父母,怎样才能鼓励友谊呢? 首先,教师和父母应尽力创造友谊能够繁盛的条件……学校在创造发扬友谊的条件上都能发挥什么样的作用? 首先,在我看来,似乎需要所有的职员都考虑在他们的具体情境中,怎样才能形成一个有利于发扬友谊的空间。"②针对每一种人的现代化品格,怀特都提出了家长、学校、教师等如何去培育品格的方法,值得我们借鉴。

也正是在上述对道德困境的热烈讨论理论背景之下,欧美各国轰轰烈烈地开展了新品格教育运动,强调了教育内容的普遍性,纷纷确立了具有普遍性的核心价值和美德。著名的品格教育家利考纳提出了以尊重和负责为核心的一系列价值,包括诚实、同情、自律、公平、助人、审慎、合作和勇敢。美国各个州也提出了相类似的各种价值观作为品格教育的内容,如加利福尼亚州教育法第 44790 条规定,在加利福尼亚州所有公立学校的 K1 – 12 年级实施有效的伦理和公民价值教育计划,提出了基本的和共享的伦理和价值,包括个体的尊严和价值、公平和平等、诚实、勇敢、自由与自律、社会责任感、维护社群的共同利益、正义、机会平等。新泽西州认为品格教育要使每一个儿童认同生活的共同核心价值,包括同情、谦恭、诚实、正直、负责、自律、自尊和宽容。华盛顿州认为这些价值包括诚实、正直、信任、尊重自我和

---

①　[英]帕特丽夏·怀特.公民品德与公共教育[M].朱红文译.北京:教育科学出版社,1998:32.

②　[英]帕特丽夏·怀特.公民品德与公共教育[M].朱红文译.北京:教育科学出版社,1998:60 – 61.

他人、对个人的行为负责、对社群负责、自我约束、行为得体、尊重法律和权威、家庭责任感。

　　一些品格教育组织和其他教育组织也提出了品格培育的内容,如1992年成立的品格教育伙伴组织,是美国最大的品格教育组织,该组织的目的在于"培养本国青年人的公民美德和品格,以创建一个更富有同情心和责任感的社会"①。它提出要培育这些核心价值和美德:关心、尊重他人、负责、公平、关心他人的幸福、诚实。杰斐逊品格教育中心成立于1963年,提出"STAR计划",是对解决问题和冲突的四步决策模式的简称,即停(stop)、想(think)、行(act)、思(review)四步,该模式教导学生承担自己行为的后果,发展和提高自信、自爱和积极的态度,设立并实现现实的目标,又被称为"通过承担责任获得成功的计划"(the Success Through Accepting Responsibility Program),该计划传授共同性的道德价值,包括诚实、尊重、负责、正直、勇敢、宽容、正义和礼貌等。② 关心的社群(The community of caring)肯定了5个核心价值:关心、尊重、信任、负责与和睦。品格教育研究所编制了"品格教育课程",为幼儿园到九年级的学生提供了品格教育的材料,确立的普遍性价值为勇敢、诚实、守信、正义、宽容、荣誉、慷慨、友善、乐于助人、自由选择、机会平等。赫特伍德伦理课程是由匹兹堡的赫特伍德研究所编制的品格教育课程,它是一个运用故事,包括民间传说、传奇、传记、英雄的故事等来直接传递基本伦理和价值观念的多元文化课程,其目的在于"通过教给儿童具有普遍性的美德——这些美德在世界各种文化和传统中都存在——来介绍伦理

---

　　① James D. Hunter (ed.), *The Death of Character:Moral Education in an Age without Good or Evil*, Basic Books, 2000, p. 118.

　　② Madonna M. Murphy (ed.), *Character Education in America's Blue School*: *Best Practices for Meeting the Challenge. Lancaster*, Technomic Publishing Company, Inc., 1998, p. 42.

语言,培养他们的道德基础和伦理判断以及道德想象"①。它把儿童文学,主要是获奖的儿童文学作品和古典作品作为教育的主要手段,选择了七个普遍的核心价值和美德为教育内容,包括勇敢、助人、正义、尊重、希望、诚实和爱心。总的来说,美国品格教育者们提出了一些共通的核心价值,主要确立了八个核心价值和美德:慎思(prudence)、勇敢、自律、公正、关心、尊重、负责、诚实。前四个属于西方传统的四主德,后四个是针对当前社会的道德现状提出的。②

综上所述,人的现代化品格培育内容确立的前提是以什么原则来划分,标准的不同导致人的现代化品格培育的内容也不同。因此,本书认为人的现代化品格确立的原则是要以个体在国家中所承担的角色所需的素质为基本标准,同时寻求最大公约数为培育内容,寻找各种个体角色应具备的共同特性和核心价值来确立人的现代化品格的内容。

二、当代中国人的现代化品格培育的"三位一体"实施模式

人的现代化品格的培育是关系到国家未来发展的大事,人的现代化品格的塑造与现代化的发展相辅相成,现代化的发展只有最终落实到主体身上,才最终能得以实现。因此,培育具有现代化品格的人民是实现社会现代化的关键性主体因素。正如阿历克斯·英格尔斯所指出:"那些先进的制度要获得成功,取得预期的效果,必须依赖应用它们的人的现代人格、现代品质。无论哪个国家,只有它的人民从心理、态度和行为上,都能与各种现代

---

① James D. Hunte(ed.),*The Death of Character:Moral Education in an Age without Good or Evil*, Basic Books,2000,p.120.

② 郑富兴.现代性视角下的美国新品格教育[M].北京:人民出版社,2006:154.

形式的经济发展同步前进,相互配合,这个国家的现代化才能真正得以实现。"①教授知识、树立观念、激发行为可以称得上是人的现代化品格培育的"三位一体"实施模式。

(一)教授人的现代化品格知识

教授知识是培育人的现代化品格的基础。美国著名文化研究者阿尔蒙德、维巴等人研究了现代化品格知识的重要性,他认为一个具有丰富的现代化品格知识的个体更有可能成为一个积极的个体。他通过调查五个国家公民的政治态度和民主,认为人的现代化品格知识与民主的能力密切相关,如果个体拥有越多的现代化知识,他就越能够运用这些知识来实现积极的民主参与。"民主能力与拥有关于政治问题和过程的有效知识以及在问题和制定影响政策中运用知识的能力是紧密相关的。"②美国学者德威·斯德伯乐认为拥有的现代化知识越多,越有助于学生在学校的参与实践。③ 丹尼尔·哈特等学者也认为现代化品格知识非常重要,个体关于现代化品格的知识是与个体的政治思想具有一致性,具有越高知识的个体,越具有政治家所应具备的领导能力。④

因此,个体对现代化所需要的人的品格知识掌握得越多就越有助于品格观念的形成,越能促成个体行动,从而变成一个积极的个体,也就具有了

---

① [美]阿历克斯·英格尔斯等.人的现代化——心理·思想·态度·行为[M].殷陆君译.成都:四川人民出版社,1985:5-6.

② [美]加布里埃尔·阿尔蒙德、西德尼·维巴.公民文化——五国的政治态度和民主[M].马殿君等译.杭州:浙江人民出版社,1989:11.

③ Dewey A. Stabler. The Relation between the Civic Information Possessed by Ninth - Grade Pupils and Their Practices in Citizenship, *The School Review*, No. 37, 1929, p. 706.

④ Daniel Hart, Robert Atkins, Patrick Markey and James Youniss. Youth Bulges in Communities: The Effects of Age Structure on Adolescent Civic Knowledge and Civic Participation, *Psychological Science*, No. 15, 2004, p. 591.

相应的人的现代化品格。美国著名政治学者威廉·甘斯通认为个体现代化知识在整个教育中具有非常重要的地位,他总结了七大作用:第一,能够促进和支持民主价值,我们拥有越多关于治理工作的知识,就越大可能地支持民主的自治的核心价值,越具有包容性。第二,能够促进政治参与,在所有其他的条件都一样的情况下,人们拥有越多的知识,他们就越大可能地参与政治事务。第三,有助于个体去理解他们作为个体的利益和作为集体中的成员的利益之所在,在个体的利益和具体的立法之间有着一种合理的关系。拥有越多的现代化知识,在政治程序中就越容易和精确地联系到个体的利益和捍卫自我的利益。第四,有助于个体更好地学习和理解公共事务。只有具备一定的基本知识,才可能掌握更多的知识。只有当我们能够把它融进现存框架中时,我们取得的新知识才能够被有效运用出来。第五,个体拥有越多公共事务的知识,就越少误解和害怕公共生活。因为无知是害怕之父,知识是信任之母。第六,提供了个体在表达公共意见调查观点的连续性。人们拥有越多的现代化知识,他们的观点就越具有连续性,不会随着论题和时间的改变而改变。第七,能够改变个体对具体问题的观点。例如,人们拥有越多的现代化知识,就越不可能害怕新移民和他们对我们国家的影响。①

中国历史上,臣民品格和官本位意识深厚,以忠、孝为最高道德标准而铸就的臣民品格在现代中国社会仍时有体现,社会中仍盛行着官本位文化,盲从权威意识时常存在着,个体的民主、权利意识不浓,主体精神、反思精神、法治、规则意识仍然欠缺。当代中国经过改革开放 40 多年的发展,在经济快速腾飞的同时,产生了复杂的社会问题,既有物质匮乏、财富不足引发

---

① William A. Galston. Civic Education and Political Participation, *Political Science and Politics*, No. 31, 2004, pp. 264 – 265.

的矛盾,又有乌尔里希·贝克、安东尼·吉登斯等人所指的现代科学技术副作用所带来的风险冲突。"中国的社会转型是'压缩饼干',以历史浓缩的形式,将社会转型中的各种社会问题呈现出来。"①而当代中国的风险冲突的复杂性还表现在主体的复杂性,"虽然中国在短暂的时间内完成了西方国家花了几个世纪才完成的经济现代化过程,但中国的历史文化机制、社会教育基础等也决定了中国的现代公民素质和理性能力需要经历一个长时期的培养过程。中国历经几千年的皇权统治,臣民意识根深蒂固,长期以来处在有义务无权利、维护自己权利的理性能力缺失的状态。当风险冲突中的主体有着强烈的政治参与要求,然思想意识行为本质上仍停留在村民、臣民上,欠缺现代文明所应具备的公民素质和理性时,必然会乱象横生,中国风险冲突的应对和处理要比西方发达工业国家复杂和艰难得多"②。因此,要培养人的现代化品格必先从传授现代化品格知识开始,知识对于当代中国的人的现代化品格培育而言,具有重要意义。

由于中国传统农业文明所形成的臣民文化的特质与现代工业社会的个人主体性过度宣扬的特质矛盾地结合在一起,所以当代人的现代化品格知识的教授需注意的是既要教授与人的现代化品格相关的个体权利、相关法律等知识,又要教授与人的现代化品格相关的个体责任义务、规则意识等个体知识。于光远、胡沙编撰了《现代公民知识读本》,从"品格与人生""法律与生活""科学与民主"来谈论现代化品格知识。法律知识、科学与民主相关的知识作为现代化品格知识的内容是应有之义,在法律面前人人平等,法律是保障个体权利的有力武器,"它的首要任务是'保护',是维护每个公民和

---

① 薛晓源、刘国良. 全球风险世界:现在与未来——德国著名社会学家、风险社会理论创始人乌尔里希·贝克教授访谈录[J]. 马克思主义与现实,2005.1.

② 李萍、付绯凤. 贝克风险社会理论视阈中的冲突思想及其现实意义[J]. 内蒙古社会科学(汉文版),2016.3.

个人应享有的自由权利不受侵犯:在一个现代文明的社会里,公民不是皇权专制下的臣民,更不是奴隶社会的奴隶或农奴,他们应享有的民主和自由权利必须受到法律的保护"①。民主与科学也是所应具备的知识,"一个不懂民主为何物、精神状态和日常行为固守封建愚昧老一套的人,又怎能称为现代公民呢?"②值得注意的是,他们把"品格与人生"放在第一部分,认为公德与私德具有一致性,私德是公德的基础,所以人的现代化品格的知识应该包括道德的内容。"'品格'的核心是道德观念和道德习惯,以及与之相应的行为。一个不讲道德的人,不可能有好的品格。道德包括社会公德和在个人关系中表现出来的'私德'。公德与私德本质上应是一致的。"③这从另一个角度上也反映了我国现代化品格知识的教授会受到传统文化观念的影响,也符合我国传统文化的特质,强调私德的重要性。

正如近代有识之士梁启超所认为的,在中国私德与公德同等重要。"无私德则不能立……无公德则不能团。"④新加坡学者李荣安长期从事现代化品格的国际比较研究,他首次提出"亚洲公民观",认为中国传统儒家文化所强调的"慎独""严于律己、宽以待人"这些道德教育的核心已经为亚洲儒家文化圈所广泛接受,所以在亚洲,个体的重要责任就是处理好一个人与自己及与另外一个人的关系,然后再推广至与群体、国家的关系。这是与西方所不同之处,西方更多强调个体的公德、私德如何与公共的利益无关。因此,我国的人的现代化品格知识的传授、现代化品格的培育,离不开中国传统文化的预制,知识的传授要与道德教育结合在一起符合我国传统文化和教育的习惯。

---

①　陈乐民.一项有久远意义的大事《现代公民知识读本》读后感[J].博览群书,2006.7.
②　陈乐民.一项有久远意义的大事《现代公民知识读本》读后感[J].博览群书,2006.7.
③　陈乐民.一项有久远意义的大事《现代公民知识读本》读后感[J].博览群书,2006.7.
④　梁启超.太阳的朗照:梁启超国民性研究文选[M].上海:复旦大学出版社,2011:190.

人的现代化品格培育研究

　　我国一直强调教育合力的作用,人的现代化品格知识的教授既可通过学校教育获得,又需要学校和社会的配合。国外许多学者也认为人的现代化品格知识可通过多个途径获得,并不仅仅是学校教育的事情,还会受到多种因素的影响。奥利特·奇洛夫(Orit Ichilov)认为现代化知识可从多种途径获得,学生的现代化知识获得在很大程度上既受到个体的社会经济背景的影响,又要依赖于学校和教室中的社会经济因素和思想因素,还会受到学校自身的家庭背景和个性特征的影响。父母本身受教育的水平和家庭物质经济基础对学生现代化知识的获得都具有强有力的积极作用。① 丹尼尔·哈特(Daniel Hart)、罗伯特·阿特金斯(Robert Atkins)、帕特里克·马基(Patrick Markey)、詹姆士·尤尼斯(James Youniss)等认为社群共同体也会影响个体现代化的知识和个体参与。个体通过每天与其他人交往,其知识、态度和行为都会受到影响。因而成年人比青年人在社会中具有更多的社会经历,他们应该拥有更多的现代化知识。② 杰里米·金格斯(Jeremy Ginges)等认为知识的获得还与个体行动相关,与志愿者服务存在正相关的关系。拥有越多的现代化品格知识,就越能更好地开展志愿者服务,反之亦然,志愿者服务也有助于现代化品格知识的获得。③ 因此,现代化品格知识的教授需要发挥学校、家庭和社会各方面的力量,当然也离不开个体行动的促进作用。

---

　　① Orit Ichilov. Civic Knowledge of High School Students in Israel: Personal and Contextual Determinants, *Political Psychology*, No. 4, 2007, p. 417.

　　② Daniel Hart, Robert Atkins, Patrick Markey and James Youniss. Youth Bulges in Communities: The Effects of Age Structure on Adolescent Civic Knowledge and Civic Participation, *Psychological Science*, No. 9, 2004, p. 591.

　　③ Jeremy Ginges. Youth Bulges, Civic Knowledge, and Political Upheaval, *Psychological Science*, No. 8, 2005, p. 659.

（二）树立现代化品格观念

个体权利义务观念主要是指个体对自己身份和政治角色的认同,对自己权利义务的认知所形成的观点、看法和政治价值取向。马克思主义认为社会存在决定社会意识,社会意识对社会存在具有能动的反作用。个体权利义务观念属于社会意识中的一种形式,是思想上层建筑中的内容,受到经济基础的制约,也即个体权利义务观念受到一定经济基础即商品经济的制约,是伴随着商品经济的发展而产生的思想观念。反之,个体权利义务观念的形成又会反作用于商品经济的发展,促成商品经济的良性运转。树立个体权利义务观念是促成行动的动力,是培养人的现代化品格的内在要素,对于人的现代化品格的培养具有重要作用。从个体角度来说,树立了牢固个体权利义务观念的个体,更懂得妥善平衡个人权利与社会义务之间的紧张,更懂得以主人翁的姿态去积极参与公共事务,更懂得平等尊重他人权利等。

时代社会背景、经济基础、国家情况不同,个体权利义务观念的内容也有很大的不同。古希腊的公民身份是一种特权统治阶层的存在,在公民内部才有平等,而奴隶主对奴隶则仍是统治者与被统治者的关系。这与近代和现代的个体权利义务观念有着很大的不同,正如丛日云所分析的"古希腊公民身份是作为一种特权存在的。它以排斥其他人甚至以对他人的奴役为前提。公民观念一方面强调公民内部的平等和对公共事务的参与,另一方面又承认对无公民权者的歧视和压迫。两者完全缠结在一起。这是它与现代公民观念的主要区别。但它关于公民与公民共同体即城邦（国家）之间关系的认识,关于公民与社会公共权威的关系以及公民之间关系的看法等,毕竟构成了现代公民观念的雏形"①。近代资产阶级通过革命取得国家政权,

---

① 丛日云.古代希腊的公民观念[J].政治学研究,1997.3.

以及机器大工业生产的推动,欧洲15、16世纪的文艺复兴运动和17、18世纪的启蒙运动,使得个人的价值凸显,为作为权利义务主体的个体存在提供了政治、经济和思想文化基础。"'公民'一词的广泛使用是在资产阶级取得政权,在'天赋人权''主权在民'等思想深入人心之后,确切地说,只有当政治社会中存在着享有平等权利和承担平等义务的政治主体时,公民才算在现实中存在。"①近代资产阶级取得国家政权后,通过法律的形式为个体的权利、义务作了具体规定,因此近代公民权利义务观念与古代公民观念的很大不同在于个体是作为拥有权利、义务的个体,作为个体存在的价值被国家法律予以保护。"近代公民观念与古代公民观念的一个最根本区别就在于,近代公民以个人权利为基础,在个人与国家之间小心地划出一条界限,将人们生活中的某些部分视为个人的领域,个人的权利范围通过法律加以规定,以防止和抵御国家权力的侵犯。"②

因此,现代个体的权利义务观念也必然会随着社会经济基础、各国文化传统、政治体制的不同而有所不同。受我国传统文化、现实市场经济发展的预制,我国个体权利义务观念的树立应着重于个体的权利义务观念、平等独立观念、法律观念等核心观念的促成。我国经历了漫长的封建社会,以小农自然经济为经济基础的生产方式占据社会的主导地位,商品经济的发展非常缓慢。鸦片战争打断了国家统一的局面,近代中国陷入了半殖民地半封建社会的境地,但商品经济的发展在动荡起伏的政治割据中蹒跚前行,自然经济和半自然经济仍是我国当时的主要经济基础。新中国成立以后,我们建立了社会主义计划经济体制,通过集中力量办大事,推动社会的进步。但从本质上说,计划经济还不是商品经济,经济活动中主体的自主性、积极性、

---

① 焦国成、李萍.公民道德论[M].北京:人民出版社,2004:38.
② 王琼.论五四时期中国社会的公民观念启蒙[J].北方论丛,2008.5.

能动性并没有得到充分发挥,现代个体权利义务观念的发展非常羸弱。改革开放之后,我们大力发展社会主义市场经济,认识到市场与计划都是经济活动的手段,解决了主观认为市场是资本主义的本质特征,计划是社会主义的本质特征的二分法的认识矛盾,促成了经济快速发展。在市场经济日益完善的经济条件之下,个体的平等独立、权利观念、法治观念逐步发展。

仍需注意的是,我国这些个体权利义务核心观念的发展会受到历史文化传统因素的影响和制约。我国长期封建小农经济、宗法制社会结构形成了臣民品格传统,导致我国个体受着传统文化的义务观念深厚、个人权利观念淡漠,个体作为权利主体的观念不强烈,在公共事务上习惯性地依赖和服从领导权威,凡事都依赖于政府,请政府为自己做主,权利观念的淡漠也导致我国个体对基本权利的维护能力较差。中国传统文化中的专制主义、特权思想、等级观念等对个体平等独立、权利法治等观念起到严重的障碍作用。我国宪法规定:"中华人民共和国公民在法律面前一律平等。"平等是个体的核心特征,个体与个体之间不再是从属与被从属、奴隶与主子的关系,而是平等、独立的个体与个体之间的关系。在世界历史进程中,人的发展的巨大飞跃就是摆脱了人与人之间的被动从属关系,一个个具有平等独立人格的主体呈现出来了。正如英国著名法学家亨利·梅因所指出的:"所有进步社会的运动,到此处为止,是一个'从身份到契约'的运动。"[1]在为"身份"而运动的社会中,个体从一出生就置于人与人之间不平等的境地,身份意味着社会地位,意味着特权。

马克思在《黑格尔法哲学批判》中深刻地揭露人一出生的不平等状态。"个人的出生和作为特定的社会地位、特定的社会职能等等的个体化的个体

---

① [英]亨利·梅因.古代法[M].沈景一译.北京:商务印书馆,1959:97.

之间存在着直接的同一,直接的符合一致,就是一件怪事,一个奇迹了。"①我国"官本位""权本位""特权""人治"思想具有深厚的传统和历史渊源。这提示我们要树立平等独立、法治等个体权利义务观念,必须摆脱这些历史文化消极因素的预制。但从另一角度来说,个体权利义务观念的树立也要发挥历史文化积极因素的作用,西方"个人主义"的顽疾,对个人权利的过度声张,市场经济主体过度逐利而引致的道德困境,人作为世界的主宰对自然界的过度开采和破坏等,都在呼吁着要发挥中国传统文化的优势,这也是近代许多有识之士所主张的文明的融合。"平情而论,则东西洋之现代生活,皆不能认为圆满的生活;即东西洋之现代文明,皆不能许为模范的文明……故战后之新文明,自必就现代文明,取其所长,弃其所短,而以适于人类生活者为归。"②正确处理个人与他人的关系,处理人与自然的关系,实现人与自己、人与他人、人与自然的和谐相处,达致天人合一的境地。

此外,信息化与全球化的发展,促成了现代个体权利义务观念的发展。全球化、虚拟社会的发展大大促进了人与人之间的平等状态,促进了社会更加开放、平等和互动。信息化为现代个体权利义务观念的树立提供了良好的技术条件。

(三)激发现代化品格培育行动

知识是观念和行动的基础,而行动则是知识和观念的行为表现。只有通过不断的行动,知识和观念才能得以巩固,人的现代化品格才能被逐渐塑造出来。行动是知识和观念的外在表现,又是人的现代化品格形成的实践形式和依托方式。因此,激发个体行动对于人的现代化品格而言具有重要

---

① 马克思恩格斯全集(第 3 卷)[M].北京:人民出版社,2022:131.
② 伧父.战后东西文明之调和[J].东方杂志.1917.14.

意义。正如亚里士多德所认为的,美德的形成就是要通过不断地做美德的行为才能形成。"由于实行公正,而变为公正的人,由于实行节制和勇敢而变为节制的、勇敢的人。"①激发个体的行动,人的现代化品格才能逐渐形成。

美国学者珍尼斯·威(Jenice L. View)认为为了保护和捍卫人权,公民所组成的集体所作出的公共行动,即公民行动。公民采取行动,其目的就是充分运用现在的公民权利以去除社会和经济生活中的不正义。② 珍尼斯·威从某种意义上是从个体维护自我权利的主观意愿程度、个体与国家间的关系程度进行了相对的区分,维护自我的权利越强烈,采取的手段越激烈,如不服从、革命和示威游行等,个人与国家的关系越紧张;越乐意参与公共事务,采取的手段越具积极意义,如参与公共政策和志愿慈善活动,个人与国家的关系越融洽。对于我国而言,人的现代化品格养成要从本人的行动是否关涉政治事务来划分,可分为两大类,一类关涉公共政治事务,一类为非公共政治事务,主要是以公益慈善活动的形式,也即是个体政治参与和志愿者慈善活动。这样一种界定也更符合我们的实际情况和文化传统。党的二十大报告中既强调了要扩大人民有序政治参与,也强调要完善志愿服务制度和工作体系。因为个体政治参与体现了个体对公共事务的关心和参与,志愿者慈善活动体现了个体对他人、社会的关爱。

随着经济和社会的发展,我国人民的现代化品格养成行动呈爆发式的增长。越来越多的个体参与到社区志愿者(义工)活动,越来越多的个体参与到社会公共事务的活动,如在"汶川大地震"的救援与重建、奥运会的举办等活动中,个体都积极参与。个体越积极参与社会建设和国家治理,促进公共政策制定和执行的合理性,也越能促进国家的治理;个体越积极参与社区

---

① 周辅成.西方伦理学名著选辑(上卷)[M].北京:商务印书馆,1964:292.

② Jenice L. View. Inviting Youth into Civic Action, *Counterpoints*, *Perspectives in Critical Thinking*: *Essays by Teachers in Theory and Practice*, No110. 2000, p.100.

志愿者活动,就越能体会到奉献爱心的成就与快乐,越能正确认识个人权利与义务之间的关系,也就越能促成平等独立、权利义务统一、法治等个体现代化的核心品格。因而行动是人的现代化品格形成的实践源泉。行动能促成人们知识的学习和掌握,强化权利义务观念,促进政府决策的透明性和合理性,使得社会越来越朝着民主、开放的方向发展。人的现代化品格的培育必须依赖于个体的积极行动。

毋庸置疑的是,人的现代化品格养成行动要受到个体已有的知识、观念和社会的历史文化传统、社会本身的观念系统、社会的组织系统等因素的制约。要激发行动,必须充分发挥这些因素的积极作用,克服这些因素所带来的消极障碍。当前我国人民现代化品格养成的行动呈现爆发式的发展,但也存在一些问题。如在人民政治参与中,表现出多数个体政治冷漠和人民理性不足的现象。厦门 PX 项目、广州垃圾焚烧站选址、鹤山核燃料项目选址、茂名 PX 事件等都体现了这一点。个体在关涉自身切身利益、自我权利时,会通过各种方式表达出自己的抗争,这也在一定程度上反映了我国个体权利观念的增长。但在个体参与行动事件中甚至还出现了"打、砸"等暴力行为,反映出了我国个体理性不足的一面。我国的个体政治参与行动欠缺有序性、理性、组织性,重要的因素是我国人民在某种意义上还存在"依附性",个人利益诉求很容易陷入盲目、感性冲动、非理性的境地。此外,个体理性的缺失与我国长期的封建专制主义所形成的被动顺从的臣民品格也有很大的关系,臣民品格的被动顺从、忍耐等特性,使得个体在自己的权利受到侵犯时,一方面忍气吞声,另一方面实在忍受不了就会采取最极端的手段予以报复性的行动。这也是造成我国个体政治参与行动非理性的重要文化因素。

近些年我国人民的志愿者(义工)行动蓬勃发展。个体志愿者行动从社会层面来说,可以改善社会道德风尚,促进社会更加和谐。从个体角度来说,志愿者行动对于个体主体性的发挥和培育、培养利他精神、实现自我价值上具有得天独厚的优势。我国目前已经形成了"'党团主导、专门机构发动、单位协助、大众支持'的志愿者行动运作模式,该行动的组织机制建设得以健康配套发展,管理机制运作有效,管理手段不断走向制度化,经费筹措灵活有效,资金管理机制严格而规范"①。但志愿者行动仍会受到传统伦理文化的影响,以血缘为基础逐层向外扩散的亲疏差序原则,使得个体的志愿精神、理性协商精神受到限制。在现实层面,我国的志愿者行动是在政府主导下的个体行动,这在一定程度上体现了我国的特色。但从另一角度来说,这也限制了个体主体性的发挥,构成对个体志愿精神和人的现代化品格的消极阻碍。

因此,激发个体现代化品格养成的行动是培育人的现代化品格的必然要求,也受着个体知识、个体观念的影响。要把握我国的历史文化传统的影响,发挥历史传统的优势,抵制消极因素,使人民有序参与,以便对个体权利的维护、社会的发展起到积极的、建设性的作用。

三、当代中国人的现代化品格培育的重要向度

(一)人的现代化品格培育的路径

我国教育界认为品格培育需要发挥学校、家庭、社会的共同力量,发挥教育的合力,才能使品格得以最终形成。品格培育需通过学校、家庭、社会三种路径的共同作用才能奏效。西方学术界在对人的现代化品格的认识上,主要存在共和主义和自由主义两大观念。但无论是从共和主义还是自

---

① 盛红、邓纯余.近年来我国个体志愿者行动研究述评[J].苏州大学学报(哲学社会科学版),2009.6.

由主义来说,人的现代化品格都是必要的,从共和主义观点来看,要维护共同体的存在和延续,个体必须具备现代化品格,这是从内在价值论的角度来讨论的。从自由主义的观点来看,人的现代化品格是维系自由主义的民主制度和社会正义的需要,这是从工具主义角度来探讨的。正如加拿大著名政治学者威尔·金里卡所认为的人的现代化品格具有非常重要的地位,人的现代化品格能够确保民主制度稳定存在。人的现代化品格包括两类品格:一是关注公共政治生活中的公共合理性的品格,一是社会中的个体讲究礼貌待人的品格。而若欠缺了这两类品德,社会就会丧失有序性、动荡不安。"如果太多的人放弃公共理性和公民礼仪,就会动摇民主制度的合法性和稳定性的基础。"①

许多西方学者认为西方现代正面临人的现代化品格水平急剧下降的困境,出现了个体的政治参与积极性下降,投票率下降,个体的礼仪水平下滑等状况。美国学者托马斯·埃瑞克(Thomas Ehrlich)认为美国人特别是美国青年人存在公共责任感严重缺失的现象。② 那么该通过哪些路径培养人的现代化品格呢?

第一,依靠国家法律。国家法律是一种直接的手段,可以强制性地要求人们参与到政治生活中,如澳大利亚颁布了义务投票法,韩国颁布了义务邻里会议法。但实际上并未起到明显的效果,实行起来也非常困难。通过立法这种强制手段来解决个体的私人行动问题,强迫个体从事他们不喜欢的政治活动,只会迫使个体对政治参与产生更大的反感,人们不会积极地、负责任地进行政治参与。而这种消极的、不负责的政治参与,会造成更坏的后果。如有势力的人也许会不负责任地运用自己的势力,帮自己谋取私利。

---

① [加]威尔·金里卡. 当代政治哲学(下)[M]. 刘莘译. 上海:上海三联书店,2004:562.

② Thomas Ehrlich. Civic Education: Lessons Learned, *Political Science and Politics*. No.2. 1999, p. 32.

而且立法的具体实施也非常困难,因为像公民礼仪与公共合理性的品格本身就具有很大的主观性和无法量化的特性,要把他们全都汇编成法律困难重重,法律的实施也更加困难。

第二,依靠间接的手段。直接运用法律的手段无法奏效的话,许多学者认为要通过间接的途径来培养人的现代化品格。市场是其中一种,市场是人的现代化品格的学校。西方个人主义极度张扬的结果是,个体权利日益高涨,著名政治学家马歇尔大力宣扬个体权利的重要性,成为西方社会当时的主导性观念。这种观念影响了国家政策的制定和执行,当时西方国家实行了保障个体权利的许多福利政策,工会的力量越来越壮大。但这样一种个体权利观助长了消极、依赖性、懒惰的文化。因此,西方许多学者强调市场的作用,市场能够教会人们独立、自食其力和保持竞争力。在 20 世纪 80年代,英国撒切尔政府和美国里根政府通过更自由的贸易、放松管制、消减税收、削弱工会、降低福利等手段,教导个体承担起自食其力的责任,养成独立和创新的品格。"市场被视为能够促进一系列重要的品德——如自立和创新,并能促进完整的成员资格。此外,市场还被认为具有支持公民礼仪的作用,因为那些拒绝雇佣黑人的企业或拒绝为黑人顾客提供服务的企业将处于竞争的劣势。"①

发挥社会组织的力量。市场的消极性也非常明显,造成了人们的贪婪、不负责任,如美国的存贷和垃圾债券丑闻。"市场教导创新,但不教导正义感或社会责任……市场都无法教导与政治参与和对话特别相关的那些人的现代化品格,如公共合理性的品德。"②于是,许多学者强调社会组织的积极作用。在社会组织中,个体通过自愿性原则组合在一起,社会群体的舆论制

---

① [加]威尔·金里卡.当代政治哲学(下)[M].刘莘译.上海:上海三联书店,2004:550-551.
② [加]威尔·金里卡.当代政治哲学(下)[M].刘莘译.上海:上海三联书店,2004:551.

约着个体的行为,具有一定的人格约束性。当人们的行为偏离社会组织的要求时,会受到来自社团中的其他个体的谴责,这些谴责有其独特的作用,更能够增强人们的责任心。"正是在这些场所,我们使个人责任和相互义务的观念得以内化,并且学会了对于真正负责的公民资格而言至关重要的、甚至自愿的自制。"①但是社会组织的消极之处在于,由于各个社会组织的目的不同,可能对人的现代化品格起抑制作用。如沃泽尔认为家庭教导着男性对女性的统治专制,教会教导着教徒对权威的顺从和对其他宗教的排斥,种族群体培养着个体对其他种族群体的偏见等。个体在这些关系中,学会顺从而不是独立和主动。家庭培养的是亲密关系的品格。学校教导孩子们如何进行批判性的指令、开阔孩子们的道德视野,这些才是公共合理性的基础。但家庭、学校教育都不能单独起作用,都要依赖其他教育力量的共同作用。文化的传统、个体对国家的认同也具有重要的作用。正如威尔·金里卡所说,"必须进一步通过基于共同语言、历史和公共制度的共享民族感的发展去加强和稳定社会团结"②。

中国具有优秀的教育传统,一直强调要充分发挥学校、家庭和社会的教育合力作用。2013年中共中央办公厅印发了《关于培育和践行社会主义核心价值观的意见》,对如何培育社会主义核心价值观提出了指导性的意见。认为培育和践行社会主义核心价值观首先要从小、从学校抓起,其次要充分发挥家庭和社会的作用。"完善学校、家庭、社会三结合的教育网络,引导广大家庭和社会各方面主动配合学校教育,以良好的家庭氛围和社会风气巩固学校教育成果,形成家庭、社会与学校携手育人的强大合力。"③因此,要培

---

① [加]威尔·金里卡.当代政治哲学(下)[M].刘莘译.上海:上海三联书店,2004:552.

② [加]威尔·金里卡.当代政治哲学(下)[M].刘莘译.上海:上海三联书店,2004:563.

③ 中共中央办公厅.中共中央办公厅印发《关于培育和践行社会主义核心价值观的意见》[J].党建,2014.1.

育人的现代化品格,需要培育个体对自身的民族身份感、个体身份感认同的基础上,再通过家庭、社会、学校三种教育途径的教育合力作用,共同培养人的现代化品格。

(二)人的现代化品格培育的方法

培育好人的现代化品格,离不开好的培育方法。《孟子集注》中说:"事必有法,然后可成。师舍是则无以教,弟子舍是则无以学。"中国传统对品格(品德)的培养特别注重个体内在的自我反思、省察的方法。在《论语·学而》中,就提到道德的内在修养方法,即反思。"曾子曰'吾日三省吾身:为人谋而不忠乎? 与朋友交而不信乎? 传不习乎?"同时,中国传统也强调启发式的方法。《论语·述而》中说"'不愤不启,不悱不发',举一隅不以三隅反,则不复也"。朱熹注解说:"启,谓开其意;发,谓达其辞。"中国古代所讲的启发法与古希腊时期的苏格拉底产婆式的问答法最为相似,都是在于通过启发对方的思维而让其有所领悟的方法。苏格拉底除了用问答法之外,还特别强调要用正面的故事来教育青年,以培育他们良好的品格。"绝不该让年轻人听到诸神之间明争暗斗的事情(因为这不是真的)……我们要特别注意,为了培养美德,儿童们最初听到的应该是最优美高尚的故事。"[1]亚里士多德认为,榜样、模仿和习惯在品格形成中起重要作用。

当代西方新品格教育开展得如火如荼,罗伯特·纳什总结了当代西方新古典主义、社群主义、解放主义三大流派品格教育的教学方法等。新古典主义者认为当代西方经历着一场文化的衰退,品格遭到悲性的"贬值",以威廉·贝内特(William Bennett)、威廉·基尔帕特里克(William Kilpatrick)、爱德华·温(Wynne E. A.)和凯文·瑞安(Ryan K.)等为代表。他们认为自

---

[1] [古希腊]柏拉图. 理想国[M]. 郭斌和、张竹明译. 北京:商务印书馆,1986:73.

1940 年以来,社会出现了大量的杀人、自杀、未婚先孕、被拘留、吸食毒品和酗酒等混乱现象,教育要承担起其中的一部分责任。包括"高中和大学中过多的选修课程、历史修正主义、文学和社会研究中的道德相对主义、过分'民主的'课堂、爱国精神的重要性的淡化,以及对将品德作为一种教育目的的轻视"①。因而要进行品格的教育,教师要重视传授传统的道德价值观,基尔帕特里克认为这些价值观主要蕴含在故事、神话、诗歌、传记和戏剧中。所以,教师可以运用阅读名著、示范法、问答法等来培育学生的品格。"一个理想的品德教育者是努力使自己位于学生学习中心的人——一个可以作为道德模范的人,一个'名著'的狂热者,一个坚定而亲切的训练者,一个使人振奋的说教者,一个充满活动、富有热情的人,一个饱含西方文化传统中的智慧的人。"②社群主义者认为当代西方出现过度的个人主义的自由观念和以权利为基础的伦理观,失去了对传统社群的关注和道德共识的形成。因而主张个人是根植于他们所属的社群,要回归到社群中和培育共同的价值观。社群主义教育者的教学方法是把自己视为传递的媒介,传递的是能被学生纳入其品德中的自我的社群感,试图用榜样示范法来带动学生。"就教学而言,社群主义教育者试图在这个被持续不断的变化,道德相对主义,地方性的、基础性的社群的退化与消失,以及个人认同的丧失所困扰的社会中,通过成为稳定性的典范来示范社群主义德性。"③罗伯特·纳什还分析了另一种与新古典主义、社群主义完全不同语言和世界观的理论,那就是"解放主义创意",解放主义的语言多是批判性的,在哲学史上的代表人物有米歇尔·

---

① Wynne E. A., & Ryan K. (eds.), *Reclaiming our schools: A handbook on teaching character, academics, and discipling*, Macmillan, 1993, p. 17.

② [美]罗伯特·纳什. 德性的探询:关于品德教育的道德对话[M]. 李菲译. 北京:教育科学出版社,2007:28.

③ [美]罗伯特·纳什. 德性的探询:关于品德教育的道德对话[M]. 李菲译. 北京:教育科学出版社,2007:79.

福柯(Michel Foucault)、让－弗朗索瓦·利奥塔(Jean－Francois Lyotard)和爱德华·W.赛义德(Edward W. Said)等。解放主义者一直批判社会,批判白人的统治,所以他们关注的是建立民主的"抵抗社群",谈论论争和冲突,谈论创建一个"新公共领域"。罗伯特·纳什认为解放主义教育在批判理论上较为强大,但在实际的教育细节上较为薄弱,因为他们在教学方法上只是提出问题,批判社会现实,致力于解放。因而"在实际的教学方法论方面,解放主义还没有提供任何的初级读本"①。

综上所述,中西方对于品格的培育方法多种多样,本书认为人的现代化品格的培育方法还是应该从品格的结构要素出发,即知、情、信、意、行五个方面,归纳出主要的培育方法。但需说明的是,既然品格是知、情、信、意、行的综合体,所以任何一种方法都可能要触动品格的各个要素才是有效的。因此,本书按照知、情、信、意、行五个层面来划分的方法,只是一个相对的标准,或许各种方法之间适用的范围都有交叉重叠之处,在具体培育人的现代化品格的过程中必然也是综合运用多种方法才能起到好的教育效果。

1. 知的层面

在认知的层面对人的现代化品格进行培育,较为常见的方法主要有故事法、讨论法。故事法是运用故事来传递道德知识的方法。在中国传统的品格教育中,运用经典的道德故事、编作成语故事来激励读者。如孔融让梨、曾子避席、管鲍之交、一诺千金等,这些著名的道德故事,在中国教育史上不胜枚举。西方传统品格教育也同样如此,运用读故事和讲故事的方式。西方古典主义对于人的现代化品格的培育,也常使用故事法,就是通过阅读故事和讲故事的方式进行教育。如苏格拉底就鼓励运用正面的故事法来培

---

① [美]罗伯特·纳什.德性的探询:关于品德教育的道德对话[M].李菲译.北京:教育科学出版社,2007:127.

育个体。故事法被新品格教育者广泛运用,他们认为故事具有重要的道德教育价值。如基尔帕特里克、利考纳就认为,讲故事是发展儿童良好品格的重要方法,讲故事可以激励人们的强烈情感共鸣,从而促进积极品格的形成。"故事曾经是世界上许多伟大教育家最喜欢用的教学方法,讲故事也是发展儿童品格的最自然方式。因为故事是用吸引而非强迫的力量来教育人,而且每个人都曾有过好故事激起强烈情感的经历。"①詹姆士·威尔逊(James Q. Wilson)认为道德故事会在三个方面影响个人道德品格的形成。一为传递道德信息,这些故事多在传达善有善报、恶有恶报的观念,且鲜明生动,让人经久不忘。二为激发道德情感,这些道德故事会让我们体验在日常环境中难以经历的,他人曾遭受的巨大不幸或者分享他人取得辉煌胜利的喜悦,激发道德情感,唤起我们生活的热情。三为扩展思想视界,这些故事扩大了我们的思想视界,使我们会去思考人类世界的普遍性问题。

柯尔伯格认为儿童的道德推理阶段决定了他们无法理解较高层次的道德推理,儿童对文学中的道德信息的理解是由儿童的道德发展水平决定的。②艾伦·布卢姆认为人文学科的教授们必须回归到他们的最初任务上,以现代的民主规则解释、传播古老的著作,保存传统的东西。"建立在审慎使用伟大文本基础上的教学方案提供了一条通往学生心灵世界的极好的道路。"③因而许多品格教育者们都提倡用经典的书籍来开展品格教育。如贝内特认为父母要带领孩子们阅读好的书。"不论是和孩子一起读一本书,还是把一本书读给孩子听,都能加深……孩子对生活和道德的理解。"④基尔帕

---

① T. Lickona (ed.), *Educating for Character*: *How Our Schools Can Teach Respect and Responsibility*, Bantam, 1991, p.79.

② James Lemming. Tell Me a Story: An Evaluation of a Literature – based Character Education Programme, *Journal of Moral Education*. No. 29(4), 2000, pp. 423 – 424.

③ Bloom A., *The closing of the American mind*, New York: Simon & Schuster, 1987, p. 344.

④ Bennett W. J (ed.), *The book of virtues*: *A treasury of great moral stories*, Simon& Schuster, 1993, p.14.

特里克认同贝内特的看法,好的书籍会以它们自己的方式发挥作用。他也鼓励父母和教师要大声地朗读这些故事,基尔帕特里克在《为什么约翰尼不能辨别是非》,列出了一个适用儿童和青少年的名著清单。① 但故事法也有其局限性,一为故事的系统性不够;二为故事的有效性依赖于说故事者的艺术。"但徒凭故事,不能使儿童对于道德获得系统之观念;一则故事之有效与否,大部分赖于讲说故事者之艺术。"②

如果说故事法是以故事材料为中介,通过阅读故事、讲述故事这类的方法,让孩子有所启发的话,那么讨论法就是通过设置问题,启发孩子深入思考和逻辑推演结论,并在相互的讨论中巩固或修正自己的观点。这种讨论法也是一种古老的教育方法,孔子和他的学生们经常展开的讨论,苏格拉底更是直接运用产婆式的提问方式,步步设置问题,引导学生思考和讨论,最终逐渐得出结论。科尔伯格和拉思斯提出的"两难困境"的讨论方法和价值澄清的方法,都可归类于讨论法的范畴。讨论法的优点是能够充分调动参与者的思维和学习的兴趣,具有较强的启发性。但对参与讨论者都具有较高的要求,要求调动参与者善于设置问题,能启发参与者的思维,也要求参与者态度积极,积极参与讨论,具备相应的理论水平和讨论能力,能够把讨论的问题引向深层次。

西方品格教育者对经典故事法的重视,将其作为品格教育的主要方法,专门编制美德故事书等做法,引起我们的思考。当代中国人的现代化品格培育如何运用好故事法?中国传统文化中蕴藏着丰富的道德故事资源,但传统中国是臣民社会非常典型的国家,臣民社会的时间又非常漫长,若全盘照搬必然会有内容是否适应现代化中国的问题。因而如何善用故事法,选

---

① Kilpatrick W (ed.), *Why Johnny can't tell right from wrong: Moral illiteracy and the case for charcater education*, Simon& Schuster, 1992, p.268.

② 吴俊升.德育原理[M].福州:福建教育出版社,2011:82.

用符合人的现代化品格内容的道德故事、编制人的现代化品格的故事书、推广人的现代化品格故事书等都是大有可为之处。讨论法可以充分调动参与者的积极思维,但探究讨论法在当代中国人的现代化品格培育中的应用,不得不考虑人的现代化品格培育的主阵地学校教育面临的问题。当今中国的中小学基础教育仍是以应试教育为主的教育模式,采用以分数为主要衡量成绩的标准,衡量教师业绩好坏的标准也主要是学生的分数,因而必然导致教师以灌输式的教学方法为主导,讨论式方法成为偶尔的点缀。随着高等教育的普及化,我国高等教育规模达到空前规模,万人大学比比皆是,百人以上的大课堂成为基本,导致要在这么大的课堂中开展讨论法,面临重重困难,或因为参与人数非常之少,或者时间拖沓延误教学内容推进缓慢,探索大课堂之下的分组讨论法也许是条出路。

2. 情的层面

认知的建构只是品格培育的第一步,社会中知而不行的现象比比皆是。为何会出现这种现象呢? 英国道德哲学家休谟作出了回答,认为欠缺情感的因素才是根本性原因。在个人品格的形成过程中,情感占据着重要作用。理性具有判断力的作用,但这种作用非常有限,它不足以产生道德上的谴责或赞许,唯有情感才会直接产生道德的谴责或赞许,从而激发行动。"但是当每一个因素、每一种关系都知晓之后,知性则又没有了进一步发挥作用的余地,也没有了它自己的能够发挥作用的对象。于是那种随即发生的赞许或谴责就不可能是判断力的作品,而只能是心(heart)的作品,就不是个思辨性的命题或断言,而是一种生动活泼的感受或情感。"[1]从情感的层面来说,陶冶法是常用的方法。如果说故事法、讨论法是一种直接式方法的话,那么陶冶法则是一种隐性的、间接式的方法,是指通过情境让人能自然而然地得

---

① [英]休谟.道德原则研究[M].曾晓平译.北京:商务印书馆,2001:142.

到道德情感的熏陶和升华的方法。这种陶冶法往往是通过环境、艺术作品如音乐、绘画等来获得情感上的熏陶和陶冶的方法。孔子在《论语·阳货》中的那段对话提倡无言之教，"子曰：'予欲无言。'子贡曰：'子如不言，则小子何述焉？'子曰：'天何言哉？四时行焉，百物生焉，天何言哉'"，在一定意义上也体现出他对陶冶法的强调。中国传统文化中强调环境的潜移默化的熏陶作用，实际上就是在强调环境对人的情感陶冶作用。孟母三迁的故事，非常生动地体现了环境对人的品格形成、塑造所起的陶冶作用。"近朱者赤、近墨者黑"同样也表达了这种观点。裴斯泰洛齐从道德产生的自然基础出发，认为人类对上帝的服从是从母爱中产生的，"我是怎么会热爱、信任、感激并且服从人的呢？人类的爱、感激和信任等感情是如何在人的本性中产生的呢？人的服从的行为又是如何产生的呢？我发现，它们主要来源于婴儿与其母亲之间的关系"①。因而他主张通过爱来陶冶人的本性。"如果世人认为我想要借助偏颇的头脑训练去陶冶人的本性，或者借助偏颇的算术和数学去陶冶人生，那是绝大的错误，绝大的误解。不是那样的。我是要借助爱的多元性，去陶冶人的本性。我绝不是要教授数学，而是要陶冶人性。而这种人性的陶冶惟有通过爱才能体现出来。"②

许多教育家都重视环境的陶冶，特别强调积极的、美好的环境的陶冶作用。苏霍姆林斯基认为积极的环境氛围，将激发学生的所有天赋，懒散、无能的品格将被消除。"一个学生，如果在他的周围到处都能看到召唤他去追求知识、献身劳动、不断创新的火炬，如果点燃这一指引他勇往直前去克服困难的知识之明灯的，不只是一个老师，而是所有的教师，所有的少先队辅导员，那么将会出现怎么样的一幅情景呢？那就是：每一个学生身上的天赋

---

　　①　[瑞士]裴斯泰洛齐. 裴斯泰洛齐教育论著选[M]. 夏之莲等译. 北京：人民教育出版社，1992：183.

　　②　[日]佐藤正夫. 教学原理[M]. 钟启泉译. 北京：教育科学出版社，2001：18.

素质都将毫无例外地得到发展,每一个学生特有的智慧都能放射出灿烂的异彩;一切懒散、无能的人都将不复存在,因为人生下来本来就是为了要成为天才的创新者的。"①杜威提倡教育即生活的理念,认为学校环境要起到熏陶作用。"学校环境的职责,在于尽力排除现存环境中的丑陋现象,以免影响儿童的心理习惯……学校选择其中最优秀的东西,全部自己使用,努力强化它们的力量。"②受杜威教育理念的影响,中华民国时期我国著名教育家陶行知认为生活环境直接影响教育,好生活形成好教育,坏生活形成坏教育。"是生活就是教育;是好生活就是好教育,是坏生活就是坏教育;是认真的生活就是认真的教育,是马虎的生活就是马虎的教育;是合理的生活,就是合理的教育;是不合理的生活,就是不合理的教育。"③

情感陶冶法是一种较为隐性的、润物细无声的方法,能够把教育内容间接地寓于生动形象、生活化的环境中,较为容易地被接受的方法。但其缺点是"不能在短时间内传授明确和大量的知识信息,所以,陶冶法有时须与其他教育方法结合起来才能发挥最大的教育功效"④。

当代中国人的现代化品格的培育要发挥好环境的陶冶功能,横幅、标语式的宣传等是各地方政府、宣传部门比较喜欢用的方式,在全国各个地方、各个公共场所都能见到社会主义核心价值观标语的宣传。但仅仅标语式的宣传实则将环境的陶冶作用转向了显性作用,让全体人民仅仅记住了这些标语,并未触动个体的情感、意志等层面。因而探讨将柔性的具体人的现代化品格通过生动的环境隐性地表达出来,以便能潜移默化地影响个体,使社会的价值观逐渐内化为个体稳定的品格。

---

① ［苏］苏霍姆林斯基.要相信孩子［M］.汪彭庚译.天津:天津人民出版社,1981:124.

② ［美］约翰·杜威.民主主义与教育［M］.王承绪译.北京:人民教育出版社,2001:22－23.

③ 陶行知.中国教育改造［M］.北京:东方出版社,1996:143.

④ 檀传宝.德育原理［M］.北京:北京师范大学出版社,2007:223.

3. 信的层面

理想信念是品格的核心和灵魂,决定着个体是否愿意从认知向行为的转化。只有个体相信了,才会去行动。没有理想、信念,就无法培养出真正稳定的人的现代化品格。因而人的现代化品格的培育从理想、信念上下功夫是符合品格形成的规律的。对理想、信念的形成和发挥作用的方法论述最多的当为苏联教育家苏霍姆林斯基,他为如何培养共产主义接班者的共产主义理念信念提出了许多观点。苏霍姆林斯基把为正义崇高事业的实现,为共产主义胜利,为祖国独立、自由和繁荣奉献确定为最高的道德理想。在苏霍姆林斯基看来,只有让孩子去感受具体现实生活中的理想目标,才能培养出理想的品格。"我认为教育者的首要使命,在帮助自己的学生赞赏道德美并被这种美所鼓舞,使他坚定地相信,美和真理总是会胜利的。应当让儿童特别是少年在人们的具体生活和现实关系中看到真和美,这也就是说让他们经常感到自己的生活受到一种道德力量的支持。我们要儿童、少年和青年去赞赏、仰慕和追求的理想人物……应当是具有鲜明的思想、情感和激情的活生生的人。这种人身上最吸引儿童和青少年并使他们敬仰的美德,乃是对原则和信念的忠诚不渝和道德上的坚定精神,特别是对邪恶的不调和、不容忍的态度。"①他也坚定地认为信念的培养需要依托于劳动这个载体和手段。"没有劳动,没有能使人表露他自己的那种在道德上和意志上的努力,培养信念是不可能的。劳动是形成思想信念的强有力手段。"②但他仍然强调,劳动仅是一种手段,只有在明确高尚的目的指导下,劳动对劳动者的心灵起到大的激励和冲击作用时,才能起到巨大的教育作用。"在创造性劳动的性质之中,在为造福人民、征服自然力而进行的斗争之中,就包含有

---

① ［苏］苏霍姆林斯基. 和青年校长的谈话［M］. 赵玮等译. 北京:教育科学出版社,2009:183.
② ［苏］苏霍姆林斯基. 帕夫雷什中学［M］. 赵玮等译. 北京:教育科学出版社,1999:220.

磨炼精神所必需的困难。……人在这样的劳动中,会在品德发展上提高到比原来更高的阶段,向男女青年们展示这种精神上的高尚性——这是形成信念的一个重要方面",“困难、障碍、苦恼——这是信念的试金石。一个人在青少年时期如何对待困难,决定着他精神上的坚定性和对原则的忠诚性。"①

4. 意的层面

中国传统文化中特别重视道德意志的作用,并认为要用苦难教育来锻炼意志。最为代表性的就是在《孟子·告子下》中说的“舜发于畎亩之中,傅说举于版筑之间,胶鬲举于鱼盐之中,管夷吾举于士,孙叔敖举于海,百里奚举于市。故天将降大任于是人也,必先苦其心志、劳其筋骨、饿其体肤、空乏其身,行拂乱其所为,所以动心忍性,曾益其所不能"。说的是舜从田野中被举用,傅说从筑墙工作中被举用,胶鬲从贩卖鱼盐的工作中被举用,管夷吾从士人中被举用,孙叔敖从海边被举用,百里奚从市井中被举用。因此,上天将要降落重大责任于这些人身上,一定要先让他的内心痛苦,筋骨劳累,经受饥饿之苦,穷困潦倒之苦,行为颠倒错乱之苦,这样才使得他的内心忍耐,性格坚定,使其增加其不具备的才能,表达的就是通过苦难磨炼个体的道德意志。

古希腊时期,个体意志的训练往往通过体操来实行。近代之后许多教育家继承了这一传统,认为身体训练是意志训练的重要方法。夸美纽斯认为身体是灵魂的住所,一旦身体毁坏了,灵魂便立刻离开这个世界,身体是灵魂的工具,没有这个工具,灵魂也无法产生任何作用。因此,他提出了锻炼身体,以使健全的精神寓于健康的身体的观点。洛克也认为健全的精神寓于健全的身体,身体孱弱的人,就是有了正确的途径也绝不能获得进展。

---

① [苏]苏霍姆林斯基.帕夫雷什中学[M].赵玮等译.北京:教育科学出版社,1999:218.

健康是人类的工作和幸福所不可或缺的。抑制恣意与欲望,顺从地服从本源的自然理性的命令,锻炼健壮的体魄,是教育的主要任务。卢梭继承了洛克的思想,强调身体的锻炼,因为他觉得锻炼身体、强健体魄乃是自由、独立人格的自然人所不可缺少的素质,身体训练是意志训练的基础。"身体太舒服了,精神就会败坏。没有体会过痛苦的人,就不能理解人类爱的厚道和同情的温暖;这样的人势必心如铁石,不同他人相往来,他将成为人类中的一个怪物。"①"锻炼他们的体格,使他们能够忍受酷热的季节、气候和风雨,能够忍受饥渴和疲劳;把他们浸在冥河水里吧。"②

裴斯泰洛齐、凯兴斯泰纳等都继承了这一观点。裴斯泰洛齐认为体操对道德训练具有价值,体操能促进儿童的欢乐和健康,也可以助长团体精神、兄弟般的情感,以及勤奋的习惯、坦诚的性格、个人勇气、吃苦耐劳等品质。③ 同时,裴斯泰洛齐还是真正把教育与生产劳动结合在一起,付诸实践的教育家。他早在新庄时期,就开始实验,每天既教儿童手工劳动和园艺劳动,又进行初等文化知识如读写算的教学。后来在斯坦兹时期,他逐步意识到教育与生产劳动相结合在培养儿童全面发展的能力上的意义。裴斯泰洛齐关于教育与生产劳动相结合的观点影响深远,德国的教育家凯兴斯泰纳受其影响,通过努力获得国家的准许,创办了劳作学校,学校的宗旨就是培养个体及其品格。我国德育学者吴俊升总结了卢梭、荷兰的珍·莱特哈特(Jean Ligtheart)、凯兴斯泰纳、杜威等强调劳作的观点,他认为劳作具有重要的德育意义,可以达到意志训练的目的。"劳作之德育价值,首在为训练意志之最好工具。因劳作有一定之目的,必取一定之方法。遵循一定方法,锲

---

① [法]卢梭.爱弥儿[M].李平沤译.北京:商务印书馆,2013:95.
② [法]卢梭.爱弥儿[M].李平沤译.北京:商务印书馆,2013:26.
③ [瑞士]裴斯泰洛齐.裴斯泰洛齐教育论著选[M].夏之莲等译.北京:人民教育出版社,1992:373.

而不舍,以求目的之达到,正是一种意志之训练。"①

坚定的意志对于品格的形成同样具有重要意义,通过劳动、苦难来锻炼意志对我国当下培育个体的品格具有启发性。随着中国经济的崛起,人们家庭生活水平的改善和提高,以及独生子女政策推行了四十多年,使得这种苦难的教育的物质基础和精神意愿丧失,许多孩子表现出脆弱的性格,出现了个别学生受到一点挫折就自杀的现象,值得我们深思,加强劳动与教育的结合,以期通过劳动来锻炼意志品质。

5. 行的层面

中西方传统中都非常重视行为在品格形成中的决定性作用。亚里士多德认为要培养品格,就要多做相应品格的行为。如要培养正义的品格,就要多做正义的事,要培养勇敢的品格,就要多做勇敢的事。黑格尔也认为仅仅做一次合乎伦理的事是不够,只有变成行为习惯才能说是有德的。"一个人做了这样或那样一件合乎伦理的事,还不能说他是有德的,只有当这种行为成为他性格中的固定要素时,他才可以说是有德的。"②孔子也认为君子行比言更为重要。在《论语·里仁》中说:"君子欲讷于言,而敏于行。"孔子还把行为作为一个观察和衡量个人品格的标准。在《论语·学而》中说:"父在,观其志;父没,观其行;三年无改于父之道,可谓孝矣。"在《论语·公冶长》中说:"始吾于人也,听其言而信其行;今吾于人也,听其言而观其行。于予与改是。"人的现代化品格最终能否形成有赖于行为的实践,本书主要讨论行为实践法、榜样示范法等。

行为实践法是"在教育者的指导下,通过有目的、有计划的各种实践活动,训练和培养受教育者优良品德行为习惯的方法"③。这里所说的各类实

---

① 吴俊升.德育原理[M].福建教育出版社,2011:94.
② [德]黑格尔.法哲学原理[M].范扬、张企泰译.北京:商务印书馆,1961:170.
③ 华中师范大学教育系等.德育学[M].西安:陕西人民教育出版社,1986:192.

践活动,既包括模拟实践活动,也包括社会实践活动。模拟活动是指设置情境,通过模拟的生活去让个体体验社会价值和实践的教育活动。美国教育家谢夫特研究了模拟活动中重要的要素角色扮演,提出了"角色扮演"的教育阶段理论。"在他看来,教育过程包括九个阶段:使小组活跃起来;挑选参与者;布置舞台;培育观察者;表演;讨论与评价;再次表演;讨论和评价;共享经验与概括。"①模拟的角色扮演活动毕竟只是一种对生活的模拟,缺乏真正社会生活的要素,因此要培养人的现代化品格,最终还需要在社会实践中培育和锻炼。苏霍姆林斯基总结了实践的经验,指出培养学生的同情心、热情、真挚等优秀品质的途径就是让学生持续地关心某些需要帮助和经济支援。② 人的现代化品格的形成必然要在个体政治参与行为以及志愿者活动的行为中展开。英国教育家约翰·安耐特(John Annette)、本纳德·克瑞克(Bernald Crick)等人认为除了学校教育外,人的现代化品格的培养应该通过服务学习或社区服务志愿活动,来培养具有义务感和社会责任感的人的现代化品格。

当前中国人民政治参与的实践中,仍存在阿尔蒙德所说的"臣民型 – 参与型"模式③,个体或者表现出政治顺从和冷漠,或者当个体认为自己的权益被侵犯时,又会产生非理性的暴力冲突形式,影响社会的稳定。个体仍表现出权利意识的缺乏,以及维护权利的能力较低的现象。这种个体政治参与的实践仍是相当不充分,存在众多问题。近些年来,社区志愿服务活动在中国呈现蓬勃发展的势头,汶川大地震中许多公益组织和个体体现出了良好社会关爱的支援行动。但总体上来说,很多善行仍是基于传统善恶报应理

---

① 檀传宝.德育原理[M].北京:北京师范大学出版社,2007:225.
② [苏]B. A.苏霍姆林斯基.要相信孩子[M].汪彭庚译.天津:天津人民出版社,1981:65.
③ [美]加布里埃尔·A.阿尔蒙德.公民文化:五国的政治态度和民主[M].马殿军等译.杭州:浙江人民出版社,1989:16.

念之下所做的善行。同时社会组织内部本身的发育也不是朝着民主化、开放化的方式发展，许多社会组织内部仍按照行政机构的级别体制进行管理，甚至有些社会组织成为利益集团共同体，有些又成为国外意识形态政治渗透的工具，成了社会不稳定的因素等众多乱象。在此情况之下，个体的政治参与实践活动一着不慎，不仅不能起到良好的效果，反而会走向反面。个体的有序政治参与社会的实践活动成效与社会的良性发展密切相关。

榜样示范法的特点是通过榜样的言行，可以具体地、形象地感受到优秀的品格在他们身上的体现，同时榜样具有无穷的道德力量，可以起到激励、鞭策、感召、引导的作用。孔子在《论语·述而》中就提到要向榜样学习，"三人行，必有我师焉。择其善者而从之，其不善者而改之"。在《论语·里仁》中，孔子提出见贤思齐的观点，"见贤思齐焉，见不贤而内自省也"。孟子说："规矩，方圆之至也；圣人，人伦之至也，欲为君，尽君道；欲为臣，尽臣道。二者皆法尧舜而矣。"[1]亚里士多德认为，榜样、模仿和习惯在品格形成中起着重要作用。中西方许多教育家都认可榜样的示范作用，卢梭对榜样示范的辩证分析值得我们借鉴。一方面，卢梭重视榜样的作用，他竭力要求教师以身作则，通过身体力行，给儿童作表率，使儿童模仿和取法。卢梭谆谆叮嘱老师道："你们别那么虚伪了，你们为人要公正和善良，要把你们的榜样刻画在你们学生的记忆里，使它们深入到他们的心。"[2]另一方面，卢梭认为仅仅让儿童模仿教师的榜样行为是有局限的，当且仅当儿童真正能够认为所模仿的行为本身是善而愿意去行动的时候，才能具有好的道德效果。爱好模仿是一种人与动物都具有的良好天性，如果模仿他们所钦佩的行为的旨趣是虚假的，那么这种模仿的道德与猿猴模仿的道德无异，真正为行善而行善

① 孟子·离娄上。
② ［法］卢梭.爱弥儿［M］.李平沤译.北京：商务印书馆,2013:126.

才是值得肯定的。"所有这些从别人那里模仿来的美德，都是像猴子那样学来的乖，而任何一种良好的行为之所以能够产生良好的道德效果，只是因为在你做的时候就认识到它本来是好的，而不是因为看见别人那样做，你才那样做。"①班杜拉以其社会学习理论从心理学视角对示范法进行了分析，从而为榜样示范法寻找到了心理学上的依据。他认为，在社会情境中，个体的行为因受别人的影响而改变，绝大多数的这种社会学习活动是通过观察学习和模仿产生的。示范法其实就是社会学习。②因而榜样示范在对人的现代化品格培育的过程起着生动、形象的示范作用，既要注重榜样的示范作用，又要关注到人们是出于善的意志去行为还是出于虚假的旨趣去模仿。

当代中国的社会道德宣传活动经常采用榜样示范法，如感动人物的评选活动、时代楷模发布厅、全国道德模范评选活动，各地市的政府宣传部门纷纷请道德模范开设道德讲坛等，这些方式非常具有代表性，影响的范围也较广。但向道德模范学习的大型活动只是一个短期的、导向性的活动，人的现代化品格的培育不是一个短期的过程，需要一个长期的、循序渐进的过程。因而榜样的示范也不能仅仅归之为政府宣传部门所推崇的那几个，更多的是发挥身边的、日常的生活中的榜样，这样才能起到长期的作用。

综上所述，人的现代化品格的培育涉及培育什么和怎么培育的问题。要回答培育什么样的人的现代化品格，前提自然是要以什么样的标准确立人的现代化品格培育的内容，笔者认为以个体在社会政治生活中所具有角色层次标准和社会所宣扬的核心价值观念两个标准来确定。人的现代化品格的塑造与现代化的发展相辅相成，现代化的发展最终要落实到主体身上，培育具有现代化品格的个体是实现社会现代化的关键性主体因素。教授个

---

① ［法］卢梭.爱弥儿［M］.李平沤译.北京:商务印书馆,2013:127.
② 张春兴.教育心理学［M］.杭州:浙江教育出版社,1998:193.

体知识、树立个体权利义务观念、激发行动是人的现代化品格培育的"三位一体"实施模式。人的现代化品格培育的途径应充分发挥家庭、学校、社会教育合力,并从品格的构成要素,从知、情、信、意、行五个层面探讨人的现代化品格培育。

结语：人的发展与社会现代化

　　人的发展与社会现代化的关系是现代化进程必然内含的主题。人的发展与社会现代化的相互依赖、互为前提的辩证关系，是我们应持的立场和观点。中国花费了几百年的时间才走上现代化的进程，折射出一个重大的理论和实践问题：社会的现代化是人的现代化的前提，没有社会的现代化，我们很难实现人的现代化。反之亦然，社会现代化的主体是人，人的现代化应为社会现代化的最终目的，没有人的现代化，就没有社会的现代化。这是一种相互矛盾、互相辩证的关系。时至今日，人的发展与社会现代化问题仍是重大的理论和实践课题，仍然相互纠葛在一起。

　　社会现代化是人的现代化的前提，社会的现代化会带来社会的各个方面的变化，包括人的社会心理、观念、价值和行为方式。美国著名社会学家阿历克斯·英格尔斯认为社会的现代化必然会引起人的现代化，他通过对六个发展中国家中人的观念、价值、态度和行为方式的调查，认为社会现代化中的某些共通性要素在改变着人们的观念、价值、态度和行为方式，使得这些社会现代化进程中的个人具有一些共同性的现代化品质。"现代科学技术的长足发展以及随之而来的生产方式的变化，特别要求人们能欣然接受和迅速适应生活方式的改变,成为头脑中沸腾着创造智慧和革新思想的人。现代化机构和制度鼓励它的工作人员努力进取,讲求办事效率,积极、主动地承担责任,严格遵守操作规程和纪律。一个现代国家,要求它的全体公民关心和参与国家事务和政治活动。"①正如美国社会学者戈登·迪伦佐(Gordon J. DiRenzo)和里昂·沃森(Leon H. Warshay)所认为的,现代化是一种广泛的、激烈的社会变化,会引起社会各个方面的深刻变化。"现代化,不仅仅是社会变化的组成部分,也不仅仅是当前的社会变化。相反,它是非常广泛和激进的转变,这种转变是整个社会文化系统的转变,对几乎社会的所有方面和个人行为都有着深刻的、意义深远的影响,包括人的社会品格或者国民性。"②社会的现代化进程逐渐地改变着人的思想、观念、价值观、态度和行为方式,使得人身上不自觉地带有现代化打下的烙印。

马克思人类社会发展形态的理论表明,人类社会形态的演进,是一个从简单走向复杂、从封闭走向开放、从单一走向多元的过程。社会中个人的状态,也是一个从人与人之间的相互依赖走向人对物的依赖,最终走向人的全面、自由发展的阶段。因此,社会形态的演进与人的主体性的演进是人类社会发展进程中的必然逻辑,二者相互统一。在当今现代化的开放环境中,社会的现代化为人的现代化提供民主的、开放的、宽容的社会环境,使个人能够在这种开放的社会环境中,充分发挥自己的主动性和能动性,发挥自己的创造性,通过自己的努力获得更多的机会,实现个人的充分发展。当代社会信息化、全球化的特点,又促进了社会的更加开放,人与人之间的联系也越来越超越时空的限制,交流越来越频繁,社会联系也越来越紧密。因此,现

---

① [美]阿历克斯·英格尔斯等.人的现代化——心理·思想·态度·行为[M].殷陆君译.成都:四川人民出版社,1985:5.

② Gordon J. DiRenzo, Leon H. Warshay. National Character and Psychological Modernity in Italy, *International Social Science Review*, No.66, 1991, p.158.

代化的社会为人的发展提供广阔的空间和创造了充分的空间,增加了人的主体性等现代品格,越来越有利于人的全面发展。

马克思主义还认为人是社会的主体,人在社会的发展历史中居于主体地位,"对宗教的批判最后归结为人是人的最高本质这样一个学说,从而也归结为这样的绝对命令:必须推翻使人成为被侮辱、被奴役、被遗弃和被蔑视的东西的一切关系"①。甚至可以进一步说,人类社会发展的整个历史也是人类个性不断发展的历史。因此,人作为现代化的主体,没有人的现代化发展,就没有社会的现代化,人的现代化发展是社会现代化的终极目的。人的现代化又具有能动的反作用,人的现代化能促成社会现代化的发展,是社会现代化的内在动力和精神支持,是实现社会现代化的根本因素。正如英格尔斯所说:"在整个国家向现代化发展的进程中,人是一个基本的因素。一个国家,只有当它的人民是现代人,它的国民从心理和行为上都转变为现代的人格,它的现代政治、经济和文化管理机构中的工作人员都获得了某种与现代化发展相适应的现代性,这样的国家才可真正称之为现代化的国家。否则,高速稳定的经济发展和有效的管理,都不会得以实现。即使经济已经开始起飞,也不会持续长久。"②"我们已把这种改革解释为从传统主义到个人现代性的转变,缺少了这种渗透于国民精神活动之中的转变,无论一个国家的经济一时繁荣到何种程度,也不能说明这个国家能获得持久的进步,真正实现了现代化。当今任何一个国家,如果它的国民不经历这样一种心理上和人格上向现代性的转变,仅仅依赖外国的援助、先进技术和民主制度的引进,都不能成功地使其从一个落后的国家跨入自身拥有持续发展能力的

① 马克思恩格斯文集(第一卷)[M].北京:人民出版社,2009:11.
② [美]阿历克斯·英格尔斯等.人的现代化——心理·思想·态度·行为[M].殷陆君译.成都:四川人民出版社,1985:7-8.

现代化国家的行列。"①

因此,人的现代化与社会现代化是相互促进、互为前提的辩证统一关系。"人的现代化是国家现代化必不可少的因素。它并不是现代化过程结束后的副产品,而是现代化制度与经济赖以长期发展并取得成功的先决条件。"②正如美国社会学者戈登·迪伦佐和里昂·沃森所说的,"思想的现代化并不仅仅是社会现代化的产物。相反,通过转化成行为的德性力量,思想现代化本身也促成了社会现代化,促进了现代社会的发展。思想社会进程是一种循环的过程"③。

但是人的现代化与社会现代化并不是同步进行的过程,人的现代化可能会滞后于社会的现代化,从而阻碍社会的现代化进程。戈登·迪伦佐和里昂·沃森通过对意大利的社会现代性、心理现代性、国民性、现代性与文化的落后、个性与社会变化的调查数据分析,得出结论:意大利社会心理的现代性大大落后于社会经济的变化。④ 各个国家人的现代化也具有各自的特点和文化特性,美国学者阿尔蒙德对六个国家的个体文化情况调查后,认为各个国家的个体文化具有自己的文化特点,有其自身文化传统的特殊性。因此,社会的现代化与人的现代化问题既是现代化进程中的重要问题,也是复杂的问题。

现代化的进程也给人的现代化带来一系列的挑战,使人的发展陷入困境。伴随着现代化运动进程而来的,是大量的陌生人涌入城市及由此带来

---

① [美]阿历克斯·英格尔斯等. 人的现代化——心理·思想·态度·行为[M]. 殷陆君译. 成都:四川人民出版社,1985:7.

② [美]阿历克斯·英格尔斯等. 人的现代化——心理·思想·态度·行为[M]. 殷陆君译. 成都:四川人民出版社,1985:8.

③ Gordon J. DiRenzo,Leon H. Warshay. National Character and Psychological Modernity in Italy,*International Social Science Review*. No. 66,1991,p. 168.

④ Gordon J. DiRenzo,Leon H. Warshay. National Character and Psychological Modernity in Italy,*International Social Science Review*. No. 66,1991,pp. 158 – 167.

的一系列伦理道德问题。人们在对陌生人的身份信息一无所知的前提下,本能地会对外来的陌生人产生警惕、戒备、防范、疏离、观望的心理,以及在此种心理之下相应的戒备行为。"由于陌生人保存着陌生关系,冻结了距离,防止着亲近;愉快正是来自相互的疏离,来自责任和保证的缺乏:陌生人之间不管发生什么事情,都不会有长久的义务拖累他们。"①英国社会学家鲍曼认为,陌生人之间的这种状态是城市生活的一种常态,陌生人之间存在漂泊不定、没有承诺的关系,使得人们之间成为一种表面的交往。"在城市的街道生活中,人们彼此之间的交往浮于表面;每个漫步者穿梭于一场不间断的面子展示会,而当他/她运动时也在不断地展示自己。"②这样一种陌生人的状态蕴含着现代性的危机,人们对陌生者充满着戒备,谨慎地计算等不信任的状态。"通过将自我简化为一张面子、某种一个人能控制和安排的事物,这为自我防御入侵者提供了安全保证;事实上,由于面孔不得不表现出语义上的含糊,人们仍需时常保持戒备,即使人们小心翼翼地计算着自己的行动,每一步也都充满着危险。"③鲍曼还认为,陌生人成为在门口的陌生人,也带来人们精神的困境,渴望安定的愿望与无法实现之间的困境。生活于城市中的陌生人,渴望着安定的家园,但家园周围又存在邻里的陌生人状态,使得这种安定家园的梦想落空。"正是这帖假想良方的不现实,在梦中之家和每一处砖瓦水泥建筑、每一处'防备的邻里关系'之间大张着的鸿沟,使地区性的冲突变为单一的家的形态,而且使家与家之间的界限在不断的

---

① [英]齐格蒙特·鲍曼.生活在碎片之中——论后现代道德[M].郁建兴等译.上海:学林出版社,2002:147.

② [英]齐格蒙特·鲍曼.生活在碎片之中——论后现代道德[M].郁建兴等译.上海:学林出版社,2002:148.

③ [英]齐格蒙特·鲍曼.生活在碎片之中——论后现代道德[M].郁建兴等译.上海:学林出版社,2002:151.

磨合中成为使界限和家本身成为'现实的'唯一可行方式。"①

　　陌生人的面孔也具有后现代的双重人格,人们对此既充满着惊喜又混合着恐惧。"他有两副面孔,一副是有诱惑力的,因为它是将要到来的神秘的(像比彻过去常常说的,性感的)、诱人的、充满希望的快乐,而又不要求任何忠诚的誓言;这副充满无穷机会的面子,有着未尝试过的快乐和永远崭新的奇遇。另一副面孔也是神秘的——但它浑身写满了凶恶的、威胁的、恐吓的谜。"②那么鲍曼认为该如何呢? 他在《生活在碎片之中——论后现代道德》序言中强调,既然我们已经注定要面对他者的挑战,生活于这种相依的状态之中,那我们不如接受并承担起这种责任。"'承担责任'与其说是社会调整和个人教育的结果,不如说它构建了萌生社会调整和个人教育的原初场景,社会调整和个人教育以此为参照,试图重新框定和管理它。"③吉登斯同样认为,现代性所带来的陌生人的问题,人们的处理方式也多是纯仪式性的客套和寒暄,表现出有礼貌的疏远(polite estrangennent)和刻意控制。这种陌生人的关系也表现出短暂性、脆弱性和非私人性的特点。④ 因而如何对待陌生人、培育个体什么样的品格成为现代化的研究课题。

　　改革开放四十多年来,中国经历了巨大的社会变迁,当代中国社会无疑已经从熟人社会迈向了陌生人的社会,陌生人社会产生了道德上的排他性,从根本上需要建立起陌生人的伦理。⑤ 当代中国社会与中国传统社会有着截然不同的社会结构,中国传统社会是"熟人社会",这种熟人社会以血缘为

　　① [英]齐格蒙特·鲍曼. 生活在碎片之中——论后现代道德[M]. 郁建兴等译. 上海:学林出版社,2002:152.
　　② [英]齐格蒙特·鲍曼. 生活在碎片之中——论后现代道德[M]. 郁建兴等译. 上海:学林出版社,2002:155.
　　③ [英]齐格蒙特·鲍曼. 生活在碎片之中——论后现代道德[M]. 郁建兴等译. 上海:学林出版社,2002:序言1.
　　④ [英]安东尼·吉登斯. 现代性的后果[M]. 田禾译. 南京:译林出版社,2000:70.
　　⑤ 程立涛、乔荣生. 现代性与"陌生人伦理"[J]. 伦理学研究,2010.1.

基础,形成以血缘、人情的亲疏远近而确立的伦理规则和道德差序。费孝通认为中国传统社会是"熟人社会","它以'己'为中心,像石子一般投入水中,和别人所联系成的社会关系,不像团体中的分子一般大家立在一个平面上,而是像水的波纹一般,一圈圈推出去,愈推愈远,也愈推愈薄"①。但当代中国现代化后也造就了一个陌生人不断介入,流动性日趋加剧的社会,这使得中国传统以"熟人社会"为基础构建的伦理规范受到了极大的挑战,人们也不能适应越来越多的陌生人涌入的社会。人们不敢用"熟人社会"的伦理来对待陌生人,因为差序原则使得人们对于熟人不用固守规则,而是凭着情感、直觉作出判断。"我们大家是熟人,打个招呼就是了,还用得着多说么?"②

中国传统社会对陌生人伦理较少述及,也正因为此,20 世纪中国台湾经济起飞之际,许多中国台湾学者热烈地讨论了"第六伦"的问题。第六伦处理的是个人与社会大众的关系,为什么要讨论第六伦呢?"主要原因就是'尽管我们是一个文明古国,礼仪之邦,一向重视伦理,然而我们对于个人与陌生社会大众之间的关系,则缺乏适当的规范。'"③第六伦是针对传统五伦的不足而倡立的,第六伦和五伦的区别在于:一为适用对象的不同。传统五伦的行为准则适用于特殊对象,如父慈子孝适用于父母子女间的关系,而第六伦适用的行为准则属于一般主义,大家都适用同样的准则。二为社会文化背景不同。传统五伦的社会文化背景是经济活动和社会结构简单的传统社会,第六伦则是经济活动和社会结构复杂的现代社会。三为人际关系特点不同。以五伦为基础的人际关系的优点是亲切、关怀,缺点是偏私、脏乱,而第六伦的人际关系则是公正、秩序,缺点则是冷淡、疏远。四为道德范畴不

---

① 费孝通.乡土中国 生育制度[M].北京:北京大学出版社,1998:27.

② 费孝通.乡土中国 生育制度[M].北京:北京大学出版社,1998:10.

③ 韦政通.伦理思想的新突破[M].北京:中国人民大学出版社,2010:183.

同。五伦属于私德的范围,第六伦属于公德的范围。实行第六伦就要做到:对公共财物应节俭廉洁,以消除浪费与贪污;对公共环境应维护,以消除污染;对公共秩序应遵守,以消除脏乱;对不确定的第三者之权益,亦应善加维护和尊重;对素昧平生的陌生人,亦应给予公正的机会,而不加以歧视。倡导第六伦并不意味着拒斥五伦,而是要各赋予其恰当的位置。① 因此,我们可借鉴鲍曼和中国台湾关于第六伦的构建理论,勇敢地承担起责任,面对熟人"陌生化"的社会现象,平等地尊重陌生人,培育出适合现代陌生人社会特点的当代人的现代化品格。

当今世界现代化和全球化后面临另一个普遍性难题是,科学技术在促进社会发展的同时也潜藏着巨大的风险,如切尔诺贝利、福岛核电站泄漏等事件,威胁到了整个人类的生存安全,使得现代社会的风险和风险冲突问题越来越成为重大的理论和实践问题。风险社会理论的代表人物乌尔里希·贝克认为风险社会冲突之下现代个体应具备理性协商的品质。西方发达工业国家具有悠久的理性主义传统、法治传统、个体文化和教育传统,个体可以合法地、较为理性地协商风险冲突问题。中国改革开放四十多年来现代化的快速发展也面临巨大的环境污染问题,风险的冲突问题同样成为中国现代化进程中的问题。各类大型涉"核"项目在各地受阻的事例从某种意义上也反映出中国个体欠缺法治精神和理性应对此类风险的知识和能力。公众表现出了对核风险的恐慌和非理性的、用暴力手段对地方政府施压的方式,体现出个体逐渐增长的权利意识与维护权利的理性能力薄弱间的矛盾。

虽然中国在短暂的时间内完成了西方国家花了几个世纪才完成的经济现代化过程,但中国的历史文化机制、社会教育基础等也决定了中国的现代个体素质和理性能力需要经历一个长时期的培养过程。中国历经几千年的

---

① 韦政通.伦理思想的新突破[M].北京:中国人民大学出版社,2010:184.

皇权专制统治,臣民意识根深蒂固,长期以来处在有义务无权利,维护自己权利的理性能力缺失的状态。当风险冲突中的主体有着强烈的政治参与要求,然而思想意识行为本质上仍停留在臣民层次,欠缺现代文明所应具备的人的现代化品格和理性时,中国风险冲突的应对和处理要比西方发达工业国家复杂和艰难得多。贝克认为中国的社会转型像被压缩的饼干,在极为短暂的时间内,社会转型中的各种社会问题都急剧地呈现出来。① 培养个体现代化品格也变得越来越重要和迫切了。当代中国社会培育适应现代社会需要的人的现代化品格是时代的迫切要求。

---

① 贝克、邓正来、沈国麟. 风险社会与中国——与德国社会学家乌尔里希·贝克的对话[J]. 社会学研究,2010.5.

主要参考文献

一、中文著作

1. 马克思恩格斯文集(第一、二、四、八卷)[M].北京:人民出版社,2009.

2. 马克思恩格斯全集(第1卷)[M].北京:人民出版社,1956.

3. 马克思恩格斯全集(第22卷)[M].北京:人民出版社,1965.

4. 马克思恩格斯全集(第30卷)[M].北京:人民出版社,1995.

5. 马克思恩格斯全集(第44卷)[M].北京:人民出版社,2001.

6. 马克思恩格斯选集(第四卷)[M].北京:人民出版社,1995.

7. 列宁全集(第31卷)[M].北京:人民出版社,1985.

8. 毛泽东选集(第一卷)[M].北京:人民出版社,2007.

9. 邓小平文选(第二卷)[M].北京:人民出版社,1994.

10. 邓小平文选(第三卷)[M].北京:人民出版社,1993.

11. [英]安东尼·吉登斯.现代性的后果[M].田禾译.南京:译林出版社,2000.

12. [美]阿列克斯·英克尔斯、戴维·H.史密斯.从传统人到现代人——六个发展中国家中的个人变化[M].顾昕译.北京:中国人民大学出版社,1992.

13.[古希腊]柏拉图.柏拉图对话录[M].水建馥译.北京:商务印书馆,2013.

14.[古希腊]柏拉图.理想国[M].郭斌和,张竹明译.北京:商务印书馆,1986.

15.[美]彼得·里森伯格.西方公民身份的传统[M].郭台辉译.长春:吉林出版集团有限责任公司,2009.

16.[英]彼特斯.道德发展与道德教育[M].邬冬星译.杭州:浙江教育出版社,2000.

17.[英]布赖恩·特纳.公民身份与社会理论[M].郭忠华,蒋红军译.长春:吉林出版集团责任公司,2007.

18.蔡元培.中国伦理学史[M].北京:东方出版社,1996

19.曹日昌.普通心理学[M].北京:人民教育出版社,1987.

20.陈独秀.陈独秀文章选编(上)[M].北京:生活·读书·新知三联书店,1984.

21.陈独秀.陈独秀著作选(第1卷)[M].上海:上海人民出版社,1993.

22.陈崧."五四"前后东西文化问题论战文选[M].北京:中国社会科学出版社,1989.

23.陈天华.陈天华集[M].长沙:湖南人民出版社,2008.

24.[日]川岛武宜.现代化与法[M].王志安等译.北京:中国政法大学.1996.

25.春秋繁露[M].北京:中华书局,2011.

26.[美]丹纳·维拉.苏格拉底式公民身份[M].张鑫炎译.北京:华夏出版社,2016.

27.［美］丹尼尔·贝尔. 资本主义文化矛盾. 赵一丹等译［M］. 北京: 生活·读书·新知三联书店, 1989.

28.［英］德里克·希特. 公民身份——世界史、政治学与教育学中的公民理想［M］. 郭台辉、余慧元译. 长春: 吉林出版集团, 2010.

29. 二程全书［M］. 北京: 中华书局, 1936.

30. 费孝通. 乡土中国 生育制度［M］. 北京: 北京大学出版社, 1998.

31.［美］弗兰西斯·福山. 信任——社会道德与繁荣的创造［M］. 李宛蓉译. 呼和浩特: 远方出版社, 1998.

32.［日］福泽谕吉. 文明论概略［M］. 北京编译社译. 北京: 商务印书馆, 1982.

33. 高力克. 五四的思想世界［M］. 上海: 学林出版社, 2003.

34. 高兆明、李萍等. 中国现代化进程中的伦理变迁与道德教育［M］. 北京: 人民出版社, 2007.

35. 顾成敏. 公民社会与公民教育［M］. 北京: 知识产权出版社, 2007.

36. 管子［M］. 北京: 中华书局, 2009.

37. 郭忠华. 公民身份的核心问题［M］. 北京: 中央编译出版社, 2016.

38.［英］哈特. 法律的概念［M］. 张文显等译. 北京: 中国大百科全书出版社, 1996.

39. 韩非子［M］. 北京: 中华书局, 2013.

40. 何怀宏. 新纲常: 探讨中国社会的道德根基［M］. 成都: 四川人民出版社, 2013.

41. 何显明、吴兴智. 大转型: 开放社会秩序的生成逻辑［M］. 上海: 学林出版社, 2012.

42.［德］黑格尔. 历史哲学［M］. 王造时译. 北京: 生活·读书·新知三联书店, 1956.

43. [德]黑格尔.法哲学原理[M].范扬、张企泰译.北京:商务印书馆,1961.

44. [法]亨利·柏格森.道德与宗教的两个来源[M].王作虹等译.贵阳:贵州人民出版社,2007.

45. [英]亨利·梅因.古代法[M].沈景一译.北京:商务印书馆,1959.

46. [英]亨利·西季威克.伦理学史纲[M].熊敏译.南京:江苏人民出版社,2008.

47. 侯外庐.中国思想通史(第1卷)[M].北京:人民出版社,1957.

48. 华中师范大学教育系等.德育学[M].西安:陕西人民教育出版社,1986.

49. 黄克武.自由的所以然:严复对约翰弥尔自由思想的认识与批判[M].上海:上海书店出版社,2000.

50. 汉书[M].北京:中华书局,2007.

51. [美]加布里埃尔·阿尔蒙德、西德尼·维巴.公民文化——五国的政治态度和民主[M].马殿君等译.杭州:浙江人民出版社,1989.

52. 焦国成、李萍.公民道德论[M].北京:人民出版社,2004.

53. [英]卡尔·波普尔.开放社会及其敌人:第1卷[M].陆衡等译.北京:中国社会科学出版社,1999.

54. [德]康德.实践理性批判[M].关文运译.北京:商务印书馆,1960.

55. [法]拉法格.财产及其起源[M].王子野译.北京:生活·读书·新知三联书店,1962.

56. 李翰文编.四书五经[M].北京:北京联合出版社,2016.

57. 李萍、林滨.比较德育[M].北京:中国人民大学出版社,2009.

58. 李萍.现代道德教育论[M].广州:广东人民出版社,1999.

59. 李萍、钟明华.文化视野中的青年道德社会化[M].广州:中山大学出版社,2003.

60.李萍、钟明华.走向开放的道德[M].广州:中山大学出版社,1994.

61.李荣安、古人伏.世界公民教育:香港及上海中学状况调查研究[M].香港:乐施会,2004.

62.李图强.现代公共行政中的公民参与[M].北京:经济管理出版社,2004.

63.[美]理查德·哈什等.道德教育模式[M].傅维利等译.学术期刊出版社,1989.

64.[美]阿历克斯·英格尔斯等.人的现代化——心理·思想·态度·行为[M].殷陆君译.成都:四川人民出版社,1985.

65.梁启超.太阳的朗照:梁启超国民性研究文选[M].上海:复旦大学出版社,2011.

66.梁启超.饮冰室合集[M].北京:中华书局,2015.

67.梁漱溟.东西文化及其哲学[M].上海:上海科学技术文献出版社,2015.

68.梁漱溟.乡村建设理论[M].北京:商务印书馆,2015.

69.刘丹.全球化时代的认同问题与公民教育研究:基于公民身份的视角[M].北京:北京师范大学出版社,2013.

70.[法]卢梭.爱弥儿[M].李平沤译.北京:商务印书馆,2004.

71.[法]卢梭.社会契约论[M].何兆武译.北京:商务印书馆,2011.

72.鲁迅.鲁迅全集[M].北京:人民文学出版社,1981.

73.论衡选[M].北京:中华书局,1958.

74.[意]罗伯特·D.帕特南.使民主运转起来:现代意大利的公民传统[M].王列、赖海榕译.北京:中国人民大学出版社,2015.

75.[美]罗伯特·纳什.德性的探询:关于品德教育的道德对话[M].李

菲译.北京:教育科学出版社,2007.

76.[美]罗尔斯.正义论[M].何怀宏译.北京:中国社会科学出版社,1988.

77.罗国杰等.伦理学教程[M].北京:中国人民大学出版社,1985.

78.罗国杰、宋希仁.西方伦理思想史[M].北京:中国人民大学出版社,1985.

79.罗荣渠.现代化新论——世界与中国的现代化进程(增)[M].北京:商务印书馆,2014.

80.[德]马克斯·韦伯.新教伦理与资本主义精神[M].于晓、陈维纲等译.北京:生活·读书·新知三联书店,1992.

81.毛礼锐、沈灌群.中国教育通史1—4册[M].济南:山东教育出版社,1987.

82.[英]帕特丽夏·怀特.公民品德与公共教育[M].朱红文译.北京:教育科学出版社,1998.

83.[英]齐格蒙特·鲍曼.生活在碎片之中——论后现代道德[M].郁建兴等译.上海:学林出版社,2002.

84.[德]乔治·凯兴斯泰纳.凯兴斯泰纳教育论著选[M].郑惠卿译.北京:人民出版社,1993.

85.秦树理等.西方公民学说史[M].北京:人民出版社,2012.

86.[瑞士]裴斯泰洛齐.裴斯泰洛齐教育论著选[M].夏之莲等译.北京:人民教育出版社,1992.

87.[苏]苏霍姆林斯基.和青年校长的谈话[M].赵玮等译.北京:教育科学出版社,2009.

88.[苏]苏霍姆林斯基.帕夫雷什中学[M].赵玮等译.北京:教育科学出版社,1999.

89.［美］塞缪尔·P.亨廷顿.变革社会中的政治秩序［M］.李盛平译.北京：华夏出版社,1989.

90.孙静.从一大到十八大——中国共产党历届党代会典藏［M］.北京：中国言实出版社,2014.

91.孙中山.孙中山全集（第5卷）［M］.北京：中华书局,2006.

92.郭忠华、刘训练主编.公民身份与社会阶级［M］.南京：江苏人民出版社,2008.

93.檀传宝等.公民教育引论——国际经验、历史变迁与中国公民教育的选择［M］.北京：人民出版社,2011.

94.檀传宝.德育原理［M］.北京：北京师范大学出版社,2007.

95.陶行知.中国教育改造［M］.北京：东方出版社,1996.

96.滕大春.美国教育史［M］.北京：人民教育出版社,1994.

97.童建军、许文贤.价值教育合德性研究［M］.北京：人民出版社,2014.

98.［法］托克维尔.论美国的民主［M］.董果良译.北京：商务印书馆,1988.

99.［加］威尔·金里卡.当代政治哲学［M］.刘莘译.上海：上海三联书店,2004.

100.韦政通.伦理思想的新突破［M］.北京：中国人民大学出版社,2010.

101.吴俊升.德育原理［M］.福州：福建教育出版社,2011.

102.新书［M］.北京：中华书局,2012.

103.［美］悉尼·胡克.理性、社会神话和民主［M］.金克、徐崇温译.上海：上海人民出版社,1965.

104.孝经译注［M］.胡平生译.北京：中华书局,2009.

105.［英］休谟.道德原则研究［M］.曾晓平译.北京：商务印书馆,2001.

106.徐贲.统治与教育：从国民到公民［M］.北京：中央编译出版社,2016.

107. 荀子[M].北京:中华书局,2007.

108. [美]雅诺斯基.公民与文明社会[M].柯雄译.沈阳:辽宁教育出版社,2000.

109. [古希腊]亚里士多德.动物志[M].吴寿彭译.北京:商务印书馆,1979.

110. [古希腊]亚里士多德.尼各马可伦理学[M].廖申白译.北京:商务印书馆,2010.

111. [古希腊]亚里士多德.政治学[M].吴寿彭译.北京:商务印书馆,2007.

112. 严复.严复全集[M].福州:建教育出版社,2014.

113. 晏阳初.平民教育与乡村建设运动[M].北京:商务印书馆,2014.

114. 杨成虎.政策过程中的公民参与[M].天津:天津人民出版社,2015.

115. 杨中芳、高尚仁.中国人·中国心——人格与社会篇[M].台北:远流出版事业股份有限公司,1991.

116. 叶飞.公共交往与公民教育[M].北京:人民出版社,2014.

117. 余家菊、李璜.国家主义的教育[M].上海:中华书局,1923.

118. 余潇枫.哲学人格[M].长春:吉林教育出版社,1998.

119. [美]约翰·杜威.民主主义与教育[M].王承绪译.北京:人民教育出版社,1990.

120. [美]约翰·杜威.学校与社会·明日之学校[M].赵祥麟等译.北京:人民教育出版社,2004.

121. [英]约翰·洛克.政府论[M].叶启芳、瞿菊农译.北京:商务印书馆,1996.

122. 张春兴.教育心理学[M].杭州:浙江教育出版社,1998.

123. 张枬、王忍之.辛亥革命前十年间时论选集(第1卷上册)[M].北京:生活·读书·新知三联书店,1960.

124. 张子正蒙注[M]. 北京:中华书局,1975.

125. 郑富兴. 现代性视角下的美国新品格教育[M]. 北京:人民出版社,2006.

126. 中国现代文化史料丛刊:科学玄学论战集[M]. 台北:台湾帕米尔书店,1980.

127. 钟明华、李萍. 马克思主义人学视域中的现代人生问题[M]. 北京:人民出版社,2006.

128. 周辅成. 希腊伦理思想的来源与发展线索[M]. 论人和人的解放. 上海:华东师范大学出版社,1997.

129. 周辅成. 西方伦理学名著选辑(上下卷)[M],北京:商务印书馆,1964.

130. 朱金瑞等. 新中国成立以来公民道德建设的历史演进[M]. 北京:人民出版社,2015.

131. 朱汉民. 忠孝道德与臣民精神——中国传统臣民文化论析[M]. 郑州:河南人民出版社,1994.

132. 朱子语类[M]. 北京:中华书局,1994.

133. [日]佐藤正夫. 教学原理[M]. 钟启泉译. 北京:北京教育科学出版社,2001.

二、中文报刊文章

1. 贝克、邓正来、沈国麟. 风险社会与中国——与德国社会学家乌尔里希·贝克的对话[J]. 社会学研究,2010.5.

2. 陈独秀. 东西民族根本思想之差异[J]. 青年杂志,1915.1.

3. 陈独秀. 吾人最后之觉悟[J]. 青年杂志,1916.1.

4. 陈独秀. 法兰西人与近世文明[J]. 青年杂志,1915.1.

5. 程立涛、乔荣生. 现代性与"陌生人伦理"[J]. 伦理学研究,2010.1.

6. 丛日云. 古代希腊的公民观念[J]. 政治学研究,1997.3.

7. 邓晓芒. 开放社会中的自我禁闭——波普尔《开放社会及其敌人》评析[J]. 江苏社会科学,2001.1.

8. 郭汉民、袁洪亮. 近代中国国民性改造思潮简论[J]. 广东社会科学,2000.6.

9. 郭忠华. 变动社会中的公民身份——概念内涵与变迁机制的解析[J]. 武汉大学学报(哲学社会科学版),2012.1.

10. 胡杰容. 公民身份与社会平等——T. H. 马歇尔论公民权[J]. 比较法研究,2015.2.

11. 黄仁贤. 严复的三育救国论与近代公民教育的发轫[J]. 福建论坛(文史哲版),2000.5.

12. 黄月细. 政治民主转向中的公民教育诉求[J]. 深圳大学学报(人文社会科学版),2009.9.

13. 江远山. 公共事件中公民行动的困境及纾解[J]. 探索与争鸣,2013.8.

14. 李萍、付绯凤. 贝克风险社会理论视阈中的冲突思想及其现实意义[J]. 内蒙古社会科学(汉文版),2016.3.

15. 李萍."人生观论战"的反思与中国现代化的文化追求[J]. 中山大学学报(社会科学版),2005.4.

16. 李萍、童建军. 文化传统的预制性与个体教育[J]. 中国德育,2009.2.

17. 李萍、钟明华. 公民教育——传统德育的历史性转型[J]. 教育研究,2002.10.

18. 李文娟. 杜威的"公民训练"思想及对和谐社会道德公民教育的启示

[J].学校党建与思想教育,2013.1.

　　19.李先敏、郑小波.波普"开放社会"思想的启示及其困境[J].湖南社会科学,2011.3.

　　20.李大钊.物质变动与道德变动[J].新青年,1920.7.

　　21.李大钊.由经济上解释中国近代思想变动的原因[J].新潮,1919.2.

　　22.鲁洁.转型期中国(大陆)道德教育所面临的选择[Z].21世纪价值教育与个体教育国际学术研讨会,2000.6.

　　23.罗国杰.坚持集体主义还是"提倡个人主义"?[J].求是杂志,1996.14.

　　24.马和民.如何改造中国人的国民性?——兼论近代中国教育现代性遗存的问题[J].南京社会科学,2014.10.

　　25.美国独立檄文[J].国民报,1901.1.

　　26.任剑涛.社会开放与伦理抉择模式的转换——以广东为例的观察与分析[J].学术研究.1997.7.

　　27.盛红、邓纯余.近年来我国公民志愿者行动研究述评[J].苏州大学学报(哲学社会科学版),2009.6.

　　28.檀传宝.论"公民"概念的特殊性与普适性——兼论公民教育概念的基本内涵[J].教育研究,2010.5.

　　29.檀传宝.论公民教育是全部教育的转型——公民教育意义的现代化视角分析[J].安徽师范大学学报(人文社会科学版),2010.5.

　　30.唐皇凤、陶建武.建国以来中国共产党执政理念的现代演进——基于历届党代会工作报告的词频分析[J].浙江社会科学,2016.4.

　　31.唐绍洪、刘屹.对公民有序政治参与的价值解读——兼论我国政治民主建设中存在的问题及对策[J].社会主义研究,2005.5.

　　32.王琼.论五四时期中国社会的公民观念启蒙[J].北方论丛,2008.5.

33. 王小锡、李志祥.公民道德建设与社会主义市场经济建设[J].南京社会科学,2004.4.

34. 夏伟东.解读《公民道德建设实施纲要》[J].伦理学研究,2002.9.

35. 谢君雨.从革命党到执政党的转型——中共八大到十七大党代会报告及历届党章文本分析[J].贵州社会主义学院学报,2011.4.

36. 薛红焰.社会主义的开放属性及其与全球化关系再研究[J].青海社会科学,2015.3.

37. 薛晓源、刘国良.全球风险世界:现在与未来——德国著名社会学家、风险社会理论创始人乌尔里希·贝克教授访谈录[J].马克思主义与现实,2005.1.

38. 叶飞.个体身份认同与公民教育理念的嬗变[J].高等教育研究,2011.3.

39. 张红、刘斌:中美价值观教育比较——集体主义与个人主义的对照[J].教学与管理,2004.5.

40. 张鸿燕.儒家伦理与新加坡的公民道德教育[J].外国教育研究,2003.4.

41. 郑杭生.改革开放三十年:社会发展理论和社会转型理论.[J]中国社会科学,2009.2.

42. 朱小蔓、冯秀军.中国公民教育观发展脉络探析[J].教育研究,2006.12.

43. 朱小蔓、李荣安.关于公民道德教育的对话[J].中国德育,2006.5.

三、英文著作

1. A. MacIntyre（ed.）, *After Virtue. Notre Dame, University of Notre Dame*

Press,1984.

2. B. A. Sichel (ed.), *Moral Education: Character, Community, and Ideals*, Temple University Press,1988.

3. Bennett, W. J (ed.), *The book of virtues: A treasury of great moral stories*, Simon& Schuster, 1993.

4. Bloom A (ed.), *The closing of the American mind*, Simon & Schuster, 1987.

5. Galston W (ed.), *Liberal Purposes: Goods, Virtues, And Diversity In the Liberal State*,Cambridge University Press, 1991.

6. Gerard Delanty (ed.), *Citizenship In a Global Age*, Open University Press. 2000.

7. James D. Hunter (ed.), *The Death of Character: Moral Education in an Age without Good or Evil*, Basic Books, 2000.

8. Kilpatrick, W (ed.), *Why Johnny can't tell right from wrong: Moral illiteracy and the case for charcater education*,Simon& Schuster,1992.

9. Madonna M. Murphy (ed.), *Character Education in America's Blue School: Best Practices for Meeting the Challenge. Lancaster*, Technomic Publishing Company,Inc.,1998.

10. Richard Dagger (ed.),*Civic Virtues:Rights,Citizenship, and Republican Liberalism*,Oxford University Press,1997.

11. T. Lickona (ed.), *Educating for Character. How Our Schools Can Teach Respect and Responsibility*, New York: Bantam. 1991.

12. Wynne,E. A.,& Ryan, K (eds.),*Reclaiming our schools: A handbook on Teaching Character,Academics, and Discipling*,Macmillan. 1993.

四、英文报刊文章

1. Alexander L Gungov. Civic Virtues VS. Market Values In The Balkans, *Journal of Interdisciplinary Studies*. No. 13 ,2001.

2. Ben – Porath S. Citizenship As Shared Fate：Education For Membership In a Diverse Society, *Educational Theory*, No. 62 ,2012.

3. Ben – Porath S. Deferring Virtue：The New Management Of Students And The Civic Role of Schools, *Theory And Research In Education*. No. 11 ,2013.

4. Callan E. Citizenship And Education, *Annual Review of Political Science*. No. 7 ,2004.

5. Ceciles Holmes. The Role of Civic Virtue, *American School Board Journal*. No. 4 ,2004.

6. Daniel Hart, Robert Atkins, Patrick Markey and James Youniss. Youth Bulges in Communities：The Effects of Age Structure on Adolescent Civic Knowledge and Civic Participation, *Psychological Science*, No. 15 ,2004.

7. David P. Setran. "From Morality to Character"：Conservative Progressivism and the Search for Civic Virtue, 1910—1930, *Paedagogica Historica*, No. 39 , 2003.

8. Dewey A. Stabler. The Relation between the Civic Information Possessed by Ninth – Grade Pupils and Their Practices in Citizenship, *The School Review*, No. 37 ,1929.

9. Gordon J. DiRenzo and Leon H. Warshay. National Character and Psychological Modernity in Italy, *International Social Science Review*. No. 66 ,1991.

10. Ivor Pritchard. Character Education: Research Prospects and Problems, *American Journal of Education*. No. 8,1988.

11. James Lemming. Tell Me a Story: An Evaluation of a Literature – based Character Education Programme, *Journal of Moral Education*. No. 29, 2000.

12. James Lemming. Historical And Ideological Perspectives On Teaching Moral And Civic Virtue, *International Journal of Social Education*. No. 16,2001.

13. Jenice L. View. Inviting Youth into Civic Action, *Counterpoints*, *Perspectives in Critical Thinking*: Essays by Teachers in Theory and Practice. No. 110, 2000.

14. Jeremy Ginges. Youth Bulges, Civic Knowledge, and Political Upheaval, *Psychological Science*, No. 16,2005.

15. Jill W. Graham. Promoting Civic Virtue Organization Citizenship Behavior: Contemporary Questions Rooted In Classic Quandaries From Political Philosophy, *Human Resource Management Review*, No. 10,2000.

16. Kalu N. Kalu. Of Citizenship, Virtue, and the Administrative Imperative: Deconstructing Aristotelian Civic Republicanism, *Public Administration Review*. No. 63, 2003.

17. Orit Ichilov. Civic Knowledge of High School Students in Israel: Personal and Contextual Determinants, *Political Psychology*, No. 28,2007.

18. Richard Thompson Ford. Cultural Rights Versus Civic Virtue, *The Monist*, No. 9,2012.

19. Richard C. Sinopoli. The Foundations of American Citizenship: Liberalism, the Constitution, and Civic Virtue, *The Journal of Politics*. No. 55,1993.

20. Thomas Ehrlich. Civic Education: Lessons Learned, *Political Science and*

Politics. No. 32,1999.

21. William A. Galston. Civic Education and Political Participation, *Political Science and Politics*, No. 37,2004.

后 记

本书是在我的博士论文基础上修改而成的。因此,我特别感谢在我的求学路上一直给我指引的老师们和朝夕相伴的同学们!

2001 年开始,我有幸在中山大学读硕士,相隔十年,2011 年,我再次在中山大学攻读博士,能够在中山大学美丽的校园求学这么长的时间,是我人生中最大和最幸福的事。中山大学丰富的学习资源、浓厚的学术氛围、严谨的治学风范,让我不断成长,完成了从一个懵懂的本科生,到略有研究的博士的蜕变。这段求学经历,将成为我人生中刻骨铭心、永不磨灭的记忆。

近 6 年的博士求学生涯,让我深切地体会到完成博士论文的不易。博士论文从选题、开题、撰写,初稿完成之后又历经无数次修改,其中得到了多位老师的指导,论文凝聚了他们思想的智慧。老师们的严格要求让我深深懂得做学问是一个永无止境、精益求精的追求过程。在此,我首先要感谢我的导师李萍教授!我有幸从硕士起就师从李萍教授,李老师用她的一言一行向我非常好地诠释了"学高为师,身正为范"这个道理。读硕读博的几年中,李老师多次督促我要多看书多思考,她对我的博士论文的整体逻辑思路提出了许多中肯的意见。在读硕士期间,她正担任中山大学校党委副书记和副校长,行政工作非常繁忙,但她还是在百忙之中抽出时间帮我一字一句修改硕士论文,事后我的另外一个同门得知后还特别羡慕!撰写博士论文的时候,李老师还是中山大学的校领导,但她还是经常抽出大段时间与我长谈博士论文的修改,每次一谈起论文,常常是2个小时以上。印象最深刻的一次是李老师把我们叫到她的家中,对我的博士论文从大的逻辑思路到每字每句都细细推敲。那次老师从下午三点指导我到凌晨两点,第二天下午老师又把我叫到办公室,再仔细讨论博士论文的修改,令我内心感动不已。正是在老师对我论文进行细心指导、精益求精的过程中,我深深体会到了李老师在学术上所具有的宏大视野、敏锐的学术眼光和严谨的治学态度,也使得我对论文的思考和研究水平得到大大的提升。除了学术之外,其实我更想说的是,跟李老师学习,人生中最大的收获当是她独特的人生哲学和拼搏奋斗精神。李老师曾身患重病,我们做学生的都非常关心老师的身体,也一直非常敬佩老师是怎样度过那段艰难的时刻,这么多年过去了,她依然风采依旧,精力精神甚至比我们这些学生都要好。这必然是有她的独特人生哲学因素,她曾几次谈到她刚知道体检结果的一两个小时后,回顾了自己的前半生,觉得这前半生自己的努力和所收获的成就,已经是双倍的人生,非常值得!而后再去想办法开解家人。这种独特的人生哲学也很好地引导了我们这些学生。在成为李老师学生的十多年中,李老师经常教导我们要拼搏、不断积极进取,不要安于现状。我从老师身上看到和体会到的永远都是她热心帮助他人,对待自己却严苛要求、积极上进、努力拼搏,老师的这种为人处世的态度也时刻激励着我要与人为善、热心帮助他人,奋力拼搏,认真努力做好每一件事!

感谢中山大学马克思主义学院的钟明华教授!钟明华教授与李萍教授是中山大学马克思主义学院工作上最好的搭档,他们经常给本科生一起上党课,两个人同时站在台上,一人一段,一唱一和,相互补充、相得益彰,创新了党课上课的形式。在我硕士一年级时，两位导师联合指导我，故彼时我既是李老师的弟子又是钟老师的弟子，能成为钟老师的弟子，亦是我之荣幸。钟老师高深的学术造诣、翩翩的君子风度、雄辩的口才，令我深深为之折服。钟老师在开题、预答辩、答辩中多次认真指导我的博士论文，对我的论文提出了许多宝贵的意见！我记得读硕士时期，钟老师给我们上专业课，让我们每个学生挑选与课程相关的一本书来介绍，我很认真地准备和介绍了一本书的梗概，钟老师表示肯定，同时提出一个问题：那你是怎么看的呢？我到现在还记得那种被老师问倒了的感觉：我只能回答我同意作者的观点！钟老师给予我的是做学问的方法：要多思多质疑，形成自己的见解！

感谢中山大学马克思主义学院的李辉教授、郭文亮教授、叶启绩教授、周全华教授、吴育林教授、詹小美教授、杨菲蓉教授、王丽荣教授。李辉教授在我读硕士时给我们上专业课"现代思想政治教育论"。李辉老师上课的时候，边讲边记录自己的想法和灵感，让我印象深刻。这是他们这一代学者的治学的方法和态度。感谢郭文亮教授、叶启绩教授，郭老师和叶老师，他们非常和蔼温和，也一直关心我的成长，他们在课堂内外或在博士论文开题、预答辩中给予我非常耐心细致的指导、帮助和鼓励！感谢周全华教授、吴育林教授、詹小美教授、杨菲蓉教授、王丽荣教授，他们倾尽全力为我们授课，我从他们身上学到了很多治学的道理。

感谢复旦大学的俞吾金教授！还记得那次俞老师作为我们博士论文开题的答辩主席，俞老师走进文科楼，我正好在电梯里碰到了他，我怀着崇拜的心情，一路引导俞老师到答辩教室。在开题的时候，俞老师说要对我这位女博士予以特别关照，针对我的论文，花了最多时间，提了很多很好的建议。令我敬佩的还有俞老师在给我们开的讲座中提及，在他们那个特殊年代，他酷爱读书却苦于无书可读，他就把家里珍藏的《康熙字典》翻来覆去反复阅读、背诵。他的这种勤奋好学、严谨治学的人生态度，都是我们这些后辈需要学习的。可惜,等到我这篇博士论文完成之际,俞老师已驾鹤西去! 唯有以此小文悼念和感激俞老师!

感谢清华大学吴潜涛教授! 他作为全国马克思主义理论研究与建设工程思想道德修养与法律基础教材编写课题组首席专家,在百忙之中抽空来参加答辩,担任我博士论文答辩委员会主席,对我们的博士论文进行了严格的把关和精心的指导! 感谢深圳大学徐海波教授、广东外语外贸大学刘海春教授,他们担任我们博士论文答辩评委,对我们的论文也进行了细心的指导! 感谢中山大学沈成飞教授,他参加我博士论文的预答辩、答辩,对我的博士论文作了非常细致的指导!

感谢中山大学马克思主义学院的林滨教授、童建军副教授、袁洪亮教授! 林滨教授从论文选题、开题、预答辩都给予了非常细致的指导,甚至当我撰写论文、预答辩、修改论文过程中产生了巨大的心理压力向她倾诉时,林老师以其女性特有的细腻情感给予我安慰、鼓励和支持! 童建军副教授作为我的副导师,对论文框架修改、论文的整体写作都给予了非常细致的指导。惭愧的是当我写论文卡住的时候,我也把消极的情绪倾倒给童老师,事后才知这给他的心理也造成了极大的压力! 令我感动的是,童老师仍不厌其烦地给予我精神上的理解和写作上的具体指导,童老师对我的论文的指导是在他承担了繁重的教学任务基础上额外抽出时间来指导的,有时我都会觉得不忍心打扰和增加童老师的负担。更令我佩服的是,童老师常年奔波在珠海、广州几个校区之间上课的同时,自己的科研工作也开展得有声有色,其独特的问题视角、扎实的学术功底、勤奋的治学态度,使得他成为中山大学马克思主义学院青年教师中的佼佼者,这些都是值得我学习的! 袁洪亮教授在我博士论文开题中,提出了许多中肯、建设性的意见,后来又通过邮件、短信息给予我指导,帮我推荐参考书目,袁教授对我博士论文的修改工作给予了非常大的帮助。袁洪亮教授待人谦虚礼貌,让我们这些学生都感受到了他彬彬有礼的绅士风度!

感谢中山大学哲学系的徐长福教授、马天俊教授、徐俊忠教授等,他们在课堂内外、讲座中、学术研讨会上的表现都让我们领略到了哲人的智慧和风采!感谢广州大学的罗明星教授,他在论文开题中给予了我非常细致的指导,并给予了我工作上的帮助!

感谢中山大学马克思主义学院 2011 级的博士同学们,在一起求学的岁月中,在相互交流的日子里,我们感受到了许多的快乐,结下了深厚的友谊。尤其要感谢刘小龙博士、张冬利博士、秦抗抗博士,在我们相互交流的过程中,他们在我的生活上、工作上、学习上给予了许多帮助和精神上的鼓励、支持!感谢刘海娟博士,作为同级同门的姐妹,我们在一起学习的过程中共同成长,她在我博士论文撰写、修改阶段,给予了我许多的帮助和鼓励!感谢陈爱华博士,在撰写论文、修改论文、一起参加预答辩的这段岁月里我们风雨同舟、相互鼓励、相互帮助、共渡难关,这段携手并肩、相互陪伴的岁月也将成为我们俩共同的记忆!感谢吴亚玲师姐,她慷慨地把自己的博士论文分享于我,供我参考,并特意用快递把论文寄到我家!感谢杨少曼师妹、张淑妹师妹、吴佩婷师妹,她们为我的论文预答辩、答辩相关的一系列工作作了非常多的努力,给予了我精神上的支持和鼓励!感谢刘念师妹,在国外求学承担着繁重的学习任务之余还帮我修改完善了论文的英文摘要!感谢我的各位同门!在这个温暖的大家庭中,让我得到了许多鼓励和快乐!

感谢我的领导和同事给予的关心、理解和支持!2014 年 1 月起我开始兼任五邑大学马克思主义学院党总支部书记一职,繁忙的教学、科研、行政工作令我不堪重负。我对自己能否完成博士论文的撰写工作忧心忡忡、焦躁不安,思虑再三之后,我终于于 2015 年底向学校党委提出辞去职务申请。校党委张书记接到申请时虽然感到愕然,但仍宽容了我的"任性",批准了我的申请,为我能全身心地投入博士论文撰写工作提供了宝贵的条件。学院领导、同事、学校教务部门对我的博士论文撰写工作也给予了极大的理解和支持，对我的教学工作予以多方照顾，使我能拥有充沛的时间去完成博士论文的修改、答辩等相关工作！

最后，感谢我的家人的理解和支持！感谢我的先生对我的包容、支持和理解，只要我有需要，他必尽其所能帮助我！感谢我的女儿对我的理解和支持，在女儿2岁至8岁之间，我一直忙于我的博士学习，年幼的女儿从2岁起就开始承受着常常与妈妈分离、缺少陪伴的痛苦。每每看到假期朋友们带着孩子出门远行的照片，我都会深感愧疚，希望以后能够给予她更多的关爱和陪伴。他们的理解和支持是我坚持下去的动力！感谢我的父母和我先生的父母，他们四老长年以来轮流帮我照顾家庭，让我免去了后顾之忧，使我能有更多的时间和精力投入博士论文的撰写工作！还有许多的老师、同学、朋友对论文的写作给予了各种帮助，恕我在此不能一一言谢！

博士论文的撰写工作是一项长期的、考验毅力的工作，还记得自己多次往返于广州和江门之间，在学习、工作、家庭中不断切换着自己的身份和角色。近几年来的每个寒暑假我都尽可能待在中山大学，今年更是大年初五就走出家门，住进中山大学的宿舍，每天早出晚归，背着书包、带着电脑在中山大学图书馆、第一教学楼等处学习、撰写学术论文，望着图书馆、教室空空的座位、寥寥无几的人，内心有点酸涩，唯有鼓励自己要拥有一颗坚毅的求知之心继续前行！虽然自己付出了巨大的努力，也凝结了老师们的智慧和心血，但囿于个人学识有限，功底不够扎实，使得本书还很粗糙，还有很多不足之处，今后我将继续努力，永不停止自己的追求之路。

付绯凤

2023年7月